LE PIPELINE TCHAD-CAMEROUN : HISTOIRE D'UNE GRANDE INFRASTRUCTURE AFRICAINE

Collection Etudes Eurafricaines
Dirigée par André Julien Mbem

Le Sahara et la Méditerranée, frontières entre l'Afrique et l'Europe, sont aussi des passerelles par lesquelles, depuis des siècles, au-delà des tragédies et des drames, se rapprochent et se remodèlent ces deux ensembles géographiques et leurs civilisations. La collection « Etudes Eurafricaines » encourage la diffusion d'études historiques et prospectives sur les symbioses dont cette partie du monde est l'antique théâtre.

Déjà parus

DITENGOU ROCKAYA Nielle, *L'usage des technologies de l'information et de la communication en Afrique centrale. L'exemple du Gabon*, 2021.
AMABIAMINA Flora, NJOH KOME Ferdinand (dir.), *Les métamorphoses africaines et leurs langages. Analyse de discours politiques, médiatiques et littéraires contemporains*, 2021.
BIGOMBE LOGO Patrice, *Introduction à la socialisation de la biodiversité. Essai sur les droits des communautés autochtones et locales dans la Convention sur la Diversité Biologique*, 2021.
DUBINSKY Fira, *Le bassin du Congo. Plaidoyer pour la préservation du patrimoine naturel,* 2021.
NOUBISSI DOMGUIA Edmond, *L'impact du changement climatique sur le coût de l'eau potable. Une étude de cas dans la ville de Douala au Cameroun*, 2021.
DIARRA Rosalie, *La répression de la cybercriminalité en Afrique de l'Ouest*, 2021.
YAGO Souleymane, *Réflexion sur le vivre ensemble au Burkina Faso. Esquisse pour une éducation à la tolérance à l'école primaire,* 2021.
BABAGNACK Paul, *Les marchés financiers de l'Afrique centrale. Changements structurels et performances*, 2021.
AMOR NDJABO Monique, *Le handicap moteur dans la ville de Yaoundé. Trajectoires et expériences de vie*, 2021.
FOFANA Abdoulaye, *La direction du budget au Mali*, 2020.
KAGAMBEGA Marcel, *Le rôle des Etats africains dans l'encadrement juridique des migrations Sud-Nord et Sud-Sud*, 2020.
BOUSSOU Vivian, *De l'efficacité des mots et concepts dans la définition des politiques économiques. Etude du cas de la Côte d'Ivoire à travers une analyse des discours*, 2020.
OVOUNDAGA Marcy Delsione, *La télévision publique gabonaise et la construction d'une communauté nationale (1963-2014)*, 2020.

Hassan Adoum-Bakhit Haggar

LE PIPELINE TCHAD-CAMEROUN : HISTOIRE D'UNE GRANDE INFRASTRUCTURE AFRICAINE

L'Harmattan

5-7, rue de l'École-Polytechnique, 75005 Paris

http://www.editions-harmattan.fr

ISBN : 978-2-343-24330-6
EAN : 9782343243306

SOMMAIRE

AVANT-PROPOS

UNE INFRASTRUCTURE SANS PRÉCÉDENT EN AFRIQUE SUBSAHARIENNE

Le pipeline Tchad-Cameroun est la plus grande infrastructure jamais financée par la Banque Mondiale en Afrique au sud du Sahara jusqu'à cette date.

Deux décennies plus tard, il nous semble opportun de revenir sur l'histoire de cette gigantesque infrastructure. Car le pipeline Tchad-Cameroun n'est pas seulement un rare exemple de coopération entre pays d'Afrique subsaharienne en vue de la construction d'une grande infrastructure utile au développement et à la prospérité de leurs peuples. L'histoire de cette infrastructure est aussi riche d'enseignements pour les projets similaires en cours ou à venir sur le continent africain qu'il convient de le souligner.

En effet, adopté en 2001, le NEPAD (Nouveau Partenariat pour le Développement de l'Afrique), après le Plan d'Action de Lagos en 1980, a eu pour ambition majeure de résorber le déficit en infrastructures indispensables à l'industrialisation et au développement de l'Afrique. Dans sa démarche stratégique, le NEPAD a opté pour une planification régionale dans la construction des infrastructures en s'appuyant sur les CER (Communautés Économiques Régionales), de manière à fluidifier la circulation des personnes et des marchandises à travers le continent, mais surtout à harmoniser les stratégies de développement dans une approche panafricaine. Ce qui pose plus que jamais en Afrique la nécessité de la mise en place de grandes infrastructures comme condition indispensable pour son industrialisation et son engagement durable et résolu sur les voies du développement, l'histoire de la construction du pipeline Tchad-Cameroun est incontestablement riche d'enseignement et de précédents qui sont de nature à inspirer, édifier, voire éclairer les grands projets d'infrastructures.

Le développement infrastructurel d'un pays est d'abord la résultante d'une vision et d'un leadership. Pour traduire dans la réalité un projet gigantesque tel le pipeline Tchad-Cameroun, il importe qu'à la tête de l'équipe en charge de son pilotage, — comme ce fut le cas avec le Chef de l'État du Tchad feu Le Maréchal Idriss Deby Itno et le Chef de l'État du Cameroun le Président Paul Biya — se trouve un leader capable de résister aux vents contraires et aux embûches de toutes sortes. Les deux Chefs d'État ont cru fermement à ce projet et ce qui a donné la force nécessaire à sa réalisation. Cette donnée est d'autant plus importante que s'agissant des pays africains notamment, il leur faut, faute de disposer de fonds propres, de mobiliser les financements indispensables auprès de partenaires bilatéraux ou multilatéraux et honorer des cahiers de charges parmi les plus exigeants.

Une autre leçon de l'histoire que nous enseigne le processus de réalisation du pipeline Tchad-Cameroun, c'est la minutie avec laquelle doivent être menées les études de faisabilité des projets infrastructurels en Afrique, quelle que soit leur taille.

On ne fera jamais assez la recension des « éléphants blancs » sur le continent africain, ces grands projets infrastructurels nés de grandes et louables ambitions, mais condamnés à l'échec à peine les chantiers achevés pour ceux qui l'ont été.

Comme le lecteur le verra tout au long de cet ouvrage, l'histoire de ce pipeline c'est aussi celle d'une patiente et longue maturation. C'est l'histoire d'un dialogue ardu et rigoureux avec les bailleurs de fonds d'une part, les sociétés civiles du Cameroun d'autre part, les partis politiques au Tchad qui découvrent avec l'avènement de la démocratie l'art de critiquer comme un moyen d'exister sur la scène politique. C'est seulement au bout de cette longue marche que le pipeline Tchad-Cameroun a pris forme. Il est établi qu'une étude de faisabilité mal faite pour tout projet d'infrastructure génère des coûts imprévus encore plus élevés qui impactent le coût du projet initial.

Le présent ouvrage se veut donc un partage d'expérience et d'acquis de terrain tant il est vrai que les grands chantiers infrastructurels en Afrique ne sont qu'à leurs débuts.

PREMIÈRE PARTIE

LES INFRASTRUCTURES EN AFRIQUE

CHAPITRE I

LA NÉCESSITÉ DES INFRASTRUCTURES POUR LE DÉVELOPPEMENT DE L'AFRIQUE

L'Afrique doit s'industrialiser pour éliminer la pauvreté et créer des emplois pour la composante de sa population qui chaque année se retrouve sur le marché du travail sans grand espoir d'embauche. Ils sont estimés à 12 millions les jeunes Africains qui sont nouvellement en quête d'emploi chaque année. Mais comment comprendre ce retard qu'accuse l'Afrique dans son processus d'industrialisation ?

Une des principales raisons de ce retard hormis celles liées au système colonial, réside dans l'insuffisance d'infrastructures dans les domaines de l'électricité, de l'eau et des transports, dont la correction permettrait aux entreprises de prospérer dans ces industries indispensables pour la création des richesses et la croissance.

Selon les projections de la Banque Africaine de Développement, 170 milliards de dollars par an sont nécessaires pour le développement des infrastructures sur le continent africain.

Malgré les avantages potentiels que présentent, à long terme, les infrastructures, les gouvernements africains et leurs partenaires de développement ont considérablement réduit, au cours des années 1980 et 1990, la part des ressources qui leur sont consacrées en raison des programmes d'ajustement structurel adoptés par la plupart des pays africains conformément au consensus de Washington. Le manque d'infrastructures qui caractérise aujourd'hui l'Afrique — par rapport à d'autres régions du globe — résulte, en partie, de cette évolution. À partir des années 2000, avec les politiques de réduction de la dette et des taux de croissance de plus en plus favorables, de nombreux États africains ont à nouveau entrepris d'investir dans les infrastructures.

La pandémie actuelle du Covid-19 révèle plus que par le passé l'importance pour l'Afrique de se doter de grandes infrastructures de qualité dans les différents champs de la vie économique et sociale. Il faut d'emblée préciser qu'une infrastructure quelle que soit sa spécificité, qu'il s'agisse de l'énergie, des transports, des TIC, de l'agro-industrie, celle-ci a un impact sur tous les autres segments de la vie socio-économique, voire politique.

A/ Les besoins en infrastructures en Afrique

Selon la Banque Africaine de Développement (BAD) les besoins de financement en infrastructures en Afrique seront de l'ordre de 170 milliards d'ici 2025. Déjà en 2017, se penchant sur les perspectives de développement de l'Afrique subsaharienne, la Banque Mondiale[1] relevait que cette région du monde se situe au dernier rang au monde s'agissant de ses indicateurs de performance. Prolongeant ses observations, la Banque Mondiale relevait qu'en comblant son déficit en infrastructures, l'Afrique subsaharienne réduirait sa pauvreté de manière significative et impulserait son développement économique.

En 2018, c'était au tour de l'ICA de publier un rapport sur le déficit préoccupant des infrastructures en Afrique subsaharienne : « Le continent africain est, à tous points de vue, la région du monde en développement la moins dotée en infrastructures, même par rapport aux pays à revenu faible ou moyen d'autres régions. Cela s'explique en partie par le faible PIB global et en partie par l'héritage géographique et historique de l'Afrique. Le déficit d'infrastructure de l'Afrique varie considérablement d'un sous-secteur à l'autre. Dans le domaine des télécommunications mobiles, l'Afrique devance la plupart

---

[1] Africa's Pulse, Publication semestrielle de la Banque Mondiale sur l'état des économies africaines, numéro d'avril 2017.

des autres régions ayant un revenu par habitant comparable, par exemple dans les services bancaires mobiles. Dans le domaine de l'approvisionnement en eau, à la suite des efforts importants déployés par la Banque africaine de développement, la Banque Mondiale et les membres de l'ICA pour collaborer dans le domaine de l'approvisionnement en eau et de l'assainissement en milieu rural, des améliorations ont été observées. Toutefois, la croissance de la population dépasse l'augmentation de la couverture. Environ 340 millions d'Africains n'ont pas accès à l'eau potable et un million de personnes perdent la vie chaque année à cause de maladies transmises par l'eau. Dans les sous-secteurs des transports et de l'électricité, le déficit de financement est beaucoup moins important, mais l'Afrique reste en retard sur ses comparateurs ».

B/ Les tendances des financements des infrastructures en Afrique[2]

Source	2012	2013	2014	2015	2016	Moyenne
Gouvernements africains	26,3	30,5	43,6	24	26,3	30,1
Bailleurs (membres du ICA)	18,7	25,3	18,8	19,8	18,6	20,2
Banques de développement multilatérales (BDM) et bilatérales	1,7	2	3,5	2,4	3,1	2,5
Chine	13,7	13,4	3,1	20,9	6,4	11,5
Pays arabes	5,2	3,3	3,4	4,4	5,5	4,4
Secteur privé	9,5	8,8	2,9	7,4	2,6	6,2
Total	75,1	83,3	75,4	78,9	62,5	75,0

Source : ICA 2017.

TABLEAU 3.6 Décaissements pour les infrastructures de 62,5 milliards de dollars EU par secteur en Afrique, 2016

Sector	Décaissements (%)
Total décaissé	
Transport	39,2
Eau et assainissement	16,9
Énergie	31,9
TIC	2,6
Multisectoriel	4,4
Autres secteurs non alloués	5,1

[2] Les infrastructures africaines : un potentiel considérable, mais un impact limité sur la croissance équitable, P. 92.

a/ L'énergie

L'accès à l'énergie, notamment l'électricité, est crucial non seulement pour atteindre les résultats en matière de santé et d'éducation, mais aussi pour réduire le coût des activités et libérer le potentiel économique, en créant des emplois. L'accès insuffisant aux services énergétiques modernes est la cause de centaines de milliers de décès chaque année, il est indispensable au fonctionnement des hôpitaux, des administrations et du secteur éducatif, des différents secteurs de l'activité économique. Pourtant le potentiel africain est énorme.

Dès lors, l'accès à l'énergie pour tous est l'un des principaux moteurs de la croissance inclusive, car il crée des opportunités pour les femmes, les jeunes et les enfants dans les zones urbaines et rurales. Le potentiel énergétique de l'Afrique — en particulier en matière d'énergie renouvelable — est considérable, mais seule une fraction infime de ce potentiel est exploitée. L'hydroélectricité fournit environ un cinquième de la capacité actuelle, mais moins d'un dixième de son potentiel est utilisé. De même, le potentiel technique de l'énergie solaire, de la biomasse, du vent et de la géothermie est énorme, en plus des énergies fossiles dont l'extraction est relativement onéreuse.

Le secteur de l'énergie, notamment celui de l'énergie électrique est celui qui attire le plus de capitaux en Afrique. Et pourtant, non seulement les besoins demeurent importants, mais l'électrification varie d'une région du continent à l'autre. Et quelquefois, au cœur d'une même région, voire d'un même pays, des inégalités en termes d'électrification demeurent parfois importantes. Au niveau global du continent, le taux d'électrification est estimé à 53 % en 2018, mais de 43 % en Afrique subsaharienne, mais encore en deçà dans certaines sous-régions.

Paradoxalement, jusqu'à une date récente, le nombre de personnes privées d'électricité en Afrique subsaharienne était plus élevé qu'en 2000 du fait d'une croissance démographique qui n'avait pas été accompagnée par des infrastructures à la hauteur du solde démographique. Depuis 2015 cette situation a été inversée. En effet, 20 à 30 millions de personnes accèdent chaque année à l'électricité en Afrique subsaharienne où désormais, le taux d'électrification dépasserait la croissance démographique.

S'agissant des disparités régionales, le taux d'électrification est quasiment de 100 % en Afrique du Nord, de 52 % en Afrique de l'Ouest alors qu'il est de 25 % en Afrique Centrale.

Comment expliquer un si faible taux d'accès à l'énergie électrique en Afrique subsaharienne ? « De l'avis général des économistes du développement qui se concentrent sur l'Afrique, la piètre performance du secteur de l'électricité en Afrique subsaharienne pour atteindre des taux d'accès équivalents à ceux du reste du monde s'explique par deux facteurs principaux. Le premier est lié à la faible densité démographique et au faible niveau d'urbanisation du continent. Souvent, les moyens traditionnels d'approvisionnement des consommateurs en électricité — par l'intermédiaire d'installations de production centralisées reliées par des lignes de transport à des sociétés de distribution — ne sont tout simplement pas économiques pour la population rurale. Le coût plus élevé de l'approvisionnement dans les zones rurales et la périphérie des grandes agglomérations et la capacité financière moindre de leurs habitants constituent une préoccupation pour les pouvoirs publics.

Deuxièmement, le modèle du monopole réglementé du secteur public adopté par la majorité des pays après l'indépendance s'avère tout simplement inadapté à l'Afrique subsaharienne. Le modèle semble avoir fonctionné assez efficacement en Afrique du Nord ainsi que dans d'autres régions en développement du monde, mais il a été beaucoup moins efficace en Afrique subsaharienne ».[3]

[3] Rapport 2018 de l'ICA (Consortium pour les Infrastructures en Afrique)

Financement total du secteur de l'énergie par région en 2018 (en milliards $)[4]

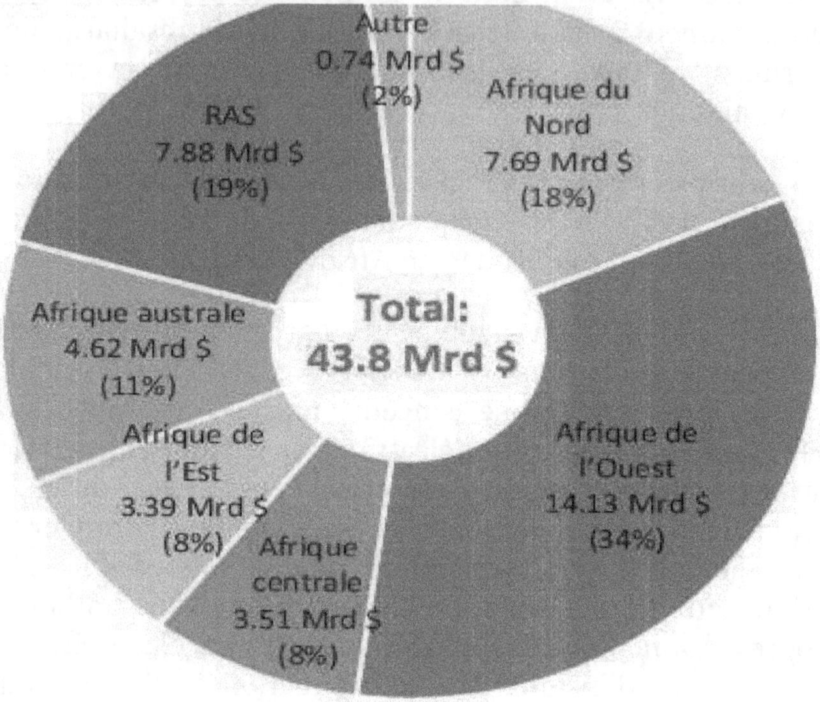

b/ Les transports

Les pays africains ont conclu un accord en 2012 à l'occasion de la 18e session de la Conférence ordinaire de l'Union Africaine en vue de la mise en place d'une Zone de Libre Échange Continentale (ZLECA). Initialement prévue pour le 1er juillet 2020, elle est entrée en vigueur le 1er janvier 2020 à cause de la pandémie du Covid-19. Ce projet prévoit la suppression des droits de douane pour 90 % des lignes tarifaires sur 5 ans pour les pays les plus développés et sur 10 ans pour les moins développés.

[4] Rapport 2018 de l'ICA (Consortium pour les Infrastructures en Afrique)

Cette initiative majeure pour l'intégration économique en Afrique devra se matérialiser par une intense circulation des hommes et des biens. Étant donné la forte croissance démographique que connaît l'Afrique subsaharienne, il va de soi que les besoins en infrastructures de transport seront encore plus pressants. L'Afrique subsaharienne devra donc relever ce défi pour tirer le maximum de bénéfices de cette zone, tant pour ses économies que pour ses populations.

Durant les dix dernières années, des progrès importants ont été accomplis pour l'amélioration des transports en Afrique subsaharienne : des corridors routiers et des passages frontaliers stratégiques ont été viabilisés, des routes praticables et mieux accessibles ont été développées en zones rurales, la gestion des grands ports se modernise et s'effectue davantage sur une base commerciale, de nouveaux aéroports sont construits et ceux existants ont connu des chantiers de modernisation.

En dépit de ces progrès notables, beaucoup reste à faire tant sur le plan de la qualité que de la quantité des infrastructures de transport : « Malgré ces avancées, l'ampleur de ce qu'il reste à accomplir est immense. Le déficit estimé d'investissement dans le secteur des transports est de 4 à 16 milliards $ par an. À l'heure actuelle, un tiers seulement des ruraux vivent à moins de deux kilomètres d'une route praticable en toute saison. L'accessibilité constitue le principal objectif de développement et une priorité majeure, car la plupart des pauvres habitent dans les zones rurales. L'entretien des routes rurales constitue le problème numéro un. Ces difficultés ont conduit nombre d'organisations bilatérales à se désengager du secteur de l'accessibilité rurale, sauf dans le cadre de projets menés par la Banque Mondiale ou la Banque africaine de développement. D'importantes lacunes restent à combler dans le réseau stratégique des routes principales pour connecter l'Afrique rurale aux marchés et pour que les pays africains tirent profit de l'accroissement du commerce intracontinental ».

Au regard de cette situation des transports en Afrique subsaharienne et des aménagements qu'elle nécessite, des recommandations jugées prioritaires sont faites aux pays africains par les partenaires au développement :

- Réformer la planification, la sélection et la faisabilité des projets ;
- Accorder la priorité au financement de l'entretien des réseaux routiers ;
- Créer des postes-frontière à entrées uniques aux frontières terrestres en vue d'alléger la lourdeur des procédures et de renforcer l'intégration commerciale et régionale.

Financement total du secteur des transports par région en 2018 (en milliards $)[5]

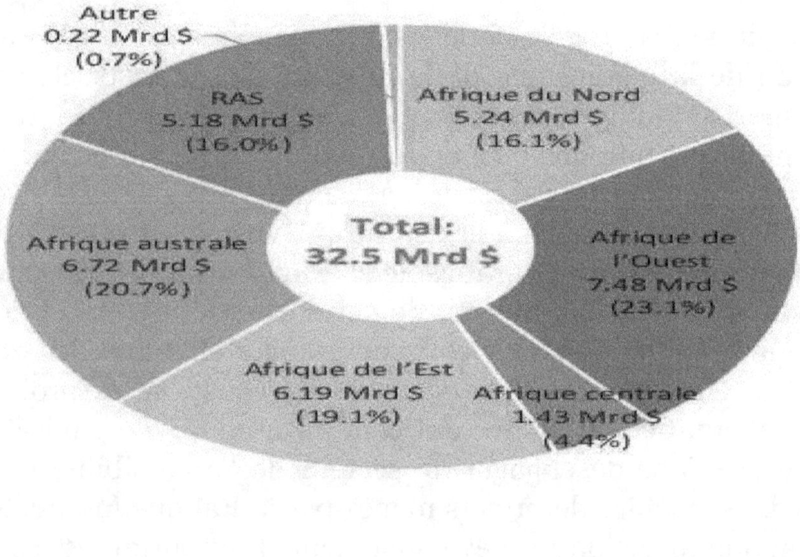

[5] Rapport 2018 de l'ICA (Consortium pour les Infrastructures en Afrique)

c/ Eau et assainissement

Les déficits en infrastructures dans les domaines de l'eau et de l'assainissement sont parmi les plus importants à combler en Afrique. L'accès à l'eau comme à l'électricité est au cœur d'innombrables activités humaines. Aussi, leur disponibilité en quantité comme en qualité est vitale pour la bonne marche des populations africaines vers le développement. En Afrique, 340 millions de personnes n'ont pas accès à l'eau potable et les maladies hydriques sont la cause d'un million de décès par an sur le continent. L'inefficacité des dispositifs d'assainissement provoque chaque année de nombreuses carences et des cas de malnutrition.

Or pour une Afrique dont la jeunesse constitue l'essentiel du capital humain, il est vital de combler le déficit en infrastructures dans les domaines de l'eau et de l'assainissement.

Au demeurant il faut relever que des efforts ont été fournis en ce sens par les États africains. Entre 2000 et 2015, l'accès à l'eau courante a progressé en Afrique, mais dans le même temps, la croissance démographique a généré des besoins encore plus importants : « Le déficit estimé de financement du secteur de l'eau et de l'assainissement étant de 43 mrd $ à 53 mrd $ en 2018, il n'est pas réaliste de s'attendre à ce que les gouvernements nationaux ou les banques multilatérales de développement puissent porter leurs financements à des niveaux qui combleraient ce déficit. Il sera nécessaire de s'appuyer davantage sur le secteur privé, en particulier le financement privé, et sur une plus grande efficacité opérationnelle des services de l'eau et des autres prestataires du secteur ».[6]

[6] Rapport 2018 de l'ICA (Consortium pour les Infrastructures en Afrique), P.77

Financement total du secteur de l'eau par région en 2018 (en milliards $)[7]

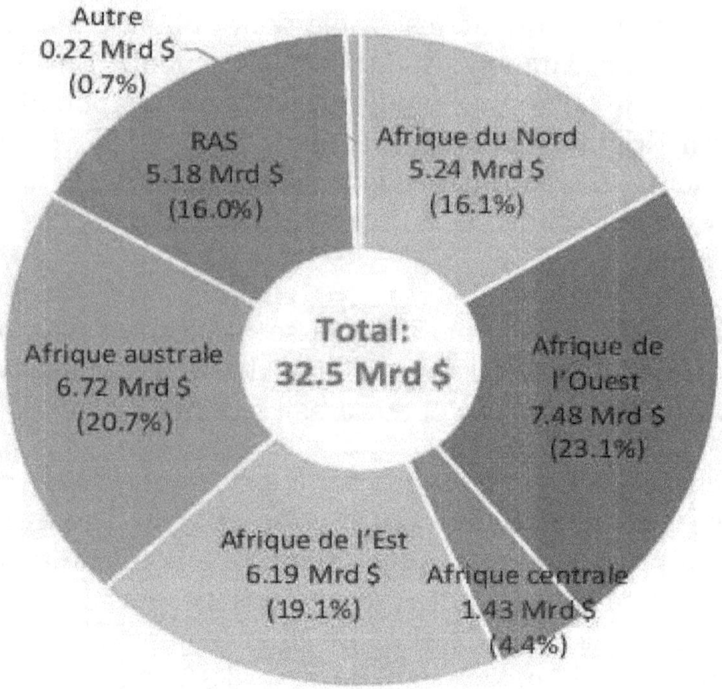

d/ TIC

Le secteur des nouvelles technologies est celui qui connaît en Afrique les progrès les plus importants en termes d'infrastructures. C'est aussi l'un de ceux dans lesquels les investissements privés sont les plus importants. Le secteur privé soutient 80 % des investissements dans les TIC en Afrique de

[7] Rapport 2018 de l'ICA (Consortium pour les Infrastructures en Afrique)

sorte que le rôle de l'État se limite pour l'essentiel à la mise en place des réglementations, la fourniture de câbles ou des prises de participations minoritaires dans les entreprises de téléphonie mobile.

En 2017, l'Afrique comptait un milliard d'abonnés à la téléphonie mobile et le taux de pénétration du téléphone mobile était de 82,3 % et 43,5 % des abonnés mobiles avaient accès à la connexion haut débit. La forte pénétration de la téléphonie mobile a généré de nombreux services innovants.

C'est ainsi que du fait d'une faible bancarisation des populations africaines, de nouveaux services financiers ont été créés dans la banque, les assurances, le paiement des factures relatives à de nombreux actes de la vie courante.

En dépit de ce tableau reluisant dans le secteur des TIC, il reste des déficits à combler. Il faut par exemple relever qu'en 2018, 7,3 % seulement des foyers africains avaient accès à la connexion haut débit. L'électrification déficitaire du continent africain est également un frein à une extension encore plus grande du réseau des nouvelles technologies en Afrique.

Or la numérisation et la digitalisation de l'espace public comme de l'espace privé sont en train d'impacter tous les pans de la vie humaine. Qu'il s'agisse bien évidemment des communications, de l'industrie lourde ou légère, de l'administration, des transports, il n'existe guère de champ de l'activité humaine qui ne subira guère l'influence de la révolution numérique.

Il va donc de soi que dans ce secteur vital pour l'avenir des sociétés africaines et décisif pour sa nécessaire industrialisation, il y'a nécessité d'un investissement massif dans les infrastructures.

Financement total des TIC par région 2014-2018 (en milliards $)[8]

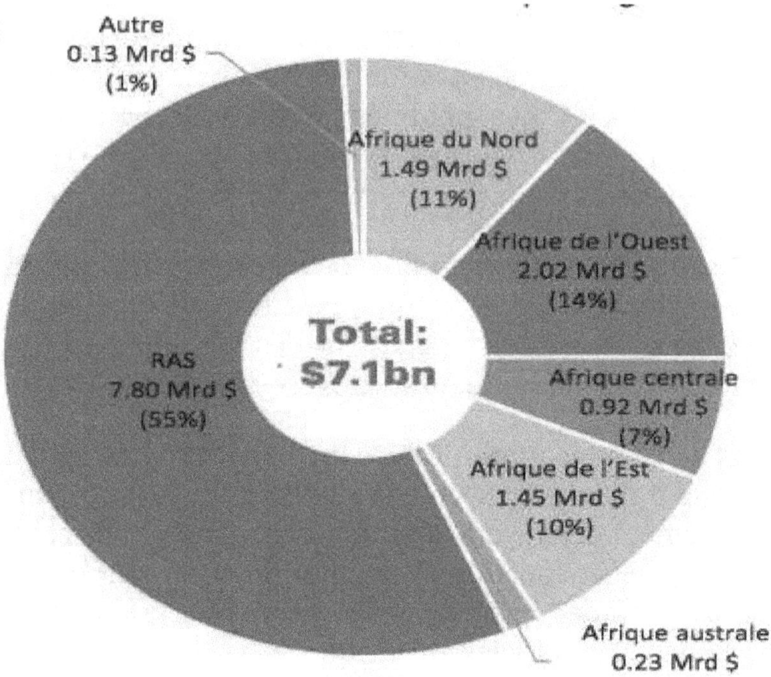

[8] Rapport 2018 de l'ICA (Consortium pour les Infrastructures en Afrique)

DEUXIÈME PARTIE

LA LÉGISLATION PÉTROLIÈRE DU TCHAD AVANT LA CONSTRUCTION DU PIPELINE TCHAD-CAMEROUN

CHAPITRE II

DATES ET REPÈRES DE LA CONSTRUCTION DU PIPELINE TCHAD-CAMEROUN

A/ LES DATES

1952-1955 : La prospection pétrolière a été entreprise par le Bureau de Recherches Pétrolières (B.R.P) dans le bassin des ERDIS au Nord du Tchad, à la frontière avec la Libye.

1962-1965 : Le premier permis d'Exploration a été octroyé à SAPHYR PETROLEUM et PETROPAR pour le bassin des Erdis.

1969 : les recherches entreprises par le groupe américain Conoco avec l'aval du Président Ngarta Tombalbaye se révèlent fructueuses au sud du Tchad et du bassin du Lac Tchad. Conoco signera un contrat avec le Gouvernement du Tchad qui stipule que le Tchad recevra 50 % des bénéfices nets plus une royaltie de 12,5 % sur la production. Par la suite Conoco cédera 50 % de ses parts à la compagnie Shell, 25 % à Chevron et 12,5 % à Esso. Par la suite, Conoco cédera à Esso les 12,5 % restants.

1977 : Esso acquiert 12,5 % des parts de Shell et ils se retrouvent chacun à 37,5 %. Conoco se retire du projet.

1988 : l'État du Tchad signe avec Esso une convention de recherches, d'exploitation et de transport des hydrocarbures.

1989-1991 : Un troisième permis exclusif de recherche fut attribué à une société pétrolière américaine, Hunt International Petroleum Company (HIPCO) associée avec SUN-OIL sur la zone dénommée « Bloc de Faya Largeau ».

1999 : un quatrième permis a été octroyé au consortium Trinity, Oriental et Carlton. Ce Consortium a été recomposé à plusieurs reprises dont le dernier est constitué de CNPC International (Chad) CO., LTD et Clividen International.

6 juin 2000 : la Banque Mondiale approuve ce projet, notamment le volet relatif à la construction d'un pipeline entre le Tchad et le Cameroun. D'une longueur totale de 1070 km, il doit traverser le Tchad sur 170 km et le Cameroun sur 900 km, de la localité frontalière de Touboro à la cité balnéaire de Kribi, sur la côte atlantique.

18 octobre 2000 : début des travaux de construction du pipeline au Tchad

20 octobre 2000 : début des travaux côté camerounais dans la ville balnéaire de Kribi.

03 octobre 2003 : inauguration du pipeline côté tchadien.

12 juin 2004 : inauguration du pipeline côté camerounais.

24-26 mai 2011 : Tenue à Yaoundé de la Conférence Internationale sur l'archéologie préventive le long du pipeline Tchad – Cameroun.

11 septembre 2013 : Signature de l'Arrêté Présidentiel N° 947 modifiant et complétant l'Arrêté N° 433 du 24 août 1999 portant organisation et fonctionnement du CPSP.

29 octobre 2013 : Signature de l'Avenant N° 2 à la Convention d'Établissement du 20 mars 1998 entre la République du Cameroun et COTCO portant sur le nouveau taux du Droit de Transit.

30 octobre 2013 : Signature de l'Accord Bilatéral entre le Cameroun et le Niger, relatif au transit à travers le territoire de la République du Cameroun, des hydrocarbures en provenance de la République du Niger et leur évacuation à travers le Pipeline Tchad/Cameroun.

12 février 2014 : Signature de l'Avenant N° 3 à la Convention d'Établissement du 20 mars 1998 entre la République du Cameroun et COTCO portant sur la révision de la structure tarifaire applicable au transport des bruts.

23 avril 2014 : Promulgation de la loi N° 2014/002 approuvant l'avenant N° 2 à la Convention d'Établissement du 20 mars 1998 entre la République du Cameroun et COTCO.

23 avril 2014 : Promulgation de la loi N° 2014/003 approuvant l'avenant N° 3 à la Convention d'Établissement du 20 mars 1998 entre la République du Cameroun et COTCO.

11 avril 2017 : Remise par COTCO à la République du Cameroun, des Actes de la Conférence Internationale sur l'archéologie préventive le long du Pipeline Tchad-Cameroun.

C/ LES REPÈRES TOPOGRAPHIQUES DU PIPELINE TCHAD-CAMEROUN

Tracé de l'oléoduc de la région tchadienne de Doba à la côte atlantique camerounaise de Kribi

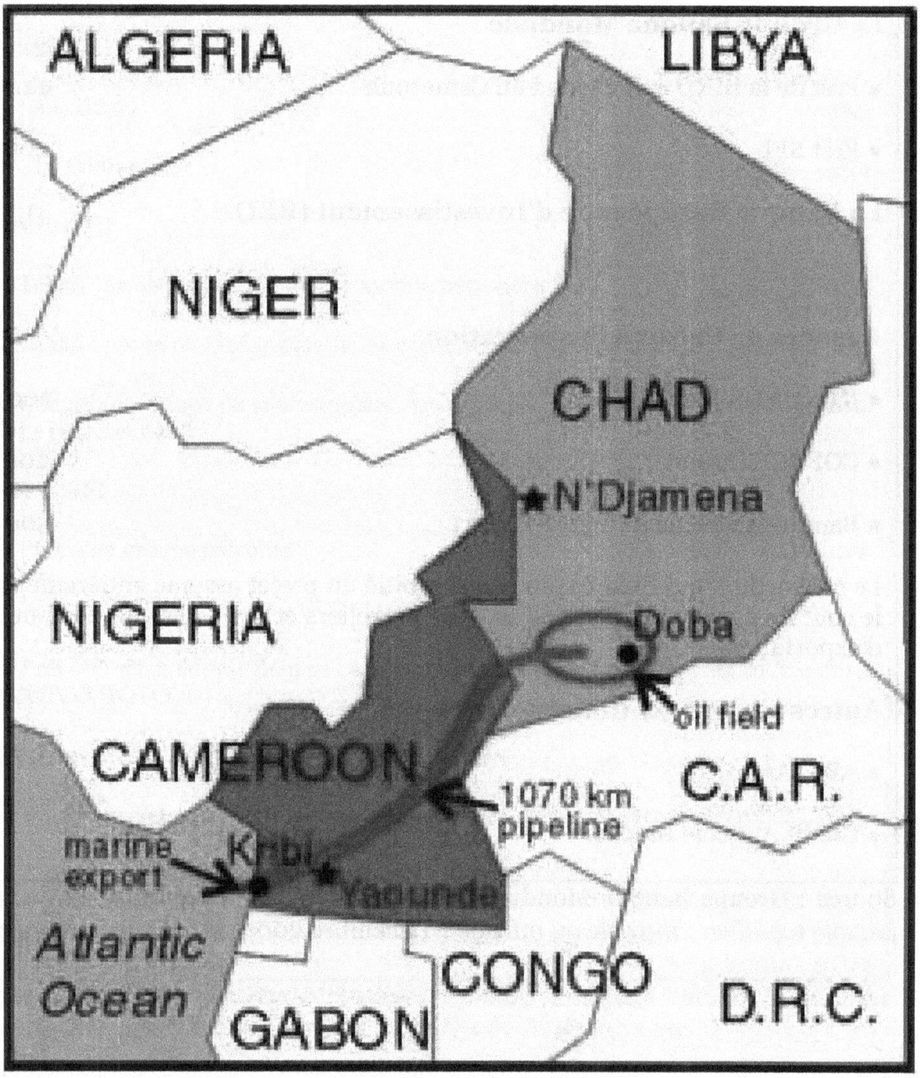

Concessions et champs pétroliers du Tchad

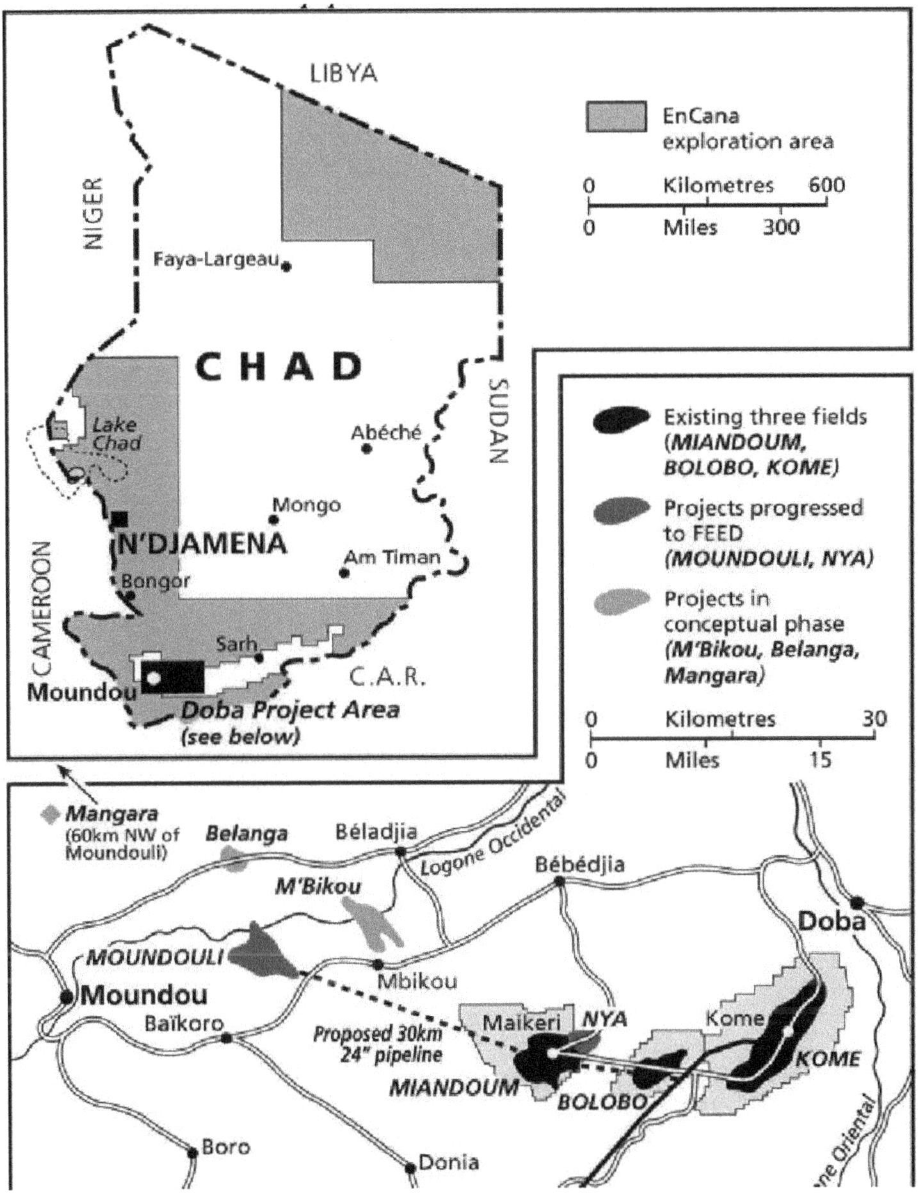

Source : Africa Energy

CHAPITRE III

LE CADRE NATUREL

Avec ce chapitre, nous voulons présenter le cadre naturel du Tchad qui, longtemps resté dans l'anonymat, voire l'hibernation, a suscité à un moment donné de son histoire, une avalanche de convoitises extérieures de la part des géants de la planète. Nous nous intéresserons pour ce fait, tour à tour au potentiel physique (superficie, relief, climat, végétation, hydrographie, faune) et humain (population et culture) avant de nous pencher sur le paysage économique que l'avènement de la manne pétrolière a considérablement marqué et transformé.

A/ Le potentiel physique

a/ La superficie

Vaste de 1 284 000 km², Le Tchad est situé au centre de l'Afrique. Il est limité au Nord par la Lybie, au sud par la République centrafricaine et le Cameroun, à l'est par le Soudan, et à l'Ouest par le Niger et le Nigeria. La plupart de ces pays étant séparés de lui par des frontières terrestres ou d'éléments naturels tels que fleuve, lac, montagne ou cours d'eau. En un mot, le pays ne connaît point d'ouverture sur la mer, il est donc enclavé.

b/ Le climat, la végétation, le relief

Le pays est divisé en trois zones climatiques et végétatives :

- **La zone saharienne** : elle concerne la partie nord du pays et est marquée par un climat aride et sec avec des précipitations annuelles insignifiantes ne dépassant pas 100 mm et tombant principalement dans la région de Borkou. Le relief est très accidenté et couvre une superficie d'environ 600 000 km2. Au puissant massif volcanique presque dépourvu de présence humaine dans le Tibesti, sauf dans les oasis, succède dans le

Borkou un océan de sable (dunes et ergs) mobile où le vent souffle par intermittence selon les saisons. Au Nord-est dans l'Ennedi s'étale un vaste plateau gréseux. On y rencontre des oasis perdues dans des dépressions où une végétation spécifique pousse. Ces points humides sont favorables à la culture du blé, de la luzerne, mais à une échelle très réduite. Les palmiers dattiers, le natron, les chèvres et les camelins constituent, avec le tourisme, la principale richesse de cette région. Les trésors du sous-sol dans cette zone sont très peu connus malgré de nombreux indices qui laissent suspecter leur présence. La récente ruée des populations vers cette région à la recherche des pépites d'or en est la preuve.

- **La zone sahélienne** : elle concerne le centre du pays dominé pardes plateaux et fortement marquée par une longue saison sèche (7 à 8 mois). La pluviométrie s'estime en moyenne entre 300 et 700 mm par an. Ici, la saison des pluies s'étale de juin à septembre. La végétation prépondérante est la steppe essentiellement constituée d'épineux acacias et d'autres espèces comme le baobab. C'est une zone par excellence d'élevage et de transhumance.

- **La zone soudanienne** : elle concerne la partie sud du pays et représente à peu près le 1/9 e du territoire. Les plaines qui caractérisent le relief de cette zone reçoivent annuellement environ 900 à 1200 mm de pluie par an. Le climat est du type tropical. La saison des pluies dans cette partie du pays va de mai à octobre. C'est ici que se trouve l'essentiel des sols cultivables. Quant à la végétation, elle va de la savane arbustive à la forêt claire et constitue une zone de pâturage par excellence. Les troupeaux de bœufs trouvent de précieuses espèces nutritives et de l'eau sans avoir besoin de parcourir de longues distances. Sous l'effet conjugué d'interminables périodes de sècheresse qui sévissent dans le Nord et le Centre, la zone soudanienne est soumise à une forte pression démographique. De même, on y cultive l'essentiel des cultures vivrières et de rente notamment le coton. Son sous-sol n'est pas non plus pauvre en minerais. C'est dans cette partie du pays que se déroule une partie de l'actuelle exploitation pétrolière. Elle est aujourd'hui exposée aux multiples problèmes environnementaux ainsi qu'aux conflits intercommunautaires appelés communément conflits agriculteurs/éleveurs.

c/ L'hydrographie

Le réseau hydrographique est constitué principalement des fleuves Chari et Logone, d'une longueur avoisinant 1000 km en ce qui concerne le Chari qui prend sa source dans l'Oubangui, en République centrafricaine, et 400 km pour le Logone qui vient du Cameroun. Ils se joignent à N'Djamena pour se déverser dans le Lac Tchad. Outre le Lac Tchad, il existe des lacs endoréiques tels que le Lac Fritri, Iro, Léré, Tikem et les deux lacs d'Ounianga, de moindre importance du point de vue de l'exploitation (richesse halieutique). Ils requièrent cependant un vif intérêt pour l'industrie touristique.

d/ La faune

Le Tchad présente une faune riche et variée en espèces animales et de nombreuses espèces d'oiseaux recensés dans les différents parcs nationaux, notamment à Zakouma et Manda.

e/ La population, la langue et la culture

Le Tchad est peuplé de 11,5 millions d'habitants (recensement de 2009), répartis très inégalement sur le territoire national avec une densité moyenne de 6,3 h/km^2. Cette densité est estimée à 0,3 dans la partie nord, 1,6 au Centre et 11 à 60 h/km^2, voire plus, dans le sud du pays. Selon que l'on va du Nord vers le Sud en passant par le centre, les populations rencontrées sont les Peuls, les Arabes très métissées et de type négroïde tels les ouaddaïens, baguirmiens, etc. Les principales agglomérations du Tchad sont N'Djamena, la capitale administrative et politique et les capitales provinciales Moundou, Abéché, Sarh, Doba et Bongor.

Échanges extérieurs				
Postes	**2002**	**2003**	**2004**	**2005**
Exportation des biens FOB	128.8	350.3	1152.3	1481.6
Dons coton fibre	38.9	45.1	24-5	48.2
Pétrole		136.8	931.3	1244.8
Autres	30.5	33.8	37.2	31.4
Importation de biens FOB	128.8	350.3	1152.3	1481.6
Balance commerciale	978.5-	102.9-	762.8	1106.8
Les indicateurs Socioéconomiques et financiers				
Postes	**2002**	**2003**	**2004**	**2005**
PIB, prix et population PIB nominal	1377	1520	2083	2975
Taux de croissance du PIB réel	8.4%	15.4%	33.6%	8.5%
Taux d'investissement global	57.4%	43.7%	28.9%	16.4%
Population (en million d'habitants)	7.87	8.08	8.294	8.515
Taux de croissance démographique	2.6%	2.6%	2.5%	2.6%
PIB par habitant (en milliers de Francs CFA)	175.0	188.1	251.1	349.3
Taux d'inflation (prix à la consommation)	5.2%	-1.8%	-5.3%	8.5%

Source : INSEED, ministère de l'Économie, du Plan de la Coopération

Le tableau ci-dessus montre que le Tchad au début de l'ère pétrolière offre de bonnes perspectives économiques s'il n'y a pas un évènement majeur perturbateur à l'horizon 2015. Sur la période 2002-2005, les agrégats macroéconomiques se sont globalement inscrits à la hausse avec un taux de croissance réel du PIB moyen de 16,4 % dopé, d'une part, par les investissements pétroliers, et d'autre part, par les exportations en volume du brut ainsi que par la production du coton graine des deux dernières campagnes. Le taux moyen d'inflation pour la période revue est maîtrisé (1,65 %) et respecte le plafond du critère de convergence sous régional de 3 % bien que ceux de 2002 et de 2005 aient creusé ce plafond.

Au niveau du commerce extérieur, la balance commerciale est excédentaire depuis 2004 grâce à l'envolée des cours mondiaux et du volume de pétrole exporté. Cet élan de démarrage de l'économie a été ébranlé par le regain d'insécurité à l'est et au Nord du pays qui a englouti d'énormes moyens financiers engrangés par le début de la commercialisation du pétrole.

Si le secteur secondaire connaît de timides progrès à cause de délestages intempestifs de la STEE (Société tchadienne d'eau et d'électricité) avant la séparation du secteur eau et électricité, et dont les solutions de sortie de crise ne sont pas bien élucidées, les secteurs primaire et tertiaire tirent profit de l'effet de levier de l'exploitation du pétrole des trois champs Doba.

Au terme de ce chapitre où nous avons jeté un regard sommaire sur la géographie du Tchad, nous avons pu noter que le pays, quoique territorialement très vaste, n'a pas été à proprement parler favorisé par la nature. Toutefois, son sous-sol, avec la découverte et l'exploitation du pétrole, promet de constituer pour l'économie un véritable levier sur lequel devra désormais compter le pays.

Seulement, le Tchad serait-il à même de tirer profit de cette aubaine ? Dispose-t-il de bases juridiques suffisamment sécurisantes pour attirer les investissements étrangers et pouvoir mener à bien des négociations pétrolières ? À ces questionnements, nous répondons dans le chapitre suivant.

CHAPITRE IV

LE CADRE JURIDIQUE ET RÉGLEMENTAIRE DES OPÉRATIONS PÉTROLIÈRES AU TCHAD

Nous abordons dans ce chapitre le cadre juridique qui réglemente les opérations pétrolières au Tchad, et qui a permis d'abord la recherche des gisements d'hydrocarbures liquides ou gazeux ; ensuite, leur exploitation, enfin leur transport par canalisation. Pour bien comprendre la portée de cet aspect, il convient de rappeler l'ancien Code pétrolier d'une manière succincte.

A/ L'Ancien Code pétrolier

Toutes les activités pétrolières au Tchad étaient régies par l'ordonnance n° 07/PC/TP/MH du 3 février 1962. Le 2 mai 2007 une nouvelle loi n° 06/PR/2007 a été promulguée en lieu et place de la précédente ordonnance. Elle réglemente, désormais, toutes les activités du secteur. Avant d'examiner la nouvelle loi, penchons-nous sur l'ancienneordonnance n° 7/PC/TP/MH (du 3 février 1962) qui réglementait les activités de recherche, d'exploitation, de transport par canalisation des hydrocarbures ainsi que son régime fiscal. Ce fut la base juridique du projet d'exportation Tchad-Cameroun.

a/ La recherche des gisements d'hydrocarbures

Il est indiqué à l'article premier du Titre 1 de cette ordonnance que les travaux de prospection et de recherche d'hydrocarbures liquides ou gazeux ne peuvent être entrepris, même par le propriétaire de la superficie, qu'en vertu, soit d'une autorisation de prospection ou d'un permis exclusif de recherche dit permis H. L'autorisation de prospection confère à son titulaire, dans un périmètre défini, le droit exclusif d'exécuter des travaux préliminaires de prospection d'hydrocarbures notamment par

caduque en cas d'expiration du permis pour quelque cause que ce soit. La procédure d'instruction de cette demande d'autorisation provisoire d'exploiter et la prolongation de cette autorisation à de nouveaux puits et de retrait de l'autorisation sont fixées par décret.

Le ou les titulaires d'une autorisation provisoire d'exploiter doivent satisfaire les conditions et obligations auxquelles les concessionnaires sont soumis en application des textes en vigueur et de la convention type signée entre la république du Tchad et les concessionnaires. Une concession peut être accordée à un organisme public. Celui-ci est alors soumis aux mêmes droits et obligations que les autres titulaires de concessions. La durée de la concession est de 50 ans.

Nul ne peut obtenir une concession s'il ne justifie pas des capacités techniques et financières nécessaires pour mener à bien les travaux d'exploitation. Ces capacités techniques et financières sont réputées acquises par le titulaire du permis II sur le périmètre duquel est situé le gisement faisant l'objet de la demande de concession. La concession est accordée par décret, aux conditions d'une convention qui fixe les conditions générales d'exploitation comprenant :

– Les éléments caractéristiques du contrôle de l'entreprise titulaire ou de celles qui lui sont éventuellement associées, ainsi que les conditions dans lesquelles les protocoles, accords ou contrats liant les titulaires entre eux avec des tiers peuvent être conclus ou modifiés après l'octroi de la concession, tant en ce qui concerne l'exploitation que le transport ;

– Les règles générales applicables à tous les producteurs selon lesquelles le Gouvernement peut fixer les limites inférieures ou supérieures, tenant compte, notamment des conditions économiques et des possibilités réelles de commercialisation ;

– Les obligations relatives à la communication au gouvernement du Tchad des renseignements tirés des travaux ;

– Les conditions dans lesquelles l'exploitant est tenu d'appliquer, à la délimitation, à la mise en production et à l'exploitation, les méthodes confirmées et leurs conditions d'emploi les plus propres à éviter des pertes d'énergie et de produits industriels, à assurer la conservation des gisements et à porter au maximum le rendement économique en hydrocarbures liquides ou gazeux de ces gisements, notamment par l'emploi éventuel des méthodes de récupération secondaire ;

– Les conditions dans lesquelles la violation de certaines dispositions de la convention pouvant entraîner le retrait de la concession.

– Enfin, les exploitants des gisements d'hydrocarbures liquides ou gazeux peuvent être tenus, sur demande du gouvernement du Tchad, d'affecter par priorité les produits de leur exploitation à la satisfaction de la consommation intérieure de la République du Tchad.

c/ Le transport des hydrocarbures par canalisation

En tenant compte de toutes les dispositions législatives et réglementaires relatives aux travaux de recherche et d'exploration, en cas de découverte des hydrocarbures liquides ou gazeux, leur transport vers les lieux de stockage, de traitement et de consommation nécessite également une autorisation délivrée par la République du Tchad aux détenteurs du permis.

L'autorisation d'exploiter ou le détenteur de la concession donne à ses titulaires le droit, pendant la durée de validité des titres miniers, et dans les conditions définies par les textes en vigueur, de transporter ou de faire transporter dans ses propres installations, à l'intérieur du territoire tchadien, les produits de l'exploitation ou la part qui leur revient vers les points de stockage, de traitement, de chargement ou de grosse consommation dans des conditions économiques normales est également requise par les textes en vigueur. Les détenteurs des titres miniers d'exploitation peuvent s'associer entre eux pour assurer en commun le transport des produits extraits de leurs exploitations. Ils peuvent également s'associer avec des tiers pour la réalisation et l'exploitation des installations et canalisations. À cet effet, tous protocoles, accords ou contrats passés entre les intéressés relatifs, notamment à la conduite des opérations de construction et d'exploitation, au partage des charges, des résultats financiers et de l'actif en cas de dissolution de l'association doivent être joints aux fins d'approbation par le Gouvernement aux demandes d'autorisation de transport.

Le tracé et les caractéristiques des canalisations doivent être établis de manière à assurer la collecte, le transport et l'évacuation des produits des gisements dans les meilleures conditions techniques, économiques, environnementales et en particulier de manière à assurer la meilleure valorisation globale, au départ des gisements de ces produits. Pour l'établissement de ce tracé, le ou les auteurs du projet peuvent disposer du droit d'occupation temporaire du sol, dans les conditions qui sont fixées par les textes réglementant l'expropriation pour cause d'utilité publique et l'occupation temporaire. Le titulaire peut alors procéder sous réserve du paiement des droits à l'occupation des terrains immatriculés du domaine privé de la République du Tchad ou des collectivités publiques.

Si l'occupation porte sur des terrains appartenant à des personnes privées ou sur des terrains non immatriculés du domaine privé de la République du Tchad, et que ces terrains sont susceptibles d'être grevés de droits coutumiers et si les permissionnaires ne peuvent pas s'entendre à l'amiable avec les propriétaires, ou avec les titulaires des droits coutumiers, l'occupation du sol peut être autorisée par décret. Ce décret fixe en même temps une indemnité provisionnelle et approximative de dépossession qui doit être consignée préalablement à la prise de possession. L'indemnité définitive est déterminée suivant la procédure prévue par les textes réglementant l'expropriation pour cause d'utilité publique et l'occupation temporaire. L'approbation du projet de transport comporte également pour le titulaire le droit d'établir des installations et des canalisations sur des terrains dont il ne sera pas propriétaire. Les possesseurs des terrains grevés de servitudes de passage sont tenus de s'abstenir de tout acte susceptible de nuire au bon fonctionnement des installations et des canalisations. Cette servitude donne droit, dans le cas des terrains privés, à une indemnité.

En cas de découverte des hydrocarbures liquides ou gazeux exploitables dans la même région géographique par des tiers, une décision du Gouvernement, à défaut d'accord amiable, peut imposer aux détenteurs des titres miniers de s'associer avec d'autres exploitants en vue de la réalisation ou de l'utilisation commune des installations et canalisations, pour l'évacuation de la totalité ou d'une partie de la production de ces gisements. Dans le cas où des conventions ayant pour objet de permettre ou de faciliter les transports par canalisation d'hydrocarbures liquides ou gazeux à travers d'autres États viendraient à être passées entre la République du Tchad et lesdits États, elles accorderaient sans discrimination aux détenteurs des titres susvisés tous les avantages résultant de l'exécution de ces conventions. Les tarifs de transport sont établis par l'entreprise chargée de transport. Ils sont soumis au Gouvernement pour contrôle et vérification. À cet effet, ils lui sont soumis quatre mois avant la mise en exploitation des installations et des canalisations. En cas de variation importante des éléments constitutifs des tarifs, de nouveaux tarifs sont proposés en tenant compte de ces variations.

d/ Les dispositions fiscales

Les sociétés détentrices de titres miniers et les entreprises qui leur sont associées dans le cadre des protocoles, accords ou contrats, sont assujetties, pour leurs activités de recherche et d'exploitation des gisements d'hydrocarbures liquides ou gazeux sur le territoire tchadien, à la redevance et à l'impôt direct sur les bénéfices.

Ces entreprises sont tenues de s'acquitter d'une redevance égale à 12,50 % (douze et demi pour cent selon la convention de 1988 au moment des négociations avec le consortium sur le produit des trois champs) de la valeur de départ des champs des hydrocarbures liquides et à 5 % (cinq pour cent) de la valeur des hydrocarbures gazeux extraits sur le territoire de la République du Tchad. Pour le calcul de cette redevance, ne sont pas prises en compte des quantités liquides ou gazeuses qui sont consommées pour les besoins directs de la production, réinjectées dans le gisement, perdues ou inutilisées.

La redevance est réglée, dans le cas des hydrocarbures liquides, en nature ou en espèces selon la décision du Gouvernement. Lorsque la redevance est réglée en nature, l'exploitant est tenu, si le Gouvernement en fait la demande, d'assurer ou de faire assurer, aux frais de celui-ci, le traitement primaire, le transport et le stockage des produits aux points normaux de livraison des installations de transport des produits extraits. Pour les hydrocarbures gazeux, la redevance est toujours réglée en espèces. Les modalités de calcul de la valeur de départ champ pour les cas de règlement en espèces ainsi que les modalités de paiement ou de livraison de la redevance sont définies par la convention de concession ou par les autorisations d'exploiter, ou par les conventions types spécifiques.

Les sociétés ou entreprises ou leurs associés sont assujettis à un impôt direct prélevé sur les bénéfices nets qu'elles retirent de l'ensemble de leurs activités de recherches et d'exploitation de gisement d'hydrocarbures liquides ou gazeux sur le territoire de la République du Tchad. À cet effet, chaque entreprise, quel que soit le lieu de son siège, tient par année civile, une comptabilité séparée des opérations qui permet d'établir un compte de profits et pertes et un bilan faisant ressortir tant les résultats desdites opérations que les éléments d'actif et de passif qui y sont affectés ou qui s'y rattachent directement.

Enfin, les personnes physiques ou morales qui auront procédé à des investissements dans la recherche, l'exploitation ou le transport des hydrocarbures liquides ou gazeux sur le territoire de la République du Tchad bénéficieront du régime le plus favorable fixé par la réglementation générale de la zone franc en matière de liberté de transfert de leurs capitaux. Le même régime leur sera accordé en matière de rapatriement sans limitation, des dividendes, intérêts et bénéfices correspondant à leurs investissements de même qu'en ce qui concerne le produit de la liquidation de la réalisation de leurs avoirs sous réserve de l'exécution des obligations prévues par les textes en vigueur.

B/ Le nouveau code pétrolier (1962-2007)

Après un peu plus de quatre décennies, le Tchad s'est doté de la loi n0006/PR/2007 du 02 mai 2007 relative aux hydrocarbures (loi tenant lieu de code pétrolier). Cette nouvelle loi vient ainsi abroger l'ordonnance du 3 février 1962 (tenant également lieu de code pétrolier).

Une raison importante a amené la République du Tchad à se doter de la nouvelle loi : la loi de 1962 était devenue obsolète.

En effet, le code de 1962 était très favorable aux compagnies pétrolières. II prévoyait une durée d'activités de recherches et d'exploitation très longue (le permis de recherches dit permis H était accordé pour une durée de cinq ans (article 4 de l'ordonnance) renouvelables deux fois pour la même durée, c'est-à-dire cinq fois deux (article 8 de l'ordonnance). Soit en tout quinze ans de recherches. À cela, il faut ajouter 50 ans d'exploitation. Or dans le nouveau code pétrolier, la prospection du pétrole a une durée de deux ans maximum (article 2) ; la recherche est étalée sur une période de cinq ans renouvelables une seule fois pour une durée de trois ans (article 27.3). Une prorogation exceptionnelle en cas de découverte de gaz (article 27.6) peut intervenir.

Ainsi, les longues durées de travaux prévus par le code de 1962 ne permettent pas au gouvernement de connaître les résultats dans des délais raisonnables. Seuls les détenteurs des permis, souvent des sociétés étrangères, profitant des dispositions de ladite ordonnance, pourraient retenir ou retarder l'information aux autorités du pays d'accueil si les gisements découverts sont commercialisables ou pas. L'autorisation provisoire d'exploiter les hydrocarbures, prévue par l'ordonnance de 1962 (articles 18 et 19 de l'ordonnance de 1962) leur permet d'exploiter le produit pour une durée de deux ans renouvelables sans rassurer le Gouvernement des quantités probables à exploiter, cette clause qui profitait aux détenteurs des permis n'est plus insérée dans le nouveau code pétrolier. Dans l'ancien code de 1962, la concession (l'exploitation) est accordée par décret pour une durée de 50 ans (article 28 de l'ordonnance). Par contre, dans le nouveau code, elle est réduite à 25 ans pour le pétrole et 30 ans pour le gaz. Mais à la demande du titulaire du permis, la prorogation est possible, mais elle ne peut excéder dix ans.

Cette prorogation est conditionnée par un certain nombre d'obligations telles que : les capacités techniques et financières pour la poursuite des travaux, le respect de l'environnement, etc.

a/ Les leçons à tirer de cette nouvelle loi

L'ancien code comportait aussi trois insuffisances notoires :

– Les périodes de recherches et de renouvellement sont longues, retardant ainsi l'exploitation des gisements même si ceux-ci sont commercialement exploitables.

– Les dispositions relatives à la protection de l'environnement étant moins détaillées dans l'ancien code, cela constituait une insuffisance qui a été complétée par des mesures de protection de l'environnement physique, humain, etc.

– Un seul régime était consacré dans l'ancien code : la concession classique. Or, dans la plupart des pays producteurs de pétrole, deux régimes sont en pratique : la concession dite moderne (puisque la République du Tchad peut opter pour s'associer ou pas au contrat et le partage de production. Il faut rappeler que dans la concession classique consacrée dans l'ordonnance de 1962, seule la société étrangère entreprend les travaux sans associer la République du Tchad. Celle-là se contente de la redevance et de l'impôt sur les sociétés.

Au vu de ces insuffisances, la République du Tchad a entrepris à partir de 1992 la refonte du code de 1962 avec l'appui des cabinets étrangers, de la Banque Mondiale et de la société pétrolière algérienne (SONATRACH), pour ne citer que ceux-là. Le processus est arrivé à son terme avec la promulgation de la loi n° 006/PR/2007 du 02 mai 2007 relative aux Hydrocarbures (code pétrolier), qui intègre dans. Sa nouvelle loi les deux régimes contractuels : la concession et le partage de production.

Mais après la promulgation de la loi n°006/PR/2007 du 02 mai 2007, des insuffisances sont de nouveau constatées. C'est ainsi qu'il a été procédé à la promulgation de l'ordonnance n° 001/PR/2010 portant approbation du contrat type de partage de production, régissant les activités de recherches, d'exploitation des hydrocarbures liquides ou gazeux en République du Tchad et, en même temps, modifiant et complétant les dispositions de la loi n° 006/PR/2007 du 02 mai 2007 relative aux hydrocarbures. Il a été concomitamment procédé à la signature du décret n° 796/PR/PM/MPE/2010 fixant les modalités d'application de la loi n° 006/PR/2007 du 02 mai 2007, tel que modifiée et complétée par l'ordonnance no 001/PR/2010 du 30 septembre 2010, ayant fait l'objet d'une séance en Conseil des ministres le 02 septembre 2010.

Toutes les sociétés pétrolières établies au Tchad sous le régime du contrat de concession (Esso et ses partenaires, CNPCI et ses partenaires) conservent un certain nombre d'acquis en référence à l'ordonnance de 1962. Puisque la durée des activités prévue dans leurs conventions de recherches, d'exploitation et de transport des hydrocarbures s'étale sur une période d'au

2010 portant approbation du contrat de partage de production).

Pour chaque contrat de partage de production, il est mis en place un accord d'association. II est désigné par le même accord un opérateur dans l'accord d'association, chaque société est fiscalement indépendante. Les partenaires s'entendent pour désigner leur Porte-parole (opérateur). Au terme de l'article 16 du code pétrolier, l'accord d'association détermine le fonctionnement, les pouvoirs et le mode de prise de décision au sein du conseil.

Depuis 1962, date de la signature de l'ordonnance relative à la recherche, à l'exploitation et au transport par canalisation des hydrocarbures et au régime fiscal de ces activités sur le territoire de la République du Tchad, l'industrie pétrolière a beaucoup évolué notamment dans le domaine des contrats pétroliers. Le Tchad a essayé de rattraper ce retard en rédigeant un projet de code pétrolier qui prend en compte les principaux changements intervenus. Les compagnies pétrolières sont plus attirées par les avantages fiscaux et les facilités pratiques accordés par les pays possédant des réserves importantes telles que celles issues de l'ex-URSS, les pays côtiers de l'Afrique, les pays du Golfe et d'Asie. Il est vrai que les réserves du Tchad sont mal connues, mais, le pays fait face aussi à un handicap majeur à surmonter, c'est celui de son éloignement des côtes maritimes qui renchérit le poste de transport du brut. La nouveauté proposée dans le nouveau texte est l'introduction de la notion de partage de production. Lorsque les activités de recherches, d'exploitation et de transport par canalisation des hydrocarbures sont entreprises dans le cadre d'un contrat de partage de production, le titre minier est accordé exclusivement à l'État. Un conseil d'association est mis en place pour chaque contrat de partage de production au sein duquel le ou les associés privés étrangers ou nationaux siègent. Le ou les associés financent l'intégralité des travaux de recherches. Le rôle d'opérateur est confié à un associé privé. Le ou les associés privés n'ont droit à une part de production qu'en cas de découverte d'un gisement d'hydrocarbures commercialement exploitable. Toutes les dispositions d'operating et les modalités de financement conférées par l'ancien code pétrolier aux détenteurs d'un permis sont reconduites presque à l'identique. Dans l'ancien code, la redevance était fixée à un taux unique de 12,50/0 de la production en nature ou en numéraire. Dans le nouveau code pétrolier, ce taux est fixé en fonction de la production journalière selon les barèmes suivants :

Lorsque l'État choisit de percevoir la redevance en espèces, le prix de base de la valorisation d'hydrocarbures liquides est le prix convenu dans le contrat pétrolier, sous réserve que ce prix soit représentatif du prix du marché international pour des bruts de qualité comparable. Pour les hydrocarbures gazeux, le prix de base de valorisation pris en compte est égal au prix réel de commercialisation de ces hydrocarbures.

Production journalière (en baril)	**Taux de la redevance**
Tranche inférieure ou égale à 5000	8 %
Tranche supérieure à 5000 et inférieure ou égale à 10 000	12.5 %
Tranche supérieure à 10 000 et inférieure ou égale à 20 000	15 %
Tranche supérieure à 20 000	20 %

Le nouveau code pétrolier adopté le 2 mai 2007 est un signe qui encourage les compagnies pétrolières à explorer davantage de nouveaux champs. Il permet ainsi la mise en exploitation des rendus sur le permis des trois champs Kome-Bolobo-Miandoum qui présenteraient des indices substantiellement intéressants. Une adaptation du code pétrolier à l'évolution très rapide de l'industrie pétrolière est devenue incontournable.

d/ Les conditions de succès du projet d'exportation

Plusieurs étapes ont été franchies par le consortium et le Tchad pourarriver à un accord consensuel pour la réalisation du plus grand projet pétrolier à l'échelle du continent africain. La première étape était l'évaluation des réserves des trois champs (Kome-Bolobo-Minadoum) par le consortium afin de juger de la rentabilité commerciale de celles-ci. L'étape suivante était de convaincre les prêteurs privés et la Banque Mondiale de s'impliquer financièrement dans le projet. En effet, pour le consortium, la présence de la Banque Mondiale dans ce gigantesque projet est un gage, mais aussi un parapluie pour les prêteurs privés. La stabilité politique en Afrique étant comme un serpent de mer, les investisseurs étrangers souhaitent avoir de la part des pays africains des assurances à long terme pour générer les profits issus de leurs activités. Cela est d'autant plus vrai qu'il faut un temps assez long pour rentabiliser les investissements dans le secteur pétrolier. Les véritables auteurs des troubles, les coups d'État, les pourvoyeurs d'armes et les preneurs d'otages sont les pires ennemis des compagnies pétrolières. Quelquefois, on peut légitimement se poser la question de savoir si elles ne sont pas à l'origine de ces tentatives de déstabilisation quand leurs intérêts sont menacés. Ces auteurs, quoiqu'invisibles du grand public agissent malicieusement par l'entremise de leurs pays d'origine. Les investisseurs privés ne peuvent pas investir dans ce continent les yeux fermés : le cas de la Côte d'Ivoire est édifiant. Ayant pourtant bénéficié d'importants investissements privés étrangers, la Côte d'Ivoire, le pays modèle de l'Afrique noire francophone, du point de vue de la stabilité politique, de la prospérité des affaires et du progrès économique a volé en éclats à la moindre secousse interne. La gestion politique des affaires en Afrique noire ne corrobore pas souvent les théories classiques de la science politique ni la vision du capitalisme pur et dur. Les apparences sont trompeuses même si l'on met suffisamment de garde-fous.

Au Tchad, les partenaires au développement, les investisseurs privés étrangers et même nationaux réfléchissent plus d'une fois avant d'investir de manière durable. Les conséquences, les stigmates et les séquelles de la guerre civile ainsi que de l'occupation étrangère ne sont pas encore totalement effacés au Tchad. Le Tchad n'avait pas encore éradiqué de manière définitive les germes de la déstabilisation au moment où les négociations sur l'exportation de son pétrole commençaient. Au Tchad, les partenaires au développement sont habitués à la création et à la disparition des mouvements politico-militaires. Les vertus de la culture démocratique, de la tolérance, de la paix et de l'alternance dans la gestion du pouvoir par les moyens pacifiques ne sont pas suffisamment ancrées dans la conscience collective des citoyens et des acteurs politiques. Le recours à la violence est le raccourci le plus souvent utilisé pour se faire entendre sans juger des conséquences futures d'un tel comportement.

À entendre les forces politiques de l'opposition, il y a très peu d'entre elles qui proposent des solutions alternatives et un projet de société par des voies pacifiques. Leurs programmes politiques sont presque identiques. Ces forces de l'opposition se réveillent, en général, à un ou deux ans des échéances politiques et se mettent en hibernation par la suite. Ainsi, un acteur politique de l'opposition disait à ce propos : dans l'opposition, certains acteurs pratiquent la politique du ventre. On ne constate pas une animation de la vie politique active et permanente dans le pays. Le terrain politique est occupé par le parti majoritaire au pouvoir. Ce constat est général pour l'Afrique.

Pour la réalisation du projet d'exportation du pétrole brut du Tchad, une étape tout aussi difficile fut de convaincre le Cameroun pour qu'il acceptât le principe du passage du pipeline à travers son territoire. L'intérêt financier, économique et même social du Cameroun pour ce projet est évident. Ces différentes étapes ou points de passage obligés pour la construction du pipeline Tchad-Cameroun constituaient des paris difficiles à gagner. Le Tchad avait mis dans la balance toute sa crédibilité pour montrer sa bonne foi et convaincre ses interlocuteurs. Il a ainsi gagé son avenir. C'est un défi politique. Perdre cette phase de négociation aurait engendré le désespoir de tout un peuple.

C'est le lieu pour nous de saluer la vision du Président de la République qui instruisait très clairement l'équipe de négociations sur l'objectif à atteindre, en ces termes : **« Arrivez à conclure un accord avec toutes les parties en ayant toujours un œil attentif sur les intérêts du pays et le reste, on verra »**

Le terme « le reste on verra » est plein de sens au moment où le Tchad était confronté aux exigences de la Banque Mondiale sur l'application de ses conditionnalités liées à l'usage des revenus pétroliers. Le Président de la République avait déjà bâti sa stratégie sur cette question que nous verrons plus loin en détail.

Le consortium espère trouver un intérêt certain, et cela valait la peine de prendre un tel risque. Enfin, la Banque Mondiale n'a pas droit à l'erreur en entraînant avec elle un investissement de près de 4 milliards de dollars malgré les critiques et les incertitudes qui planaient sur le projet. Les trois partenaires que sont la Banque Mondiale, le consortium ct le Tchad avaient suffisamment mûri la réflexion en ce début de l'année 1992 pour prendre la décision courageuse de la construction du pipeline Tchad-Cameroun. En prenant cette décision historique, les trois parties étaient désormais condamnées à réussir. La Banque Mondiale mise sur sa crédibilité ; pour le Tchad, c'est l'espoir d'un peuple épuisé par la misère et tant d'années de guerres ruineuses qui est enjeu.

Le Cameroun quant à lui donne la preuve d'une politique de coopération exemplaire aux fins d'intégration sous-régionale même si le gain pour lui n'est pas négligeable. C'est une concession importante sur sa souveraineté, nous ont souvent rappelé nos interlocuteurs camerounais.

Tout compte fait, nous venons de démontrer que grâce à un cadre juridique favorable aux deux gouvernements (Tchad et Cameroun), aux bailleurs de fonds et aux compagnies pétrolières, la prospection et l'exploitation du pétrole ainsi que du gaz sont devenues possibles au Tchad, et ce, après de rudes négociations qui vont déboucher, comme nous le démontre le chapitre suivant, sur des accords nouveaux.

CHAPITRE V

LA CONVENTION DE 1988

Après quelques années de négociations très difficiles sur le renouvellement de la Convention, le gouvernement du Tchad et les membres du consortium étaient parvenus à la signature d'un accord définitif qui précisait les obligations et les droits des parties signataires sur le permis de recherche, d'exploitation, de transport et de commercialisation des hydrocarbures au Tchad appelé « convention de 1988 ». Ce ne fut pas sans incident ni risque moins grave par rapport à l'assurance de ce que l'exploitation de l'or noir était supposée apporter au pays.

A/ La mise à l'écart de la France, une erreur stratégique

Pendant toute la période des négociations pour le renouvellement du permis, l'ex-Président de la République, Hissène Habré, avait volontairement ignoré l'intérêt que la France pouvait nourrir pour le pétrole tchadien. Plusieurs appels du pied avaient été adressés à son endroit, mais il ne leur accorda aucune considération. Il avait délibérément souhaité prendre ses distances vis-à-vis de la France sur cette question stratégique. La France avait aussi, de son côté, « minimisé » ou « banalisé » l'existence du pétrole au Tchad pendant longtemps. Elle ne croyait pas qu'on découvrirait un jour du pétrole au Tchad en quantité commercialisable et qu'un courageux « aventurier » investisseur prendrait le risque d'investir autant pour son exploitation. Est-ce pour cela qu'elle n'avait fait aucun effort pour entamer les recherches sérieuses dans ce domaine comme au Gabon, au Congo ou au Cameroun ? Ou alors était-ce une stratégie de la France pour contrôler l'exploitation des ressources minières du Tchad après l'épuisement des réserves des autres pays sous son influence ? Ou bien encore l'instabilité politique du pays n'a-t-elle jamais permis de penser à l'exploitation de son pétrole ?

La dernière thèse est partagée par beaucoup d'observateurs. Aussi l'attitude de l'ex-Président tchadien, Hissène Habré, vis-à-vis de la France était-elle une réponse cynique et rancunière à une déclaration de Robert Galley, ministre français de la Coopération en 1979 faite à Radio France Internationale (RFI) qui disait : « le Tchad n'a que du roc au Nord, du sable au Centre et de la savane au Sud ». Le ministre Robert Galley confirmait ainsi le contenu d'une correspondance que le général de Gaulle adressait au Président François Tombalbaye, de regrettée mémoire, en ces termes : « De l'avis de tous les services spécialisés, il n'y a pas d'espoir de trouver du pétrole au Tchad ».

Le comportement suffisant, à la limite arrogant et méprisant de l'ex-Président tchadien à l'égard de la France lui avait peut-être coûté son fauteuil présidentiel, alors qu'il aurait suffi d'un petit clin d'œil à la France pour tester ses intentions dans ce domaine. Cela aurait peut-être changé son destin. En revanche, nous avons vu par la suite avec l'entrée d'Elf dans le consortium que la France de Mitterrand n'avait pas les moyens de sa politique même si sa volonté de pouvoir enfin participer à l'exploitation du pétrole du Tchad fut exprimée par son Président.

L'ancien Président, toujours dans sa logique d'exclure la France de ce secteur, avait pris la décision de solliciter l'assistance multilatérale du Programme des Nations unies pour le développement (PNUD) et de la Suisse, pays considéré comme neutre, pour engager les négociations sur le renouvellement de la Convention. Le PNUD et la Banque Mondiale avaient répondu positivement à sa requête et mis à la disposition du Gouvernement tchadien des cabinets expérimentés. La Suisse, de son côté, avait financé le coût des deux experts spécialistes en droit pétrolier pour appuyer le Gouvernement. Le financement de cette assistance fut assuré à 100 % par ces bailleurs de fonds autres que la France. La première rencontre pour les renégociations de la convention avait eu lieu à N'Djamena en février 1984. Au cours de cette rencontre, le Gouvernement avait indiqué aux membres du consortium qu'il entendait rétablir l'équilibre dans le partage de la rente pétrolière et jeter les bases d'une coopération mutuellement avantageuse pour une longue durée.

Les membres du consortium sont des géants dans l'industrie pétrolière reconnus au plan international, nantis de ressources financières avérées, disposant des experts pointus et bien rodés dans les négociations. Les cabinets d'avocats et des financiers qu'ils utilisent sont des spécialistes en la matière. Les agences d'aide au développement qui avaient bien voulu apporter leur assistance au Tchad pour appuyer les experts tchadiens dans les négociations avaient également pesé de tout leur poids et mis leur savoir-faire en jeu, en recrutant des experts bien rompus dans le domaine pour obtenir un document de qualité. On peut estimer aujourd'hui que la convention de 1988, au moment où elle avait été conclue, était un accord qui garantissait les intérêts du Tchad dans un contexte de négociations bien difficile, marqué par une instabilité politique, faut-il le rappeler. Il est bien entendu possible que celle-ci puisse faire l'objet de révisions et de renégociations, du moins dans la partie fiscale, car la problématique de la construction du pipeline étant résolue, les perspectives du développement du secteur pétrolier seraient revues autrement. Il n'y aurait plus d'obstacles majeurs qui pourraient retenir les investisseurs pour développer la recherche pétrolière et exploiter les découvertes éventuelles.

B/ La signature de l'accord sur fond de troubles

Pendant toute la période des négociations, la continentalité du pays avait constitué un grand handicap pour les négociateurs. D'ailleurs, les compagnies pétrolières n'avaient-elles pas cessé de rappeler qu'il restait encore une autre paire de manches à gagner : celle de la maîtrise des coûts de la construction du pipeline et les conditions de son passage par des pays tiers ? À cela s'ajoutait la situation politique qui prévalait dans le pays, caractérisée par des cycles de violence et l'occupation de la partie nord du pays par des forces étrangères. Toutes ces réalités spécifiques au Tchad n'étaient pas de nature à rassurer et à encourager les investisseurs. Les compagnies pétrolières évoluent dans des pays stables avec lesquels elles signent des conventions de longue durée. Les clauses de stabilité quelquefois trop contraignantes pour les pays comme le Tchad constituent des gages importants pour l'investissement dans le temps au cas où un quelconque évènement survenait pour perturber les activités. Ces clauses qui existent dans tous les contrats pétroliers avaient généré un coefficient d'incertitudes important dans le calcul du risque pour le cas du Tchad. Dans les négociations des contrats pétroliers, les pays et les compagnies pétrolières n'ont pas les mêmes préoccupations ni les mêmes objectifs surtout de la notion de temps.

En effet, la première préoccupation des pays en développement tributaires de l'aide extérieure (c'est le cas du Tchad) est de raccourcir les délais de négociations pour disposer des ressources financières afin de faire face aux multiples besoins de développement. Les compagnies pétrolières, quant à elles, n'ont pas de problèmes de trésorerie. Elles disposent d'autres gisements et champs en exploitation dans d'autres pays qui leur procurent des ressources financières non négligeables.dans ces conditions, les compagnies pétrolières sont très regardantes et tatillonnes sur les détails, et leurs représentants se réfèrent toujours à leur siège pour le moindre détail avant de prendre la décision finale.cela a coûté bien sûr du temps au Tchad.

Un détail qui montre à suffisance combien les compagnies pétrolières sont vigilantes pendant les négociations. Il n'est autorisé à aucun membre des équipes des négociations du consortium de consommer de l'alcool pendant les sessions, même pas de vin à table ni au déjeuner encore moins au dîner. Ainsi, les équipes des membres du consortium ont toujours tendance à prolonger les discussions. Psychologiquement, c'est une technique qui use l'interlocuteur et qui permettrait de ce fait d'obtenir des résultats satisfaisants. C'est une pratique de négociation bien connue chez les pétroliers.

Pour les représentants des pays d'Afrique, il faudrait de la patience et beaucoup de courage, mais surtout il est important de savoir bien contrôler ses nerfs. Souvent, on est irrité sur des questions de détail sans importance pour une des parties, mais incontournables pour d'autres. Une erreur de calcul d'un centime ou une concession de cet ordre se traduirait par des milliards de perdus selon les quantités de brut produites et vendues. Dans les contrats pétroliers, les calculs après la virgule sont toujours arrondis au plus petit chiffre pour minimiser la marge. Une vigilance pointue à tout instant par conséquent est de mise.

La convention de 1988 avait couvert l'ensemble des questions intéressant le domaine pétrolier. Avant de l'analyser, il est peut-être utile d'examiner quelques grands types de contrats qui sont utilisés dans l'industrie pétrolière. C'est un domaine qui a beaucoup évolué ces dernières années avec les découvertes de pétrole brut en *offshore* et en *onshore*, et surtout, dans les pays sans façade maritime. Il faut donc distinguer les contrats signés entre les compagnies pétrolières et les anciens pays producteurs ou les pays industrialisés d'une part, et ceux signés entre elles et les pays en développement qui ne disposent pratiquement pas d'expérience en la matière d'autre part. Dans les pays industrialisés où des compétences en matière d'industrie pétrolière existent déjà, ceux-ci privilégient les contrats de partage de production où le risque est partagé entre la compagnie pétrolière et l'État. Celui-ci est souvent représenté par une société d'État. C'est le cas de l'Algérie. Cette notion de risque est toujours présente dans les négociations des contrats pétroliers. Dans ce cas, l'État est considéré comme étant le seul détenteur des droits et titres miniers. Il est souvent représenté dans les négociations par une société à capitaux publics ou par le ministère des Mines qui assure la tutelle du secteur pétrolier.

C/ Quelques types de contrats de partage de production

Le Contrat de type indonésien : C'est la première fois, en 1966, que ce type de contrat soit introduit dans l'industrie pétrolière. La compagnie pétrolière étrangère investit seule dans les opérations d'exploration en prenant sur elle tout le risque. Si, par malheur, les recherches sont infructueuses, la compagnie prend à sa charge toutes les dépenses encourues. C'est un risque énorme qu'elle prend ainsi. Généralement, les compagnies disposent d'indices suffisamment étoffés pour leur permettre de prendre des décisions aussi courageuses que risquées. La recherche pétrolière est souvent comparée au jeu de hasard. On peut gagner gros comme on peut perdre beaucoup. En cas de découverte de pétrole, la société du pays hôte devient un véritable partenaire dans tout le processus qui suit, de la production jusqu'à la commercialisation.

Dans les pays où il n'existe pas de société nationale, les services du ministère en charge des mines et des hydrocarbures sont investis des pouvoirs nécessaires et suffisants pour suivre toutes les opérations dans le secteur pétrolier. Ainsi, il est prévu dans les contrats de type indonésien qu'en cas de découverte commercialisable, une partie de la production est prélevée pour rembourser les dépenses liées aux opérations de recherche de la compagnie étrangère. Ces dépenses sont remboursées entre 50 et 80 % de la production annuelle selon les cas. Après le remboursement des dépenses, une partie de la production est encore utilisée pour payer les services de la compagnie pétrolière étrangère. Cette portion représente généralement 15 à 20 % de la production.

Ces types de contrats deviennent de plus en plus nombreux de par le monde. Pour les gérer, il est indispensable que les pays signataires disposent de compétences requises, et ce dans tous les domaines, pour manager toutes les relations complexes avec les compagnies pétrolières. Il arrive que les États, signataires de contrats de partage de production, décident de commercialiser eux-mêmes leur part de production. Dans ce cas, ils mettent en place soit une société d'État, soit les services du ministère en charge des Hydrocarbures qui jouent le rôle de vendeurs de l'or noir.

Le contrat de type péruvien est simple dans son principe, mais difficile dans son application. La compagnie pétrolière intervient auprès de la Société nationale ou des services compétents du pays pour s'engager à supporter à ses risques toutes les charges, qu'elles soient de l'exploration ou de la production. Au cas où la recherche est infructueuse, la compagnie pétrolière ne réclamera aucune indemnisation de la part de l'État ou de la Société nationale. Elle assumera seule le risque des opérations. En cas de production, la compagnie paie tous les droits et taxes à l'État, mais elle a une portion importante de la production en nature. Cette partie en nature est supposée couvrir toutes les dépenses de la compagnie, y compris ses bénéfices.

Le contrat de service est le plus utilisé. En règle générale, c'est un contrat qui rejoint les contrats de partage de production. Il est convenu que l'État est toujours le seul propriétaire des droits miniers qu'il délègue à une entité nationale pour la gestion du patrimoine public. Cette dernière s'associe à une compagnie pétrolière étrangère pour l'exploitation du domaine minier. La compagnie pétrolière est rémunérée pour ses prestations de services. Elle prend à sa charge tous les coûts de l'exploration et de son fonctionnement. En cas de découverte, l'État rembourse toutes les dépenses liées aux opérations, par contre, le brut découvert appartient à l'État. Ce type de contrat est très souvent utilisé par les pays industrialisés pour garantir, en premier lieu, leur consommation intérieure, et ensuite, commercialiser eux-mêmes leur production. Cependant, la compagnie ayant participé à la découverte du brut, à la priorité d'acheter une partie du produit à un prix préférentiel. C'est un avantage considérable pour encourager compagnies pétrolières étrangères à s'y investir davantage.

Ce survol rapide des différents types de contrats dans l'explorationl'exploitation et la commercialisation du pétrole n'a nullement la prétention d'être exhaustif. Mais, il donne une idée sur un domaine aussi complexe que dynamique qu'est le pétrole. Il faut aussi noter que c'est un domaine qui évolue très vite. Il peut aussi y avoir des combinaisons de contrats pour aboutir à des conventions hybrides répondant aux exigences de chaque partie selon le niveau technologique et la puissance financière du pays ou de la compagnie en question.

La convention de 1988 signée entre la République du Tchad et le consortium pétrolier avait tenu compte d'un certain nombre de facteurs déterminants pendant la phase des négociations qui n'étaient pas toujours à l'avantage du pays. En effet, le pays venait de sortir d'une guerre civile sans précédent dans son histoire et, dans le même temps, des groupes rebelles opéraient encore dans une bonne partie du territoire avec l'appui des troupes étrangères.

Cette menace permanente de déstabilisation avait été un handicap important qui n'incitait pas véritablement les investisseurs potentiels à prendre des risques. La continentalité du pays fut le second handicap. Face à ces tares historiques, les négociations pour le renouvellement du permis H avaient commencé avec beaucoup d'incertitudes et butaient sur des exigences de la part du consortium.

Le consortium, faut-il le souligner, prenait un grand risque en voulant opérer au Tchad, car, non seulement, l'incertitude politique pesait encore sur l'avenir du pays, mais aussi, l'histoire géologique du pays était mal connue. Les quelques rares indices disponibles ne permettaient pas de savoir avec certitude si le sous-sol recelait du pétrole ou non, et ce, bien que l'opinion généralement très répandue présentât le Tchad comme un pays très riche sur le plan minier. Encore, faudrait-il qu'en cas de découverte, le potentiel fût suffisamment important pour être commercialisé, et si oui, à quel coût ? Dans tous les cas, c'est une évidence de dire que les membres du consortium, avant de prendre toute décision, doivent faire leurs comptes pour s'assurer, non seulement de leur équilibre financier, mais aussi des bénéfices substantiels à engranger afin d'obtenir l'aval de leur hiérarchie. Il fautpréciser que chaque membre du consortium prend la décision d'investir de manière autonome sous la supervision de son conseil d'administration.

Les compagnies pétrolières sont très avares et communiquent très peu les résultats de leurs évaluations et de leurs activités. Les quelques bribes d'informations lâchées à l'endroit des autorités du pays ne donnent aucune certitude pour asseoir une stratégie appropriée de négociations et d'exploitation. L'État est donc tributaire des informations que le consortium voudrait bien lui fournir. L'État n'a pas les moyens techniques et humains pour interpréter les bandes magnétiques, les échantillons et autres données que le consortium lui fournit régulièrement selon le contrat. Les archives et les placards du ministère en charge du Pétrole au Tchad sont bourrés de documents inexploités et exposés aux intempéries.

D/ Les différentes conventions pétrolières

Il faut peut-être noter ici que chaque détenteur de permis de recherches est tenu de signer une convention spécifique avec le Gouvernement. Les conditions d'une convention peuvent être différentes d'un permis à un autre selon les conditions géographiques, géologiques, politiques, etc. Une seule convention ne peut pas régir les activités de plusieurs permis. La convention du permis du Lac Tchad, Chari Nord et Chari Sud avait traité des questions relatives à la recherche des hydrocarbures, à l'exploitation, ainsi que des dispositions communes à la recherche et à l'exploitation, des dispositions économiques, fiscales et des dispositions générales et diverses.

Au terme du décret n° 261/PR/TP/M du 9 septembre 1969, modifié par le décret n° 110/TP/M du 8 mai 1970, la République du Tchad avait accordé à Continental Oil Company (Conoco), un permis exclusif de recherches d'hydrocarbures, qui avait été renouvelé une première fois par le décret n° 256/PR/TPAT/MG du 20 septembre 1974 et une deuxième fois par le décret n° 047 du 29 juillet 1981, lui-même rectifié par le décret n° 105 du 17 mai 1983. Ledit permis arriva à expiration le 18 août 1988. En effet, à la demande du consortium, le gouvernement du Tchad avait procédé à une prolongation exceptionnelle de la période de validité du permis jusqu'au 18 décembre 1988. Tout ce dispositif de textes légaux et réglementaires était rendu nécessaire pour éviter les écueils, des vides juridiques ou des périodes intermédiaires de flottement sans contrat entre les membres du consortium et le Gouvernement. Il faut aussi noter, pour le regretter, que pendant cette période de troubles, le consortium se trouvait dans l'impossibilité de mener à bien ses opérations « cas de force majeure ». Cela aurait pu créer des situations conflictuelles difficiles à gérer entre les deux parties. Mais des garde-fous étaient prévus pour régler ces cas s'ils se produisaient.

a/ La différence entre le permis et la convention

Un permis de recherche est un document par lequel un pays octroie à une société ou à un groupe de sociétés généralement appelé consortium une autorisation de recherche des hydrocarbures liquides ou gazeux tout autre minerai sur une superficie bien délimitée et pour une période très précise. Le permis est conclu pour une durée de cinq renouvelable autant de fois que les parties signataires le jugent nécessaire et que le Code pétrolier le permette. En général, la société ou le consortium, avant de solliciter la signature d'un contrat de production, fait une évaluation des réserves à récupérer sur le permis qu'il détient et rend à l'État les superficies qui ne présentent pas d'intérêt en matière de découvertes éventuelles et potentiellement rentables. Ces superficies non nécessaires qui ne présentent pas d'intérêt en matière d'accumulation des réserves récupérables sont qualifiées de surfaces rendues. Elles sont déduites de la superficie conservée. La société ou le consortium paie à l'État une taxe sur toute l'étendue de la surface du permis qu'il conserve ; elle est appelée taxe superficiaire. Ces superficies rendues permettent au consortium ou à la société d'économiser un peu de ressources et de se consacrer plus à l'approfondissement des études sur les surfaces conservées qu'il juge intéressantes du point de vue des réserves récupérables potentielles.

Ces surfaces rendues peuvent donner lieu à des forages de puits par l'État ou en association avec d'autres sociétés pétrolières, des forages pouvant aboutir à des découvertes non négligeables. Ce sont les puits satellites ou des patates sur lesquels nous allons revenir plus loin. Au cas où le consortium rend des superficies conséquentes, l'État serait perdant puisque le montant de la taxe superficiaire perçue est proportionnel à la superficie conservée par le consortium ou la société. Celle conservée devient relativement réduite. Mais l'État pourrait gagner s'il trouve des compagnies modestes qui seraient intéressées par ces surfaces rendues pour continuer à approfondir les recherches. Il arrive que ces compagnies modestes découvrent des quantités de pétrole brut piégé dans des blocs rendus potentiellement commercialisables. En général, les petites compagnies pétrolières fondent leur stratégie de développement sur les surfaces rendues. En cas de découvertes commercialisables, ces réserves ou patates présentent un intérêt non négligeable pour ces petites compagnies comme nous allons le voir plus loin. Un vieil adage africain ne dit-il pas que les petits oiseaux tirent leurs subsides des crottes des éléphants ?

Une convention, par contre, est un document contractuel qui définit les relations d'affaires entre l'État et la société ou le consortium possédant déjà un permis de recherche d'hydrocarbures. Cette convention précise dans les détails toutes les activités liées aux opérations pétrolières. En règle générale, une convention est signée pour une durée de 25 à 30 ans selon les cas, voire plus, et elle est renouvelée autant de fois qu'il y a des réserves à récupérer, et si les parties signataires s'accordent sur les conditions de son renouvellement. Cette petite clarification est peut-être utile pour comprendre les nuances qui existent entre une convention et un Permis de recherche. La confusion est faite très souvent entre ces deux types de documents.

La convention de 1988 qui lie l'État du Tchad aux trois membres du consortium (Esso, Shell et Chevron) avait fait l'objet d'âpres négociations qui avaient duré près de cinq ans. L'équipe tchadienne était dirigée à l'époque par le secrétaire général de la présidence de la République appuyé par des cadres tchadiens et un groupe d'experts étrangers. Le PNUD, le Gouvernement suisse et la Banque Mondiale avaient financé le coût de cette assistance technique. Du côté du consortium, chaque compagnie désignait ses représentants selon les sujets à traiter, mais trois d'entre eux (un pour chaque compagnie) étaient présents à toutes les séances de négociations.

Cette convention avait, dans la mesure du possible, essayé de répondre aux attentes des deux parties. On dit souvent qu'un bon accord est celui qui répond aux préoccupations essentielles des parties en présence. Si toutes les parties trouvent leur compte et qu'il y a un équilibre dans les avantages des parties et un minimum de risques encourus, on peut considérer que ce contrat est acceptable. Ce qui n'exclut pas que l'accord puisse être revu, étant entendu que l'industrie pétrolière, le droit pétrolier et le contexte international évoluent. C'est pourquoi les contrats sont toujours conclus pour une durée bien déterminée, même si celle-ci paraît parfois longue. Ils font l'objet des révisions sur des questions bien précises. En général, on leur ajoute des avenants pour compléter les insuffisances constatées. Une convention est signée dans une perspective dynamique.

b/ La demande, l'octroi du permis et la durée de la convention

Le consortium, après avoir procédé aux explorations par des multiples techniques de recherche spécifiques à l'industrie pétrolière, conclut et décide que les résultats des recherches se sont avérés positifs. Le caractère commercialisable du gisement est confirmé du point de vue du volume du pétrole brut à récupérer. Il adresse alors une demande de concession au ministère en charge du pétrole. Cette demande est assortie d'un plan de développement et de mise en exploitation du gisement commercial concerné. Le consortium devra obtenir, selon les procédures prévues par le Code pétrolier, une concession portant sur l'étendue du gisement commercial en question à l'intérieur du permis à compter de sa date d'octroi, avec possibilité de prolongation. La durée de la prolongation du permis est laissée à la discrétion de l'État, mais aussi, elle est liée aux quantités de brut à récupérer. Ces dispositions sont prévues par la convention de 1988 qui détermine toutes les conditions d'exploitation du gisement mis en évidence par les recherches.

Le consortium devra alors commencer la préparation du plan de développement et d'exploitation, six mois au plus tard après l'octroi de la concession, conformément à la demande approuvée à l'avance par les autorités compétentes. Le consortium est évidemment tenu de respecter à la lettre toutes les dispositions prévues par le Code pétrolier et par la convention et se conformer aux pratiques de l'industrie pétrolière internationale. En dépit de cette disposition, si les réserves découvertes n'étaient pas commercialisables, le consortium pourrait renoncer en tout ou en partie à la concession moyennant un préavis de six mois. Aucune pénalité ne sera appliquée du fait de cette renonciation. Toutefois, le consortium sera tenu d'exécuter à ses frais toutes les obligations prévues par la convention avant son retrait total du permis. Ainsi, il a l'obligation de débarrasser sur toute l'étendue du permis, tout ce qui peut gêner ou est susceptible de porter atteinte à la santé des personnes et des animaux, et de préserver l'environnement en l'état. Cet aspect de la conservation de l'environnement est extrêmement important. Comme on va voir par la suite, il a suscité beaucoup de commentaires et de critiques et a entraîné une longue polémique et des débats interminables avec les associations de défense de l'environnement. La Banque Mondiale avait prêté une attention toute particulière et mis les garde-fous nécessaires pour éviter les catastrophes. Les débats autour des questions de l'environnement n'étaient pas inutiles.

En cas de découvertes positives, le consortium s'engage à produire des quantités raisonnables d'hydrocarbures à partir de chaque gisement commercial selon les normes en usage dans l'industrie pétrolière internationale. Dans ce cas, le consortium devra, avant le premier novembre de chaque année civile, soumettre pour approbation au ministre en charge du Pétrole le programme de production et le budget correspondant à chaque gisement. Le consortium s'efforcera de produire chaque année les quantités estimées dans le programme de production approuvé par le ministre en charge du pétrole.

c/ Le transport des hydrocarbures

Le consortium aura le droit, en cas de découverte des hydrocarbures commercialisables, de transporter ou de faire transporter en conservant la propriété, les produits de son exploitation vers les points de stockage, de traitement, de chargement ou jusqu'aux points de livraison. Le consortium est tenu de réaliser des études minutieuses pour retenir le mode de transport le moins onéreux possible. À cet effet, des alternatives avec diverses combinaisons de transport par camion-citerne, chemin de fer, rivières et pipeline avec plusieurs options de tracés seront examinées.

Il est indiqué dans la convention que l'État aura une option de participation dans tout projet d'exportation, qu'il soit au moyen d'un pipeline ou autre. Cependant, il supportera les frais d'un tel projet proportionnellement à sa participation éventuelle. Au cas où des accords interviendraient entre l'État et les États voisins pour permettre ou faciliter la mise en exploitation d'un pipeline d'exportation proposé par le consortium, ainsi que le transport par ce pipeline de ses hydrocarbures, à travers les territoires des États voisins, l'État accordera sans discrimination au consortium tous les avantages de ces accords, à l'exception des avantages particuliers dont pourrait bénéficier l'État du fait des accords bilatéraux, et en tant qu'utilisateur du pipeline, notamment pour ses propres besoins.

Le Gouvernement et le consortium négocieront les conditions qui seront appliquées à l'installation et à l'exploitation du pipeline d'exportation en collaboration avec les gouvernements des pays voisins concernés. L'autorisation de transport est accordée de droit au consortium ou aux membres du consortium individuellement selon leur demande. La société chargée d'exploiter le pipeline est tenue à la demande du ministre en charge du Pétrole d'autoriser en plus de sa propre exploitation, le passage d'autres hydrocarbures provenant des champs pétroliers autres que ceux pour lesquels le pipeline est construit, si la capacité du pipeline le permet. Les produits de même qualité transportés dans les mêmes conditions de régularité seront soumis au même tarif. Le tarif de transport est établi par les sociétés chargées du transport. Il sera soumis au contrôle du ministre en charge du Pétrole.

Le consortium soumettra au ministre en charge du Pétrole dans les trente jours suivant la date d'effet de la convention, le programme annuel des travaux et le budget correspondant pour l'année civile en cours. Le ministre en charge du pétrole peut modifier le programme des travaux s'il y'a une justification et la notifier au consortium dans les trente jours.

d/ La surveillance administrative des opérations

Les opérations pétrolières sont soumises au contrôle de l'administration. Les agents dûment habilités sont chargés de surveiller les opérations pétrolières et d'inspecter à intervalles réguliers les installations, les équipements, le matériel, les enregistrements et les registres afférents aux opérations pétrolières.

L'État s'assurera de ce que ses représentants respectent strictement toutes les instructions et consignes du consortium relatives à la sécurité des personnes et des lieux, et que toute inspection se fasse de façon à gêner le moins possible les opérations du consortium. À défaut de ce type de surveillance et d'inspection à intervalles réguliers, les compagnies pétrolières ont tendance à négliger les consignes de protection de la nature et même parfois la sécurité des personnes travaillant sur les chantiers. Ce que les compagnies pétrolières redoutent le plus ce sont les pénalités infligées suite à des négligences professionnelles. Il y a quelques années, la surveillance des opérations pétrolières n'était pas stricte. L'industrie pétrolière a beaucoup évolué dans ce domaine du fait des exigences des organisations internationales qui œuvrent pour la protection de l'environnement et la montée en puissance des ONG et des « Partis verts » en Europe. Les bateaux et les pipelines transportant du brut sont très surveillés pour éviter la dégradation de l'environnement à une grande échelle avec des conséquences incommensurables.

e/ Les informations et les rapports

Au regard du Code pétrolier, le consortium est tenu de maintenir en tout temps les relevés et registres de toutes ses opérations pétrolières au Tchad. Actuellement, tous les documents sont conservés sans archivage approprié au Centre de documentation du ministère en charge du Pétrole. Ils ne sont ni répertoriés ni classés de manière professionnelle pour unc exploitation rationnelle. Les bandes magnétiques se sont, de ce fait, détériorées suite à des intempéries. Le ministère en charge du pétrole doit veiller à la conservation des documents en utilisant les moyens modernes, ou si nécessaire solliciter une assistance professionnelle pour procéder à un classement. Ces documents précieux constituent une banque de données pour mieux connaître l'histoire géologique du Tchad.

En cas de résiliation ou d'expiration de la convention, le Consortium transférera tous les documents originaux y compris les bandes magnétiques au ministère en charge du pétrole. Il est illusoire de chercher à couvrir, de manière exhaustive, tous les domaines abordés par la convention de 1988. Les quelques sujets importants relatés ici donnent un aperçu et un éclairage sur les activités pétrolières en général et sur les futures relations entre le Tchad et les membres du consortium d'une part, et d'autre part entre le Tchad et la communauté des bailleurs notamment la Banque Mondiale. La signature de la convention de 1988 signifiait à l'époque pour le Tchad, autant que faire se peut, tirer le maximum possible des revenus pour relever les défis de son développement. Les défis du Tchad sont nombreux. Une pauvreté indescriptible engendrée par un sous-équipement en infrastructures scolaires, sanitaires, de transports, de communication et une insuffisance très marquée des cadres de conception qui place le pays parmi les plus pauvres de la planète. Plus de la moitié, des centres de santé ont été construits après 2004. Le réseau routier a considérablement augmenté durant ces dix dernières années. Le nombre des voies urbaines bitumées réalisées ou en voie d'achèvement entre 2000 et 2010 est estimé à plus de 2000 km sur l'ensemble du territoire alors que l'existant ne dépassait guère les 200 km. Nous reviendrons sur ces questions en détail dans les prochains paragraphes pour montrer combien la manne pétrolière a changé le Tchad.

Le souci du consortium, comme on peut s'en douter, n'est pas exactement le même quoiqu'il s'en défende. En effet, les compagnies possèdent une longue expérience des contrats signés avec les pays en développement. Les pays pauvres comme le Tchad sont souvent confrontés au crucial problème de manque de ressources humaines, possédant une administration peu performante, sujets aux troubles internes et à une instabilité chronique des institutions. Ils sont donc tout naturellement tentés par les remises en cause ou les dénonciations des contrats ou des accords passés avec les tiers plus tard une fois que les erreurs sont découvertes. On comprend bien que la principale préoccupation du consortium relève en priorité de la clause de stabilité. Celle-ci prévoit la pérennisation du régime fiscal, la durée et la possibilité d'extension de la convention, et moins de recours possible à des arbitrages.

f/Les dispositions économiques et fiscales de la convention de 1988

- *La détermination du prix de vente du pétrole brut*

C'est un mécanisme assez complexe que nous tentons d'expliquer ici pour en faire comprendre la portée. Le prix de vente unitaire du brut pris en considération pour le calcul de l'impôt direct sur les bénéfices et de la redevance sera le prix du marché au point de livraison. Le point de livraison indiqué dans la convention de 1988 est aujourd'hui le terminal de Kribi au Cameroun. La monnaie de référence de calcul du prix du pétrole est le dollar US.

Le consortium a pour obligation de payer à l'État tchadien une redevance en nature ou en espèces selon la demande du Gouvernement. Cette redevance est calculée sur les quantités totales des hydrocarbures produites pour la période considérée. Elle est fixée à 12,5 %, déduction faite des coûts de transport, de la consommation utilisée pour la production du brut et des charges d'exploitation. Le choix du mode de paiement de la redevance est notifié au consortium par le ministre en charge du pétrole au moins trois mois avant la date de démarrage de la production. Ce choix reste valable aussi longtemps que le consortium n'aura pas reçu une notification contraire du ministre en charge du Pétrole avec un préavis de trois mois. Si ce choix n'est pas notifié au consortium dans les délais impartis, le consortium versera en espèces la totalité de la redevance.

Avant le 15 de chaque mois, le consortium notifiera au ministre en charge du Pétrole toutes les justifications utiles, un relevé de la production totale du mois précédent et toutes les pièces nécessaires pour la vérification et le contrôle. L'industrie pétrolière est un domaine où on se perd dans les méandres des chiffres, de la documentation riche, mais complexe. En l'état actuel des choses, il est peu probable que le contrôle effectué par l'expertise nationale puisse inquiéter le consortium.

Toutefois, l'État peut faire appel à des compétences extérieures s'il le souhaite, pour pallier ses insuffisances.

Les calculs des premiers versements avaient donné l'occasion à chaque partie d'interpréter les dispositions de la convention selon sa compréhension. Pour la détermination des quantités du brut produit et exporté, la partie tchadienne avait intégré dans le calcul des revenus, le brut produit virtuellement (les différents puits non exportés, mais qui se trouvent dans le pipeline. Puisqu'il faut remplir le pipeline avant de charger les tankers. Pour le consortium, cette quantité n'était pas encore vendue. Par conséquent, elle ne devrait pas faire l'objet de base de calcul des revenus du Tchad. Elle est considérée par le consortium comme un stock « mort » et serait prise en considération pour le calcul des revenus du Tchad le jour de la dernière livraison, c'est-à-dire le jour où le dernier baril des trois champs sera pompé et exporté. Dans ce cas de figure, les deux interprétations se valent. Cet exemple illustre bien à quel point la lecture de la convention est complexe. Dans le cas d'espèce on avait frôlé la catastrophe, car c'est l'un des premiers accrocs ou contentieux sérieux dont l'opinion avait été officiellement saisie au début de l'année 2005 pour dire que le consortium « vole ou triche ». Il faut dire que les quantités mises en cause seraient considérables, le stock dit « mort » qui se trouve dans un pipeline long de 1070 km environ et 70 centimètres de diamètre peut être évalué à la production d'un mois (de 180 000 à 210 000 barils/jour) ! Les arrangements à l'amiable pour surmonter les petites difficultés sont toujours possibles sans aller à l'arbitrage. C'est certainement ce qui s'était passé entre le Gouvernement et le consortium pour régler ce premier écueil.

Un premier atelier sur la commercialisation du brut de Doba avait été organisé au mois de juillet 2005 avec l'appui de la Banque Mondiale. Il ressort des exposés présentés par les responsables du ministère du Pétrole que le brut tchadien est mal valorisé sur les marchés pétroliers. En effet, rappelons que le brut tchadien est commercialisé par le consortium, en vertu de la convention signée avec le Gouvernement. L'État dispose de très peu d'éléments pour apprécier et maîtriser le processus de commercialisation de son produit et ignore tout des transactions selon les responsables du Ministère. Les responsables du ministère estiment que le brut de Doba ayant les mêmes caractéristiques du point de vue de la teneur en acide et en souffre que le Duri de l'Indonésie, que le Kuito de l'Angola, et que le Marlim du Brésil, est de loin le moins bien vendu. Les responsables du ministère du pétrole préconisent que le pays s'assume en prenant les risques et la décision courageuse de vendre lui-même son pétrole, et d'ajouter : « Nous avons négocié plusieurs accords de vente (avec les traders et raffineurs) qui nous assurent un prix garanti, supérieur au prix moyen officiellement communiqué par le consortium. Nous avons bénéficié d'une proposition qui nous garantit 40 cents supérieurs au prix moyen du consortium ».

Pour le Gouvernement tchadien, les accords signés avec la Banque Mondiale et autres préteurs sur la vente du brut et la gestion du compte offshore constituent une barrière à l'éventualité de la commercialisation du brut par le Tchad. Outre le problème de la commercialisation, le pays ne maîtrise pas le taux d'intérêt et le volume financier circulant et disponible dans les comptes de la City Bank à Londres. L'État propose de loger ces fonds dans les comptes de la Banque des États de l'Afrique Centrale (BEAC) à défaut des banques locales crédibles. Les banques locales n'offrent pas suffisamment des garanties du point de vue de la Banque Mondiale et des prêteurs. La réponse de la Banque Mondiale et de la Société Financière Internationale à la proposition du Gouvernement est très laconique. Les deux institutions affirment que leurs groupes apporteront chacun son appui au Tchad : « Pour une meilleure compréhension des grands principes qui déterminent le fonctionnement des marchés pétroliers et cette aide est conditionnée au respect de la transparence et de la bonne gouvernance » et d'ajouter que « ce partenariat repose sur l'idée essentielle de mettre les ressources pétrolières dont dispose le Tchad au service de la lutte contre la pauvreté ».

Le Gouvernement et ses partenaires avaient conclu de poursuivre la réflexion sur cette question délicate. Mais y'a-t-il une différence sensible entre les experts fournis par ces institutions et ceux du consortium ? À qui devait être facturé le coût de cette assistance ? Pourrait-on dans les délais raisonnables assurer un transfert de connaissances de qualité sur les marchés pétroliers ? Autant de questions qui demeuraient sans réponses du moins dans un court terme. La Banque Mondiale et lesprêteurs n'étaient pas disposés à permettre au Tchad de commercialiser son pétrole avant le remboursement définitif des prêts accordés pour la construction du pipeline.

En définitive, le gouvernement du Tchad a décidé de créer une société nationale qui est chargée de commercialiser la part du brut du Tchad dénommée la Société Nationale des Hydrocarbures du Tchad (STH).

– *Le régime fiscal*

D'après le Code pétrolier et le Code général des impôts, toutes les opérations pétrolières sont assujetties à l'impôt direct sur les bénéfices sous réserve des dispositions contraires négociées au cas par cas. Ainsi, tous les bénéfices nets que le consortium tire de l'ensemble de ses opérations pétrolières sur le territoire de la République du Tchad sont assujettis à un impôt direct. Le pourcentage à appliquer est négocié par les deux parties et il est susceptible de changement selon les clauses définies et acceptées d'un commun accord. Le bénéfice net se calcule à partir des opérations (amortissement des investissements et opérations) portées en débit et agréées par l'administration tchadienne. Les formules de calcul utilisées et leur application assez complexes. Cependant, il est difficile de rentrer dans ces opérations, car leur mode de calcul et leur compréhension nécessitent une spécialisation plus poussée. Les avances faites ou les dépenses effectuées pour le compte de celui-ci sont considérées comme des crédits d'impôt. Il est fait usage des formules de calcul encore assez complexes pour déterminer le résultat net imposable.

Sauf dispositions contraires fixées d'accord parties, le produit de l'impôt direct sur les bénéfices est versé selon un système d'acomptes trimestriels, avec régularisation annuelle après déclaration des résultats de l'année civile écoulée. Ces acomptes devront être versés avant la fin de chaque trimestre et seront égaux au quart de l'impôt direct sur les bénéfices acquitté l'année précédente.

Le consortium tiendra sa comptabilité conformément à la réglementation en vigueur. Les registres et les livres de comptes sont libellés en dollar. Ces registres seront utilisés pour déterminer le revenu brut, les frais d'exploitation, les bénéfices nets et pour la préparation de la déclaration des résultats du consortium. L'État aura le droit d'examiner et de vérifier par ses agents ou par des auditeurs externes qu'il aura choisis tous les registres et livres de comptes relatifs aux opérations pétrolières. Dans un délai de cinq ans à partir du dernier exercice, l'État pourra effectuer ce contrôle de vérification rétroactivement, et présenter au consortium ses objections pour toutes les contradictions et erreurs relevées. Pour les besoins de telles vérifications, le consortium mettra à la disposition des agents de l'État ou des auditeurs externes toute la documentation et les informations nécessaires aux fins de cette vérification ou contrôle.

– Importations et exonérations

Le consortium aura le droit d'importer en république du Tchad pour son compte et pour le compte de ses sous-traitants tous les matériaux, équipements, machines, appareils, véhicules, automobiles, pièces de rechange et matières consommables nécessaires aux opérations pétrolières. Les employés étrangers et leurs familles appelés à travailler en République du Tchad pour le compte du consortium et pour le compte de ses sous-traitants auront le droit également d'importer en franchise des droits et taxes, leurs effets personnels. Les achats locaux s'effectuent en toutes taxes. Le consortium et ses sous-traitants s'engagent à ne procéder aux importations strictement nécessaires aux opérations pétrolières que dans la mesure où lesdites marchandises ne sont pas disponibles au Tchad en quantité et en qualité, prix et délais d'acheminement.

Par ailleurs, le consortium et ses sous-traitants s'engagent à accorder aux entreprises tchadiennes la préférence pour tout contrat de construction, d'approvisionnement ou de service à conditions équivalentes en termes de quantité, de qualité, de prix, de délais et de conditions de paiement. Cette disposition de la convention, à entendre parler les hommes d'affaires tchadiens, a très peu fonctionné, car les entreprises locales étaient mal préparées et le manque criard des équipements nécessaires aux travaux spécifiques des opérations pétrolières les a disqualifiées. Aussi, aucune anticipation d'investissement à l'ère pétrolière n'a-t-elle été entreprise par les opérateurs économiques pour gagner des contrats. Les opérateurs économiques ont reproché au Gouvernement de ne pas tenir compte de leurs intérêts pendant les négociations. Il faut noter que les entreprises étrangères qui avaient gagné des contrats dans le cadre du projet étaient, en général, parrainées par des lobbies étrangers très forts, avec des bras très longs.

Les facilités de crédits et autres avantages leur sont accordées très aisément par les sociétés mères offshore. Ces lobbies avaient bien anticipé pour mieux se positionner au détriment de certaines entreprises qui auraient des intérêts croisés. Ce qui est sûr c'est que très peu d'entreprises tchadiennes étaient qualifiées pour gagner des contrats, car les exigences demandées n'étaient pas à leur portée ni en qualité ni en prix, encore moins en délais d'acheminement ou d'achèvement des travaux. Le consortium, lui, était tenu de respecter les délais d'achèvement du projet, tout en observant strictement les normes internationales en matière d'industrie pétrolière, notamment les exigences de préservation de l'environnement et de qualité des matériaux utilisés.

À ce sujet, de nombreuses séances de travail ont eu lieu entre les représentants du Gouvernement et les opérateurs économiques pour anticiper l'ère pétrolière. Mais, force est de constater que la compétitivité des entreprises locales n'était pas prouvée et ne satisfaisait pas aux conditions demandées par le consortium. Ce à quoi les opérateurs économiques rétorquaient et chargeaient le gouvernement de manquer de vigilance et d'accorder peu d'intérêt à leur égard. Ils exprimèrent un sentiment d'amère déception. Le manque à gagner était important.

Ils considéraient que *« les cartes étaient déjà jouées à l'avance »*. Leur participation aux appels d'offres ne tenait lieu que pour le respect de la forme et des procédures. Ils auraient été tentés de réfléchir sur la façon d'attaquer certaines décisions en justice au motif du délit d'initiés. Ce fut aussi une autre bataille difficile à gagner. Beaucoup d'opportunités ayant été perdues. Il est vrai que les retombées auraient pu être substantielles et l'économie aurait pu bien gagner si la compétitivité exigée par le consortium n'était pas aussi stricte comme on l'a constaté. Aussi, pouvons-nous conclure avec cet adage *qu'on ne peut pas demander à la fois le beurre et l'argent du beurre*. Le consortium avait le souci du respect des délais et de la qualité de l'ouvrage. Les lois de la concurrence dans une économie ouverte sont têtues. Le temps du protectionnisme est révolu. La mondialisation des échanges du commerce international, l'ouverture des marchés et la libre concurrence des économies feront encore certainement d'autres victimes.

– Le contrôle des changes

Le consortium est soumis à la réglementation de la République du Tchad sur les changes et les transferts. Toutefois, l'État peut accorder au consortium et à ses sous-traitants le droit de contracter à l'étranger des emprunts ou d'autres moyens de financements nécessaires à la conduite des opérations pétrolières et de conserver et d'encaisser à l'étranger tous les fonds acquis ou empruntés, y compris les recettes de ventes, dans la limite des fonds n'excédant pas leurs besoins de leurs opérations au Tchad. Il est également accordé au consortium la liberté de mouvements de fonds en franchise de tous droits et taxes entre le Tchad et tout autre pays, de rapatrier les capitaux investis dans le cadre de la présente convention et de transférer leurs produits, notamment les intérêts et les dividendes.

Le consortium est aussi autorisé à payer directement à l'étranger les entreprises étrangères et les fournisseurs de biens et services nécessaires aux opérations pétrolières. Toutes les sommes dues à l'État ou au consortium seront payables en dollars ou une autre devise choisie d'un commun accord.

– Les droits de cession et de contrôle du consortium

Tous membres du consortium sont solidairement liés aux droits et obligations résultant de la convention de 1988. Les cessions des droits et obligations, objet de ladite convention, ne pourront être faites qu'auxsociétés affiliées ou membres du consortium, et ce, sans l'avis préalable du ministre en charge du Pétrole. Toutefois, le consortium est tenu d'informer le ministre en charge du Pétrole en cas de cession des droits et obligations à des tiers. Les cessionnaires ne pourront avoir la qualité de membre du consortium qu'après avoir rempli toutes les obligations prévues par le Code pétrolier et accepté pleinement toutes les dispositions prames par la Convention.

– Annulation du permis ou retrait de la concession et résiliation de la convention

Un permis ou une concession est annulé ou retiré totalement ou partiellement sans aucune indemnité dans le cas où, pour l'application des procédures prévues par la convention, le ministre en charge du Pétrole met en demeure par lettre recommandée avec accusé de réception, le consortium de s'y conformer dans les délais prévus par le Code pétrolier, ou à défaut, dans un délai de quatre mois. Il est du ressort du consortium de se plier à cette injonction du ministre en charge du Pétrole dans les délais impartis. L'annulation du permis oule retrait de la concession est prononcé, et donc la convention de 1988 est automatiquement résiliée puisqu'elle sans objet. Tout litige ou différend relatif à l'annulation du permis ou au retrait d'uneconcession ou à la résiliation de la convention est susceptible de recours à l'arbitrage. Les recours à l'arbitrage sont aussi possibles en cas de différend dans l'interprétation ou l'exécution de la convention ou d'une de ses dispositions.

La Chambre de Commerce International est retenue pour le règlement des différends.

– *Cas de force majeure*

Le cas de force majeure est invoqué lorsqu'une des parties signataires de la convention est dans l'impossibilité d'exécuter ses obligations contractuelles. Peuvent être retenus comme cas de force majeur les évènements imprévisibles et indépendants de la volonté de l'une des parties tels qu'une épidémie, un tremblement de terre, un incendie, une inondation, une grève, une émeute, une insurrection, des troubles civils, un sabotage, des faits de guerre ou des conditions imputables à la guerre, etc. Lorsqu'une partie se retrouve dans l'impossibilité d'exécuter ses obligations en raison de l'un des cas énumérés ci-dessus, elle doit immédiatement notifier à l'autre partie les causes de l'empêchement. Lorsqu'un cas de force majeur dure plus d'un an, les parties pourront se retrouver par accord tacite pour convenir des modalités de la résiliation de la convention ou de la prolongation de la période couverte par le cas de force majeure.

- *Droit applicable et stabilisation des conditions*

En matière de droit applicable, le gouvernement et le consortium étaient convenus que toutes les opérations pétrolières entreprises dans le cadre de la convention de 1988 seraient régies par cette convention et le code pétrolier tchadien. Toutefois, le consortium est tenu de respecter les lois et règlements en vigueur en République du Tchad pendant toute la période de validité de la convention et du code pétrolier.

Pendant la période de validité de la convention, l'État assure qu'il ne sera pas fait application au consortium sans son accord préalable, d'actes officiels ayant pour effet d'aggraver directement ou indirectement les obligations et charges du consortium et des sociétés sous-traitantes. Les droits et avantages acquis par la convention de 1988 seront préservés. Dans le cas où de tels changements interviendraient du fait de la décision du gouvernement sans l'accord préalable du consortium, les deux parties se retrouveraient pour apporter les modifications nécessaires afin d'assurer au consortium les mêmes conditions financières, obligations et charges ainsi que les mêmes avantages économiques et droits tels qu'ils existent dans la convention avant lesdits changements.

Cette lecture rapide de quelques dispositions essentielles de la convention nous permet de constater qu'en matière de droit pétrolier, les parties ne négligent aucun détail. Tous les points sont importants en ce qui concerne les parties contractantes.

Ce qui peut être paradoxal c'est que les compagnies pétrolières, une fois le permis obtenu et les travaux d'exploration et de recherche commencés, elles disposent déjà de quelques indices sérieux de réserves potentielles qui leur permettent de négocier avec les autorités en vue d'exploiter les gisements. Avant d'engager les négociations pour la signature de convention, les compagnies pétrolières, suffisamment informées des perspectives des réserves, donnent aux États un minimum d'informations qui leur permettent d'espérer des lendemains meilleurs. Il est vrai que la probabilité de trouver des réserves suffisantes dans un prospect est toujours hypothétique. Mais il est aussi difficile et même suicidaire sur le plan économique et financier de négocier avec des interlocuteurs ayant tous les éléments en leur possession. Les États comme le Tchad qui ne disposent pas de l'expertise nécessaire pour vérifier les informations qui leur sont fournies font appel à des cabinets spécialisés dont l'expertise coûte excessivement cher. Ils se contentent alors, dans la plupart des cas, des données fournies par les compagnies pétrolières. L'interprétation des données techniques est un exercice compliqué. Elle n'est réservée qu'aux spécialistes initiées.

En 1991, il est porté à la connaissance du gouvernement que les réserves sont estimées à quelque 500 millions de barils. L'opérateur Esso, confiant dans l'avenir, suggère aux deux autres membres du consortium de commencer à réfléchir à un projet d'exportation.

Avant de s'engager sur un quelconque projet, chaque membre du consortium fait sa propre évaluation avant de prendre sa décision. C'est ainsi que les experts de Chevron estimaient qu'avec 500 millions de barils, il était très peu probable d'avoir un taux de rentabilité pouvant couvrir les dépenses et les risques encourus.

Chevron était alors confronté à un problème de choix stratégique : abandonner le projet ou tenter une nouvelle aventure vers les pays de l'ex-URSS. C'est pour la seconde option que penchera Chevron. Quant à Shell, elle avait décidé d'accompagner Esso afin de soutenir le projet. Les travaux d'analyse et d'exploration continuèrent. Les réserves de brut estimées furent portées à 923 millions de barils en 1992 au moment où les négociations commençaient.

Ces quantités furent considérées comme très insuffisantes par rapport au coût du projet. Les compagnies pétrolières ne révèlent jamais exactement les quantités de réserves à exploiter. Elles donnent les chiffres au compte-goutte. Les chiffres avancés par les compagnies pétrolières sont à prendre toujours avec beaucoup de réserves. Elles prennent suffisamment de marge d'assurance pour éviter des surprises désagréables. Dans ce contexte, il est quasiment impossible de la part des États de bâtir un modèle fiable, à moins d'avoir une expertise nationale qui utilise les résultats de ses propres analyses appuyées par ses propres recherches. À défaut de cela, on ne peut que se contenter des chiffres fournis par le consortium. C'est précisément le cas l'équipe tchadienne engagée dans les négociations pour le renouvellement de la convention de 1988 et pour la construction du pipeline Tchad-Cameroun. C'est dire que négocier un contrat pétrolier est un exercice intellectuellement difficile où il est très facile de gagner comme de perdre. La vigilance et l'esprit doivent toujours être en éveil.

Il est probable que ces chiffres certainement croissent pendant l'exploitation des réserves déjà prouvées. Puisque sur les superficies gardées il y a des indices sérieux qui militent en faveur d'une augmentation des réserves.

Le volume des investissements déjà réalisés pourrait corroborer également cette hypothèse. Dans ce cas de figure, on peut aussi se faire piéger facilement dans l'interprétation des données techniques, à savoir, la détermination du taux d'acidité, du pourcentage de l'eau par rapport au pétrole brut, de la teneur en soufre de la viscosité du brut et le pourcentage du gaz contenu dans le brut découvert. L'industrie pétrolière a mis en évidence des procédés très fiables pour séparer tous ces éléments les uns des autres. Déjà en ce début de l'année 2005, il avait été constaté une importante chute des recettes pétrolières. Cela avait contraint le Gouvernement à revoir à la baisse une catégorie de dépenses pour contenir le déficit budgétaire dans des proportions acceptables. Il s'agissait des indemnités versées aux responsables politiques, de la limitation des déplacements des membres du Gouvernement et assimilés à l'extérieur du pays et du blocage des dépenses de fonctionnement de l'État à un plafond trimestriel. L'explication donnée par les responsables du consortium pour justifier cette baisse est que le système d'exhaure installé sur la tête des puits pompe plus de l'eau que du brut. Cette explication semble un peu légère, car s'il y a un domaine où les techniques ont véritablement évolué vers une parfaite maîtrise, c'est bien l'industrie pétrolière.

D'autres justifications sont encore nécessaires pour convaincre. Cette petite parenthèse est peut-être nécessaire pour se convaincre que les négociations pétrolières ressemblent bien à un jeu de hasard. Personne n'est sûr de gagner à 100 %. Mais les profits qui se profilent à l'horizon valent la peine de jouer le jeu. Dans le cas du Tchad, nous laissons le soin à l'histoire et aux générations futures de juger si les intérêts du pays ont été préservés ou non dans cette convention au moment où commençaient les négociations. Ainsi, la convention de 1988 fut conclue et signée par les parties, le 19 décembre 1988 pour une durée de 35 ans. Pendant cette période on peut revenir sur certaines clauses de la convention grâce à des avenants sans remettre en cause le fondement juridique de la convention. Les tableaux suivants donnent les principaux repères de la convention de 1988 et les superficies correspondant aux différentes périodes de renouvellement.

g/La convention de 1988 et ses trois avenants

Signée le 19 décembre 1988

Parties

- République du Tchad
- Consortium (Esso, Shell, Chevron)

Objet

– Droits et obligations des parties
– Conditions de conduite des opérations pétrolières
– Recherches, exploitation et transport des hydrocarbures
– Zone contractuelle (permis Lac Tchad, Chari nord, Chari sud)
– Durée des différentes phases

Structures

– Préambule/Clauses/Annexes+Avenants

Durée

— Convention : cinq ans renouvelables

– Phase de recherches (ou exploration) :

— *« Permis H » renouvelé pour cinq ans + Option pour cinq ans supplémentaires*

— Phase d'exploitation :

*une concession d'exploitation de 30 ans sera octroyée pour chaque découverte commerciale

Date	Période	Superficie du permis H
27 sept 1969	1re période 5 ans	465 000 km²
27 sept 1974	2e période	348 750 km² (-25 %)
12 févr. 1979	5 ans + 3 ans de force majeure	174 750 km² (-50 %)
18 déc. 1982 au 15 août 1983	3e période 5 ans	130 456 km² (-25 %)
18 août 1988	1re période de renouvellement	103 592 km² (-20 %)
1er déc. 1990 au .15 mai 1991	5 ans + 166 jours de force majeure	Nouvelle convention
2 févr. 1994	2e période de renouvellement 5 ans	82 736 km² (-20 %)
2 févr. 1999 au 2 févr. 2005	3e période de renouvellement	41 368 km²

Avenant n° 1 (19 mai 1993 approuvé par la loi du 7 juin 1993) –Option pour une 3e période de renouvellement supplémentaire de 5 ans –Paiement à l'État d'un montant de 20 millions $
Avenant n° 2 (12 mars 1997 approuvé par loi du 23 juillet 1997) Introduction d'amendements spécifiques en vue : - Du développement de trois champs –Du transfert de l'autorisation de transport des hydrocarbures à TOTCO (à créer) –Du financement du système de transport
Avenant n°3 (21 juin 2000 approuvé par la loi de 2000) Introduction d'amendements spécifiques concernant : –Le transfert à l'État des droits du consortium sur Sedigui (concrétisé par un « Accord relatif à la région de Sédigui et à la SEERAT » signé le 21 juin 2000) –des garanties pour les prêteurs

L'annexe IV de cette convention indique qu'au terme de cette convention à laquelle est jointe une annexe selon laquelle le consortium s'engage à développer les découvertes de la région de Sedigui dans le Lac Tchad, des zones supplémentaires seront ajoutées si nécessaire.

Le consortium s'engage à effectuer les travaux de recherches supplémentaires suivants :

– Le forage et la complétion du puits Sedigui n° 2 ;

– La complétion du puits Sedigui n° 1

– Le forage et la complétion du puits Sedigui n ° 3 si nécessaire ;

– Tous les travaux supplémentaires à Sedigui ou dans la région environnante qui présentent un intérêt justifié du point de vue technique et économique afin d'établir l'existence des réserves potentielles.

Les réserves déjà découvertes à Sedigui étaient estimées à quelque 12 millions de barils de brut. Il est convenu de les produire à un rythme de 2000 barils par jour à travers les installations envisagées pour une période de sept ans. Ces estimations sont celles données par le consortium et pour leur confirmation, il faut recourir à des services des sociétés spécialisées. Ce qui avait été fait avec le concours financier de la Banque Mondiale en 1989 après la signature de l'accord de prêt du crédit d'ingénierie SEERAT

Au bout du compte, ce chapitre nous a permis de découvrir les facettes de la convention de 1988 qui énoncent les droits et les devoirs de chacune des parties en question, et qui marquent la différence nette entre une convention et une demande, entre une convention et un permis. Par conséquent, les agents de l'État tchadien en charge du pétrole doivent maîtriser et le Code pétrolier ancien, et la convention de 1988 afin d'accomplir leurs tâches vis-à-vis des compagnies pétrolières selon les termes de la loi.

Ils devront aussi tenir compte des autres conventions signées par le passé tel qu'on va le voir dans le chapitre suivant.

CHAPITRE VI

LE PAYSAGE DE L'EXPLOITATION PÉTROLIÈRE AU TCHAD

La convention de 1988, nous l'avons vu plus haut, a été remise sur la table des négociations en vue de satisfaire les intérêts de toutes les parties contractantes. Toutefois, le Gouvernement, pour profiter à fond de cette opportunité, ô combien salutaire, que lui offrait la manne pétrolière, va ouvrir la convention à tous les accords et projets initiés par le passé et dont l'exécution pouvait être étroitement liée au projet d'exploitation pétrolière de Doba. Il s'agit notamment des projets de construction de la raffinerie du Tchad et de la centrale électrique de Farcha pour ne citer que ceux-là. Cela impliquera, bien entendu, l'entrée de nouveaux partenaires dans le Groupe avec ce que cela peut comporter comme brouilles et péripéties.

A/ La convention SEERAT

Une grande partie du périmètre du permis octroyé aux membres du consortium concerne la région du Lac Tchad. Dès l'obtention du permis, la compagnie Conoco avait effectué des recherches qui avaient permis de mettre en évidence quelques gisements susceptibles de satisfaire la demande interne en hydrocarbures au cas où ceux-ci seraient mis en exploitation. L'annonce de ces découvertes avait été faiteau Gouvernement vers les années 1972-73. C'est ainsi qu'un protocole d'accord avait été signé entre la compagnie pétrolière Conoco et le Gouvernement le 14 juin 1978 pour l'exploitation des gisements découverts à Sedigui. La possibilité d'exploiter ces gisements avant les futures découvertes des champs du bassin de Doba avait été retenue comme étant une priorité pour le Gouvernement de l'époque. La balance commerciale du Tchad largement déficitaire à cause en partie de la facture des produits d'hydrocarbures importés, la volonté de diversifier les ressources d'approvisionnement, les velléités d'indépendance politique et économique, vis-à-vis de la puissance coloniale, ainsi que la recherche d'une marge de manœuvre politique justifiaient cette décision des dirigeants de l'époque.

Les relations entre le Tchad et la France ont traversé de temps en temps des zones de turbulences. La France considérait toujours le Tchad comme sa chasse gardée. Elle voyait d'un mauvais œil la présence des compagnies pétrolières non françaises opérant dans ce pays sans son aval. Une frange importante de l'opinion nationale et internationale pense qu'il y a une relation entre le coup d'État militaire du 13 avril 1975 qui avait renversé le régime du Président Ngarta Tombalbave où ce dernier trouva la mort et la brouille au sommet de l'État avec l'ancienne puissance colonisatrice. Après le coup d'État militaire, le projet avait été mis en veilleuse avant d'être réactivé en 1984 à la faveur de la fin de la guerre civile. La reprise du dialogue avec le consortium avait été très difficile et les conséquences de la guerre civile y étaient pour beaucoup.

Le consortium et le gouvernement du Tchad, lors des discussions globales en vue de la signature de la convention de 1988, avaient réaffirmé leur volonté de réactiver la Société d'étude d'exploitation et de raffinage du Tchad (SEERAT) à N'Djamena. Cette société devait avoir en charge l'étude, la construction et l'exploitation d'une raffinerie de pétrole et d'un oléoduc. Toutes les opérations industrielles, commerciales, financières, mobilières et immobilières se rattachant directement ou indirectement à la construction et à l'exploitation de la raffinerie seront confiées à la SEERAT. La SEERAT interviendra dans toutes ces opérations comme maître d'ouvrage délégué pour le compte de la STEE (Société tchadienne d'eau et d'électricité) en ce qui concerne la partie électricité du projet. Le fuel lourd produit par la SEERAT est destiné à la STEE comme combustible pour la production de l'énergie.

Le capital de cette société fut fixé à 5 000 000 (cinq millions) de FCFA divisés en 1 000 (mille) actions de 5 000 (cinq mille) FCFA chacune. L'État détient 200 actions appelées actions de catégorie B et les actionnaires privés, c'est-à-dire les membres du consortium se partagent les 800 actions appelées catégorie A. Les deux parties sont représentées à parité au sein du conseil d'administration. Le directeur général est désigné par les actionnaires privés et le Président du Conseil d'administration par l'État. Conformément à ses statuts, la SEERAT est une société de droit privé. L'organe de décision est l'assemblée générale. Le conseil d'administration est chargé de la mise en application des décisions de l'assemblée générale. Le conseil d'administration dispose de pouvoirs étendus pour statuer sur la gestion quotidienne de la société à ses délibérations. Il est indiqué dans les statuts que la SEERAT établit et soumet à l'approbation du gouvernement, conformément aux dispositions des accords conclus entre les deux parties les prix ex-raffinerie des produits finis.

Les statuts de la SEERAT ont été déposés et enregistrés à N'Djamena le 9 juillet 19/f sous le numéro 9/B 77 du registre analytique au tribunal de commerce. Après la création de la société, le Gouvernement et les membres du consortium ont commencé à rédiger la convention qui allait désormais établir les relations commerciales entre l'État et la société. La convention SEERAT a pour objectif d'établir les relations d'affaires entre les membres du consortium, à travers la nouvelle société créée et l'État sur la base de la mise en exploitation des gisements de Sedigui, avec la construction d'une raffinerie à N'Djamena de capacité modeste, couplée d'une centrale électrique pour la production d'énergie. Cette raffinerie produira outre le fuel nécessaire pour le fonctionnement de la centrale, les autres produits finis tels que le super et le jet ; étant entendu que le pétrole brut de Sedigui est d'une excellente qualité. Il talonne, du point de vue de la teneur en soufre, le Brent de la mer du Nord qui est la référence internationale.

Toutes les dispositions de la convention de 1988 sont aussi applicables à la convention SEERAT. En plus, cette dernière prévoit les arrangements à travers lesquels les actionnaires privés de la SEERAT vendent le brut à la société de raffinage qui sera installée dans la zone industrielle de Farcha (banlieue ouest de N'Djamena). Le consortium s'engage à vendre à la SEEPVAT qui accepte de lui acheter tout le pétrole brut, produit nécessaire pour faire fonctionner la raffinerie à sa pleine capacité jusqu'à un niveau maximum de 2000 barils par jour. Si les réserves sont suffisantes pour une production supérieure à 2000 barils par jour, et si la capacité de production installée à Sedigui le permet, la SEERAT achètera la quantité supplémentaire pour satisfaire la demande intérieure et celle des pays voisins (RCA, Nord-Cameroun, Est-Niger) en produits pétroliers.

Le prix départ champ du pétrole brut de Sedigui était fixé selon la convention à 8 dollars le baril (prix 1988) après la prise en compte des éléments suivants :

– Tous les nouveaux investissements réalisés par le consortium dans la région de Sedigui ;

– Un taux d'intérêt de 10 % par an sur les sommes restant à récupérer par le consortium à partir du moment des dépenses ;

– Des frais d'exploitation annuelle.

Au cas où le puits n°3 mentionné dans l'annexe serait foré, le prix départ champ mentionné ci-haut serait porté à 10 dollars le baril et autres clauses de l'accord resteraient les mêmes. Une fois toutes les dépenses et les autres charges amorties, le prix du brut de Sedigui sera calculé sur la base des frais d'exploitation plus une rémunération commerciale de 0,30 dollar par baril.

Les bénéfices provenant de la production de Sedigui vendue à la SEERAT ne seront pas soumis au régime d'impôt sur les bénéfices, sur les redevances ou autres.

Les coûts d'investissement récupérés par le consortium en vertu de l'annexe IV ne seront pas déductibles pour le calcul de l'impôt dû ultérieurement dans le cadre d'un projet d'exportation éventuel. Ces avantages sont concédés par l'État à la SEERAT pour encourager l'investissement dans ce projet considéré comme stratégique et prioritaire par le Gouvernement. Le consortium ne donne aucune possibilité à l'État de récupérer les sommes concédées au titre des impôts et taxes lors de la construction de la raffinerie et des travaux de recherches et d'exploration. Toutes ces sommes sont considérées comme étant la contribution de l'État au projet. Le Tchad connaissait déjà la crise énergétique depuis cette date. C'est une technique bien connue dans les négociations pétrolières. Il faut aussi noter que durant les négociations du projet Sedigui, le consortium rappelait toujours que ce projet n'était pas intéressant pour lui, du point de vue commercial à cause de la taille modeste du gisement découvert et que c'est l'État qui est demandeur. Dans ces conditions, l'État était tenu d'accorder toutes les garanties et les facilités fiscales que le consortium serait amené à lui demander.

La convention SEERAT, en plus des dispositions prévues dans l'annexe IV, définit les modalités de construction et de gestion de la raffinerie, de la centrale électrique et de l'oléoduc. Il est utile de faire un rappel des différentes tentatives du Gouvernement dans le processus engagé pour la réalisation de ces trois composantes qui constituent le projet de la raffinerie du Tchad.

B/ Le projet de la raffinerie de N'Djamena

Il avait été convenu entre le consortium et le Gouvernement, de la construction d'une raffinerie à N'Djamena. Une étude de marché avait été préalablement réalisée. C'est sur la base de cette étude que la décision de construire la raffinerie à N'Djamena avait été prise. Cette étude avait bien montré que la construction d'une raffinerie à N'Djamena pourrait stimuler la demande des produits pétroliers et réduire la dépendance du pays. Une crise mineure entre le Tchad et le Cameroun ou entre le Tchad et le Nigeria pourrait asphyxier le pays en créant une pénurie des produits pétroliers. En Afrique, les petites querelles entre voisins sont monnaie courante et les conséquences sont lourdes.

La construction de la raffinerie trouve également sa justification par son couplement avec une centrale électrique d'une capacité de 12 MW pour résoudre partiellement les difficultés énergétiques dans la capitale. Pour satisfaire la demande intérieure du marché, les quantités prévues pour être traitées par la raffinerie étaient estimées à 2000 barils par jour. Il était aussi possible de faire fonctionner la raffinerie à un régime plus bas de 1500 barils tout comme on pouvait augmenter sa capacité à 5000 barils par jour si la demande des produits finis l'exigeait. Le raffinage du brut de Sedigui produirait un excédent d'hydrocarbures gazeux légers auxquels il conviendrait de trouver une solution économique. Plusieurs possibilités étaient offertes par cette opportunité en vue de la disponibilité des produits gazeux. Il s'agissait entre autres de :

– La possibilité de faire fonctionner la raffinerie en utilisant comme combustibles les gaz légers au lieu de les torcher ;

– L'utilisation du gaz butane comme combustible domestique. Ce qui allait contribuer inéluctablement à lutter contre l'avancée du désert et à l'amélioration de l'environnement ;

– L'éventualité d'une commercialisation du gaz butane dans la sous-région apparaissait comme une possibilité supplémentaire, compte tenu de la quantité disponible et probablement de son exploitation à moindre coût.

Il n'est pas nécessaire de s'attarder ici sur les détails techniques de la raffinerie. Ce qui est essentiel c'est la décision et l'engagement du gouvernement en accord avec ses partenaires de construire une raffinerie à N'Djamena pour un but bien précis : la satisfaction de la demande intérieure en produits pétroliers, et par ricochet, l'alimentation de la centrale électrique grâce au fuel lourd produit par la raffinerie. La construction de la raffinerie d'après les études faites par le bureau d'étude TECHNIP (société française spécialisée dans les études d'ingénierie) avait été évaluée en 1988 à 28 millions de dollars US.

Le projet de la raffinerie du Tchad d'une capacité moyenne était initialement conçu comme nous l'avons indiqué plus haut pour la satisfaction des besoins locaux. C'était un objectif louable, compte tenu de la dépendance du pays en matière de produits pétroliers ; mais surtout, il faut savoir, sa faible capacité de production de l'énergie aurait hypothéqué dangereusement son avenir. Les petites et moyennes entreprises et industries (PME et PMI) demeurent toujours tributaires du coût de l'énergie, et d'autres facteurs non négligeables étaient étroitement liés à la disponibilité à moindre coût des produits de cette raffinerie.

La réalisation de ce projet avait connu plusieurs péripéties depuis sa conception jusqu'aux tentatives de son exécution en 2000. En effet, les deux principaux partenaires de ce projet étaient la Banque Mondiale en matière de ressources financières et le consortium sur le plan de l'évaluation des réserves, de l'équipement des puits, de l'exploration et des études d'ingénierie. Le consortium considérait toujours que le taux de rentabilité du projet de la raffinerie était faible, compte tenu des quantités de réserves estimées modestes et du coût élevé de sa réalisation. Il hésitait à s'engager avec tous les risques que comportait ce projet. Les aspects sociaux des investissements ne constituaient pas le point fort des compagnies pétrolières encore moins pour le consortium opérant au Tchad, puisqu'aucune exploitation du brut de Sedigui n'était envisagée à brève échéance. La Banque Mondiale, quant à elle cherchait d'autres partenaires tels que les institutions de développement (la Banque Africaine de Développement, la Banque Européenne d'Investissement, la Banque islamique de développement, le Fonds koweïtien de Développement, etc.) pour partager le risque. La mobilisation des ressources provenant des diverses sources de financement est souvent difficile à coordonner, car chaque bailleur de fonds a ses conditions et procédures. Arriver à uniformiser ces conditionnalités et les rendre acceptables par tous est un véritable parcours de combattant. Initié en 1977, le projet avait été évalué et réévalué plusieurs fois et, à chaque évaluation, le coût subissait l'effet de l'inflation et des majorations de diverses natures à telle enseigne qu'il avait été multiplié presque par 3 en vingt ans. Dans ces conditions, le prix de revient du produit fini serait excessif par rapport aux produits importés. En fin de compte, le gouvernement avait constaté un manque d'intérêt et d'engagement de la part des partenaires financiers, et aussi du consortium, pour qui, du reste, la réalisation du projet d'exportation de Doba constituait sa principale préoccupation et sa priorité, du moins dans un court terme. Le projet de Sedigui n'est pas comparable à celui de Doba. Le Gouvernement était toujours préoccupé par une crise énergétique qui se prolongerait dans le temps et les conséquences économiques et sociales devenaient de plus en plus considérables, et à terme, elles risquaient d'hypothéquer tous les efforts de développement. Constatant qu'aucune solution durable ne se dessinait à l'horizon avec le concours de ses partenaires, le Gouvernement décida d'organiser à Paris en octobre 1995, une réunion des principaux bailleurs de fonds pressentis, en présence des membres du consortium. Il avait été indiqué au consortium que le projet d'exportation de Doba et la construction de la raffinerie N'Djamena seraient poursuivis et exécutés de manière simultanée. C'était une stratégie qui contraignait le consortium à accepter d'accompagner le Gouvernement pour réaliser ce projet qu'il considérait alors comme prioritaire. Mais, les deux projets ne progressaient pas à la même vitesse faute de pouvoir mobiliser les financements nécessaires pour la raffinerie, l'oléoduc et la centrale électrique. Au cours de cette réunion des bailleurs de fonds à Paris, on sentait le manque d'intérêt manifeste des contributeurs à boucler le financement.

Le Fonds koweïtien de Développement, de son côté, annonça aux participants qu'afin d'être en conformité avec ses procédures, il demandait au Gouvernement de séparer le projet de la centrale électrique du reste du projet. Il expliqua que ses ressources provenant des fonds publics de l'État koweïtien, producteur de pétrole, ne pouvaient pas financer une entreprise qui produit du pétrole. En fait, le Fonds koweïtien voulait appliquer une loi koweïtienne qui interdit de financer un projet qui pourrait produire du pétrole capable de concurrencer, de manière indirecte, un produit koweïtien, le pétrole dans le cas d'espèce. C'est une vision très large de la notion de concurrence, car le produit fini de la raffinerie du Tchad est en dessous d'epsilon sur le marché international. D'ailleurs, ce pétrole sera destiné au marché local.

Mais peu importe si le Fonds koweïtien voulait résolument s'engager à investir, le gouvernement koweïtien pourrait accepter une dérogation. Le Gouvernement décida donc de déconnecter le projet de la centrale électrique du reste du projet, dans l'espoir que le Fonds koweïtien allait financer le projet de la centrale. Le Gouvernement fit désormais son affaire la recherche de financements pour les deux autres composantes. Le consortium fut informé de cette décision. Celui-ci n'attendait que cette occasion pour se décharger d'un projet qui tardait à décoller faute d'une visibilité suffisante. Désormais, le Gouvernement était seul maître à décider. Après plusieurs rappels, le Fonds koweïtien ne fit plus signe de s'intéresser au projet. Ce fut aussi une opportunité pour tous ceux qui, pour de multiples raisons, proposaient au Gouvernement depuis de longues dates, des mini-raffineries et des centrales électriques clé en main d'origines diverses avec des facilités de financement inimaginables. Les intermédiaires s'entrecroisaient à N'Djamena dans les couloirs des ministères intéressés par le projet. Mais, force est de constater qu'aucune proposition sérieuse n'avait été faite au Gouvernement. Les démarches envisagées consistaient en l'acquisition des machines d'origine chinoise, nord-coréenne, russe ou indienne avec une garantie de financement de la Banque des États de l'Afrique Centrale (BEAC) ou une hypothèque sur la part du pétrole brut du Tchad. Toutes ces démarches ressemblaient bien à des opérations de blanchiment d'argent. Il était tout aussi curieux de constater que ces intermédiaires proposaient toujours des équipements issus des pays émergents où le marketing est très développé. Il est aussi vrai que les coûts de ces équipements sont très élevés dans les pays industrialisés, mais cela est en partie lié à la qualité et aux services après-vente. Les transactions commerciales à l'échelle internationale dans les pays émergents ne sont pas très surveillées comme dans les pays industrialisés.

En 2000, la crise énergétique devenait de plus en plus préoccupante, le gouvernement avait mis la pression sur le consortium pour trouver une solution rapide. À l'époque, la solidarité entre les membres du consortium commençait à s'effriter. Elf et Shell avaient décidé de quitter le projet d'exportation de Doba, y compris le projet de Sedigui pour diverses raisons que nous verrons plus tard. En somme, les deux compagnies pétrolières abandonnaient leurs droits et obligations reconnus par la convention de 1988. Restait seule en lice Esso. Devant cette mini-crise au sein des membres du consortium et la pression toujours pesante du Gouvernement pour la recherche d'une solution à la crise énergétique, Esso avait fini par céder à son tour pour un franc symbolique tous ses droits et ses obligations sur la convention SEERAT, y compris, les réserves de pétrole brut évaluées à 15 millions de barils. Cet abandon concernait uniquement les réserves prouvées des champs de Sedigui ; par contre, Esso conservait toujours tous ses droits sur le périmètre du permis H dans la zone du Lac Tchad. C'était une nuance importante. Le Gouvernement disposait désormais d'une marge de manœuvre confortable et d'une garantie suffisante pour relancer le projet de la raffinerie et de la centrale électrique. De nombreuses propositions avaient été faites au Gouvernement pour la construction de la raffinerie, de la centrale électrique et de l'oléoduc ainsi que pour le transport du brut jusqu'à N'Djamena.

C/ Le projet de la centrale électrique de Farcha

Il faut noter que la centrale électrique n'était pas intégrée dans le projet de convention de 1988 liant les membres du consortium au Gouvernement. C'était un projet du Gouvernement, mais pour sa réalisation, c'est-à-dire la construction de la centrale électrique, elle devait commencer en même temps que les deux autres unités (raffinerie et oléoduc). La centrale électrique doit être alimentée par le fuel lourd de la raffinerie. Pour ce faire, elle doit être également placée non loin de la raffinerie afin de minimiser les coûts de transport du fuel. Les besoins supplémentaires en énergie dans la capitale étaient évalués à quelque 24 MW en 1988 en plus des 10 à 15 MW produits par la STEE à cette époque-là. L'on devait, bien entendu, tenir compte dans ces 24 MW de la croissance éventuelle de la ville et du besoin énergétique des petites et moyennes entreprises. Il était aussi convenu que le financement de la centrale incombait entièrement au Gouvernement et que pendant la phase de construction, les membres du consortium à travers la SEERAT apporteraient leur savoir-faire et leur assistance. L'unité, une fois retrouvée, le projet fut confié à la STEE pour son exploitation. La centrale électrique, d'après le Gouvernement, passerait une convention d'achat du fuel lourd avec la raffinerie. Il avait été convenu entre le Gouvernement et le consortium que la raffinerie céderait à la centrale électrique le fuel lourd à 8 dollars US pour un baril et la centrale électrique vendrait le kW à 100 FCFA le maximum.

C'est le caractère social de ce projet de centrale qui va justifier le fait que le projet n'apparut pas intéressant au consortium du point de vue du gain financier et que le financement par la Banque Mondiale du projet grâce aux ressources concessionnelles devenait aussi indispensable, car, pour minimiser les coûts, il fallait recourir à des prêts à taux d'intérêt faibles. D'autres concours financiers avaient été aussi envisagés, notamment ceux de la Banque Européenne d'Investissement, celui de la Banque Islamique de Développement et du Fonds Koweïtien de Développement.

Le coût de la construction de la centrale électrique avait été estimé à 17,7 millions de dollars US en 1989. Il frôlera les trente millions de dollars US en 2005. La conception et les études d'ingénierie de la centrale étaient également à la charge du Gouvernement, à cela s'ajoutaient les coûts de réalisation. La Banque Mondiale à travers son guichet IDA s'était engagée à financer les études et les coûts d'ingénierie de l'ensemble du projet. Dans le cadre des négociations engagées entre la Banque Mondiale et le Gouvernement pour l'obtention du crédit d'ingénierie, il avait été demandé au Gouvernement de céder une partie des actions aux membres du consortium pour donner un véritable statut privé à l'exploitation de la raffinerie (SEERAT). Dans la nouvelle approche de la Banque Mondiale, en ce qui concerne le financement des entreprises dans les pays en développement, celle-ci n'accorde les crédits qu'aux structures privées. La conception initiale du projet de raffinerie était une structure paraétatique, c'est-à-dire une entreprise publique avec la participation des capitaux privés. Sur insistance de la Banque Mondiale, le Gouvernement avait cédé une partie de ses actions aux membres du consortium qui devenaient ainsi majoritaires dans le capital de la SEERAT. Cette condition étant remplie et sur la base des études de faisabilité, le Gouvernement et la Banque Mondiale signèrent un accord de prêt de 11 millions de dollars US qui fut mis en vigueur le 29 novembre 1990. Ce crédit était accordé à l'État, mais il sera rétrocédé à la SEERAT qui s'engagea à rembourser selon un échéancier arrêté d'un commun accord entre les parties.

Le 1er décembre 1990, 24 heures après la mise en vigueur du crédit, le Gouvernement fut renversé et une nouvelle situation politique fut créée au Tchad. Cette nouvelle donne avait manifestement surpris la Banque Mondiale et les membres du consortium, et l'application de la convention devenait impossible du point de vue sécuritaire et faute d'interlocuteur crédible pendant cette phase transitoire d'instabilité. Les membres du consortium, dans une lettre adressée aux nouvelles autorités, avaient fait valoir la clause de force majeure pour suspendre toutes les activités pétrolières pour une période de trois mois à l'issue de laquelle il serait discuté de la poursuite ou non de leurs activités au Tchad.

Passé cette période de turbulences qui avait engendré une insécurité généralisée dans tout le pays, les nouvelles autorités avaient mis tout en œuvre pour créer les conditions favorables la reprise des activités pétrolières. Plusieurs visites de terrain avaient été faites et les membres consortium avaient reçues des assurances fermes de la part des nouvelles autorités concernant la sécurité des biens et des personnes. La crédibilité des nouvelles autorités était en jeu et les membres du consortium apprécieront, à partir de cet engagement, la qualité de la coopération future avec le nouveau Gouvernement. Il faut noter que la confusion créée par ce changement politique était tellement profonde que le scepticisme était permis. Le pays était avant ce changement de régime sous un système autoritaire. La moindre contestation ou situation conflictuelle sans grande importance aurait pu être considérée comme une révolte et réglée par la méthode forte sans un souci du droit et du respect de la personne humaine. La Banque Mondiale fut très surprise du caractère rapide du changement intervenu qui ne lui avait pas permis d'annuler la mise en vigueur d'un prêt accordé à un gouvernement qui serait renversé 24 heures après.

Après avoir effectué plusieurs missions d'observation sur le terrain et après des contacts établis au plus haut niveau de l'État, les membres du consortium avaient donc décidé de reprendre leurs activités. Ils proposèrent au nouveau gouvernement un programme minimum pour terminer l'année budgétaire. Le consortium avait beaucoup plus consacré ses activités à l'analyse des données géophysiques au siège à Houston pendant cette période de flottement. Ce n'est qu'en 1992 que les membres du consortium avaient véritablement décidé de proposer au Gouvernement un programme conséquent pour la poursuite des activités dans le secteur pétrolier y compris le projet Sedigui. Celui-ci prévoyait les activités de forage, des travaux de sismique et plusieurs analyses des échantillons de laboratoire au siège à Houston. Parallèlement, les membres du consortium avaient établi des contacts à un haut niveau avec la Banque Mondiale pour étudier les voies et moyens de l'exportation du pétrole du

Tchad au cas où les découvertes seraient suffisantes et économiquement rentables. Pendant cette période, l'opérateur Esso avait établi un programme d'investissement ambitieux qui avait fait l'objet de discussions intenses au sein du consortium et avait été entériné par le Gouvernement au cours de la réunion annuelle de revue des activités à Houston. Quelques mois après, le Gouvernement fut informé de la décision de la société Chevron de quitter le permis et donc, de se retirer de la convention de 1988. Nous verrons plus loin l'environnement politique, juridique et économique qui avait suscité le départ de Chevron et l'arrivée d'Elf comme nouveau membre du consortium dans le cadre du même permis et de la même convention.

D/ Elf, nouveau membre du consortium

Un petit rappel historique est nécessaire pour comprendre les circonstances dans lesquelles la société française Elf est devenue membre du consortium qui détient le permis de recherche, d'exploration et d'exploitation du pétrole au Tchad. En effet le 1er décembre 1990, le Mouvement patriotique du salut (organisation, politico-militaire) entré en dissidence contre le régime de l'ex-Président Hissène Habré, moins de deux ans auparavant, chassé du pouvoir par ce dernier.

Les Tchadiens dans leur large majorité pour ne pas dire leur quasi-totalité accueillent avec enthousiasme ce changement comme une délivrance de fait. Les nouvelles autorités assumeront désormais les lourdes tâches de la gestion du pays. Pendant cette transition, on observait des actes de violence un peu partout dans le pays, la situation ne permettait pas au consortium de travailler sereinement. En application de la convention, il a dû interrompre les travaux pendant près de trois mois (application de la clause de force majeure). Il avait fallu plus du temps pour sécuriser la zone avant la reprise effective des travaux. Les nouvelles autorités étaient conscientes que la gestion de ce secteur relevait du domaine stratégique, empreint d'une forte coloration politique, avec tous les risques que cela comportait. Il fallait à tout prix gérer les ingérences et les appétits extérieurs, sécuriser définitivement la zone, rassurer les membres du consortium du respect de la convention de 1988, promettre aux populations tchadiennes des lendemains meilleurs du point de vue des libertés démocratiques et disposer d'un programme politique et économique qui marque une rupture radicale avec le passé et qui suscite l'espoir d'une vie meilleure.

L'exploration, l'exploitation du pétrole et la gestion des revenus sont des opérations à grand risque ; non seulement le risque est financier, mais en grande partie, l'environnement politique ne sied pas pour unpays fragilisé, sans structures administratives solides dans le domaine pétrolier comme le Tchad. Le premier défi pour les nouvelles autorités était de neutraliser tous les risques politiques d'où qu'ils viennent pour mieux appréhender les enjeux afin de leur permettre de décider dans la sérénité. Le nouveau chef de l'État était bien conscient de cette pesanteur. C'est ainsi qu'au cours d'une visite à Paris, et à l'issue d'un entretien avec le Président français, François Mitterrand, le tout nouveau chef de l'État tchadien Idriss Deby Itno décida avec homologue que la France participerait de manière active aux opérations pétrolières au Tchad. La France n'attendait que cette perche : parler du pétrole tchadien à visage découvert quand bien même son absence dans ce secteur stratégique était mal « digérée » par cette ancienne puissance coloniale. Dans les milieux français, on estimait que cette décisionaurait dû intervenir depuis longtemps, mais mieux valait tard que jamais. On semblait dire qu'enfin le Tchad avait pris une décision sage. Le Président français avait immédiatement instruit la société nationale Elf pour nouer les contacts avec les autorités tchadiennes aux fins de la concrétisation de cet accord. Ce fut l'occasion pour beaucoup de personnes ou de groupes d'intérêts soi-disant « spécialistes du Tchad » ou « spécialistes en contrats pétroliers » de proposer leurs services et de vouloir jouer ainsi le rôle de facilitateurs.

Le nouveau chef de l'État tchadien était bien courtisé. Plusieurs chefs d'État africains avaient essayé de jouer également ce rôle de facilitateurs. Les va-et-vient des émissaires à cette époque à N'Djamena témoignent de ce regain d'intérêt subit et particulier pour le Tchad et pour son nouveau Président. Pour le chef de l'État tchadien, ce milieu tout nouveau était une découverte pour lui, jonché d'obstacles, d'inconnus et de non-dits. On lui fit miroiter que le Tchad gagnerait gros en devenant un pays exportateur de pétrole. On parla d'hypothèque de brut qui lui permettrait de bénéficier des investissements immédiats ou de l'argent cash, peu importait la qualité de l'investissement proposé ou le montant des FCFA demandés. Il semblait que tout ce dont le pays avait besoin pouvait être obtenu grâce à la signature de son Président. Conscient des enjeux et des risques, le chef de l'État agissait avec beaucoup de prudence. Il écoutait beaucoup ses interlocuteurs et parlait peu, car tout ce qu'il aurait dit pouvait être retenu dans le contrat. Les mêmes « spécialistes » faisaient du lobbying auprès de Elf et disaient qu'ils étaient amis de tel ou tel responsable, et qu'ils pouvaient obtenir des facilités pour Elf. En définitive, le Gouvernement tchadien utilisa très peu les services de ces facilitateurs « volontaires » qui semblaient novices dans la politique du Tchad et dans l'exploitation de son pétrole. Le Programme des Nations unies pour le développement et le Gouvernement suisse avaient mis à la disposition du Tchad une assistance technique comme par le passé, pour le renouvellement de la convention de 1988 afin d'aider à mettre à jour tous les dossiers du secteur pétrolier y compris le dossier Elf. Cette assistance technique avait déjà été utilisée par l'ancien régime pour toiletter la convention. Elle paraissait aux yeux des autorités tchadiennes plus neutre que ces soi-disant « facilitateurs volontaires ».

Avec la contribution de l'assistance technique mise à la disposition Tchad, je fus désigné par le nouveau chef de l'État pour engager les négociations tripartites : Tchad-Elf d'une part, et Tchad-consortium Elf d'autre part. En fait, dans les discussions entre Elf et les membres du consortium, la partie tchadienne n'était concernée qu'indirectement puisqu'il s'agissait ici de définir les nouvelles règles de partenariat eux. Avant d'ouvrir les discussions, le chef de l'État m'avait bien rappelé que la décision de faire participer Elf dans les opérations était irréversible, quelles que fussent les conséquences qui adviendraient entre les anciens membres du consortium et le gouvernement du Tchad. Le message fut bien compris. Contrairement à cela, cette décision violait les termes de la convention de 1988. Évidemment, ma mission était de faire accepter la décision du Gouvernement sans qu'il y ait dénonciation de la convention de 1988 par les parties ni le rejet de Elf par les deux membres du consortium. Les compagnies pétrolières sont très tatillonnes sur la forme juridique des actes qui régissent leurs rapports avec les Gouvernements, et surtout, leur culture anglo-saxonne les empêche de comprendre les impératifs politiques des pays avec lesquels elles signent les conventions. L'annonce du retrait du permis de Chevron avait été une opportunité pour nous de faciliter l'entrée d'Elf sur le plan théorique, mais beaucoup restait à faire. Cette question fut en étude depuis le 1er décembre 1990, date du changement de régime à N'Djamena.

Il aurait été un peu difficile d'imposer Elf comme un quatrième membre si Chevron était restée puisqu'aucun des membres n'aurait accepté de céder une partie de ses actions à Elf, à moins de les exproprier d'une partie de leurs actions et de les attribuer à cette dernière. Cette pratique qui date d'une autre époque, si elle avait été appliquée, aurait créé un précédent dangereux qui n'aurait pas été de nature à faciliter les futurs rapports entre les membres du consortium d'une part, et les rapports de ces derniers avec le Gouvernement d'autre part. Après plusieurs rencontres à N'Djamena et à Paris avec les responsables d'Elf, nous sommes arrivés à la conclusion d'un accord bilatéral Tchad-Elf qui autorisait Elf intégrer le consortium. Nous avons fait comprendre à nos interlocuteurs que le rôle d'opérateur d'Esso ne changeait pas. Ce fut un point non discutable et non négociable. Souvent, nos interlocuteurs du côté d'Elf nous faisaient savoir qu'en cas de dénonciation de la convention par les deux membres du consortium, Elf serait prête à assumer toutes les obligations de ces derniers. Nous leur répondions que cette question n'était pas à l'ordre du jour. Le Gouvernement français, tout comme celui du Tchad, était très attentif au déroulement de nos discussions. Nous avions arrêté le nombre d'actions (20 9/0) qui seraient réservées à Elf et les modalités pratiques d'intégration devant être discutées entre les membres du consortium. C'est une question d'intérêts croisés entre les compagnies pétrolières où le Tchad n'a pas un rôle important à jouer. Les discussions bilatérales Tchad-Elf étant pratiquement achevées, celles qui commençaient avec les deux membres du consortium furent délicates.

E/ Les rapports Elf-Esso-Shell

En effet, Esso et Shell n'étaient pas préparées à accueillir Elf en leur sein pour des raisons qui leur étaient propres. Chaque compagnie a sa stratégie de développement, sa capacité technique, ses moyens financiers et aussi son environnement politique. Le vice-président d'Esso Tchad, Monsieur Champegny, avait, dès le début des discussions, fait part de l'intention de sa hiérarchie d'utiliser son droit de préemption conformément à la convention de 1988. Ce fut une interprétation très académique de la Convention. Nous lui avions rétorqué que bien que l'exercice du droit de préemption fût reconnu comme un recours dans ce cas de figure, il ne serait pas bien indiqué ni de bon aloi d'en faire usage entre des partenaires qui sont liés par des accords de coopération pour une longue durée. Nos relations étant établies pour une longue période, les petits conflits de cette nature pouvaient être réglés àl'amiable dans le cadre d'un dialogue direct. Le vice-président d'Esso-Tchad avait fait croire à sa hiérarchie que si le Gouvernement tchadien persistait encore dans l'usage du droit de préemption, Esso pourrait alors saisir la Cour internationale d'arbitrage. La compagnie Esso semblait, dans un premier temps, opter pour une solution de fermeté. La partie tchadienne n'était pas du tout disposée à suivre Esso sur ce terrain. Nous insistions encore une fois de plus sur les raisons politiques qui avaient guidé le Gouvernement à prendre cette décision.

Les discussions étaient donc bloquées et chaque partie campait sur sa position. La situation était devenue si sérieuse qu'à Houston, siège d'Esso, il avait été décidé de dépêcher le numéro 2 d'Esso pour nouer un contact direct avec les autorités du pays au plus haut niveau.

Au cours de l'audience que le chef de l'État avait accordée au responsable d'Esso, le Gouvernement, par la voix la plus autorisée, avait réaffirmé sa décision d'une manière ferme et irrévocable. L'entretien avait été écourté puisque le sujet était clos pour le Gouvernement. Le responsable d'Esso avait plutôt essayé de détendre l'atmosphère en indiquant que sa compagnie et le Tchad avaient établi des rapports de travail et de coopération sur des bases saines. Sa compagnie, poursuivit-il, entendait conserver et consolider ces relations particulières. Il est bien évident que le haut responsable d'Esso avait compris que le Gouvernement tchadien ne reviendrait pas sur cette décision. Alors, il fallait faire avec.

De retour à Houston, Esso avait décidé de décharger le vice-président d'Esso-Tchad, Monsieur Champegny, du dossier. Celui-ci prit sa retraite par anticipation. Il avait été remplacé par André Madec de nationalité française. André Madec, de par sa culture, connaissait bien l'environnement politique et avait bien compris qu'il ne servait à rien d'engager le bras de fer avec le Gouvernement. Il prit immédiatement ses fonctions et entérina l'entrée d'Elf comme nouveau membre du consortium en remplacement de Chevron. Il ne restait plus qu'à négocier l'accord d'association entre les membres du consortium.

L'accord d'association entre les membres du consortium constituait une relation d'affaires entre eux. Aux deux compagnies Esso et Shell, nous avions fait savoir qu'il n'était pas souhaitable que le Gouvernement s'ingérât dans leurs négociations d'affaires. Notre attitude était compréhensible, car les relations d'affaires entre les compagnies pétrolières se traitaient en toute confidentialité entre elles. D'ailleurs, elles apprécièrent bien notre position de neutralité.

Les trois compagnies tombèrent d'accord pour signer un « accord d'association » qui leur permettait d'opérer dans le secteur pétrolier au Tchad. Ainsi, André Madec demeura vice-président d'Esso-Tchad jusqu'à la signature de tous les documents contractuels pour la construction du pipeline Tchad-Cameroun et son ouverture officielle. C'était un fin négociateur qui agissait avec prudence et parlait avec conviction. Il ne déballait jamais tous ses arguments au cours d'une seule intervention. Il écoutait plus qu'il ne parlait. André Madec avait su faire la nuance entre la position politique du Gouvernement et celle très juridiquement carrée de son prédécesseur concernant l'arrivée d'Elf au sein du consortium. C'est peut-être sa culture européenne, pour ne pas dire française qui a facilité les négociations. Par moment, la hiérarchie d'Esso affichait des flottements sur la poursuite ou non du projet. Mais aussitôt, l'influence et la pertinence, des arguments de Monsieur Madec avaient convaincu Esso de continuer à croire au projet. Pendant toute la durée des négociations pour la construction du pipeline et celles consacrées à l'arrivée d'Elf, les deux compagnies Shell et Esso parlèrent le même langage et restèrent solidaires jusqu'au bout. Elles avaient compris que le Gouvernement leur forçait la main, mais, les intérêts en jeu étaient énormes. Pour elles, il était clair que le Gouvernement ne reviendrait pas sur cette décision, donc, qu'il valait mieux regarder l'avenir avec beaucoup d'optimisme. Cette attitude du Gouvernement fut mal digérée par les deux autres compagnies. Elles estimaient que la possibilité de l'exercice de leur droit de préemption n'avait pas été acceptée par le Gouvernement et qu'il s'agissait d'une ingérence intolérable dans une activité privée régie par une convention qui faisait force de loi.

Le Gouvernement, pour sa part, avait toutes les raisons politiques du moment pour décider de la présence d'Elf dans les opérations pétrolières au Tchad. Tous les Tchadiens s'accordèrent unanimement sur cette décision qui constituait à leurs yeux une caution politique supplémentaire pour la stabilité du pays, et donc, la neutralisation de la France dans un secteur hautement stratégique. N'oublions pas non plus que le Tchad faisait partie du pré carré de l'influence française en Afrique francophone, et tenir la France à l'écart de cette importante activité stratégique constituait un risque que le nouveau chef d'État du Tchad ne fut pas en mesure d'assumer en 1993 ni d'en prévoir les conséquences. En stratège militaire, il avait compris que le rapport de force ne lui était pas favorable en 1993. La France gardait toujours une capacité de nuisance à l'égard de ses anciennes colonies. Les grands conflits inter-États et inter ethniques en Afrique et même ailleurs avaient souvent pour origine les richesses naturelles convoitées par les puissances étrangères et la mal gouvernance.

Les nouvelles autorités tchadiennes l'avaient bien compris et purent tirer les leçons du passé. Il fallait tout naturellement neutraliser cette capacité de nuisance potentielle que représentait la France en l'impliquant dans ce secteur stratégique. Il fallait l'associer à ce grand projet. Esso et Shell ne partageaient pas du tout cette analyse et estimaient que le pourcentage qui avait été réservé à Elf était supérieur à sa capacité de mobilisation de ressources pour accompagner les investissements. Les compagnies pétrolières connaissaient réciproquement leurs capacités techniques et leur poids financier, et persister dans le sens de partage équitable constituerait pour Esso et Shell un handicap pour maintenir la cohésion dans le groupe et assumer collégialement tous les risques éventuels. En général, les deux compagnies ne sont pas regardantes sur la politique intérieure du pays, pourvu que la sécurité des biens et des personnes et la libre circulation soient suffisamment assurées. Ce qui n'est pas le cas chez Elf. Cette dernière était considérée comme un instrument de la politique politicienne de la France en Afrique. Ce pays interfère fréquemment de façon désastreuse dans la politique intérieure de l'État où il exerce ses activités.

La décision de la participation d'Elf dans les opérations pétrolières au Tchad fut donc consommée. La société Elf, confiante dans la décision des deux chefs d'État pour sa participation au sein du consortium espérait avoir au moins le nombre d'actions cédées par Chevron (25 %) et aussi, pourquoi ne pas, être opérateur dans l'association. Sur ce plan la décision du Gouvernement tchadien ne souffrait d'aucune équivoque c'est-à-dire qu'Esso conservait la direction des opérations. Les raisons qui militaient en faveur du maintien d'Esso comme opérateur étaient évidentes. Esso est la deuxième ou la troisième compagnie pétrolière dans le monde. Elle dispose des moyens financiers suffisants et des compétences techniques avérées pour conduire les opérations pétrolières.

Aussi, était-il tout à fait normal que la seule compagnie qui était restée après toutes les péripéties que le Tchad avait connues continuât avec les assurances renouvelées. Nous avons fait comprendre à Esso et à Shell que l'arrivée d'Elf ne changerait en rien leurs activités. Les raisons politiques qui avaient conduit le Gouvernement à prendre cette décision étaient aussi valables pour les membres du consortium, et surtout, il fallait avoir une assurance supplémentaire pour la poursuite des activités et bénéficier d'une stabilité politique pour mener à bien les opérations. Après plusieurs rencontres et des tours de passe-passe juridiques, le consortium accepta l'entrée d'Elf dans le groupe et l'acte final fut signé en 1993. Ainsi, Elf désigna son représentant au sein du consortium pour participer aux négociations avec le Cameroun pour la construction du pipeline.

Mais malheureusement, le représentant d'Elf avait une attitude qui ne convenait pas du tout aux deux autres membres du consortium et mettait également l'équipe tchadienne dans une situation inconfortable par ses interventions tonitruantes sur certains sujets abordés. Il ne jouait pas la solidarité face à l'équipe camerounaise. Ses prises de position étaient contraires aux objectifs que nous poursuivions. Esso se plaignait auprès d'Elf et il fut remplacé. En fait, ce représentant cherchait le blocage, à la limite, voulait contraindre les deux autres compagnies à se désengager et à laisser le terrain libre à sa société. Nous avons imaginé qu'il obéissait peut-être aux consignes de sa hiérarchie et qu'il fallait bien clarifier les choses avec le nouveau représentant, ce qui fut fait aussitôt après sa prise de fonction.

Il est aussi d'usage qu'un nouveau venu dans l'association paie un ticket d'entrée au Gouvernement. Le montant et les modalités de paiement avaient fait l'objet d'accords séparés entre le Tchad et Elf. Selon ces accords, il avait été procédé au versement d'une somme de trois (3) milliards de FCFA au Trésor public. Le paiement du « bonus » (terme consacré) avait donné l'occasion à certains hommes politiques de l'opposition à la recherche des « casseroles sales » pendant la Conférence Nationale Souveraine (CNS) de crier « ô voleur ! », en faisant croire à l'opinion que l'argent avait été viré dans les comptes des particuliers en Suisse. En marge de cette Conférence, certains initiés du Trésor public, ayant cru à cette annonce sensationnelle, avaient bien vérifié l'effectivité de ce virement et l'usage fait de cet argent.

En effet, une partie de ces ressources avait servi à éponger les arriérés de salaires des agents de l'État, une autre partie fut utilisée pour payer les honoraires des avocats du Tchad pour le litige frontalier Tchad-Libye, et enfin, une dernière partie fut consacrée au financement des dépenses relatives à la tenue de la Conférence nationale souveraine. L'exploitation politique qu'on voulait bien donner à l'utilisation de ces ressources n'avait pas produit l'effet escompté. Le montant de ce bonus devait être récupéré sur les revenus pétroliers du Tchad selon un échéancier convenu d'un commun accord avec Elf. Plusieurs avenants à la convention de 1988 avaient été signés après 1988, mais ceux-ci n'avaient pas l'ambition de modifier le fond de la Convention ; tout au plus, ils avaient permis d'intégrer les changements opérés au niveau des membres du consortium et la répartition des actions cédées par Chevron après son départ. Dans une lettre d'entente entre les membres du consortium, il avait été convenu du changement de la dénomination d'Esso qui devint Esso Exploration Chad Inc. qui demeure opérateur des activités. Cette nouvelle société avait racheté toutes les actions cédées par Chevron avant de les rétrocéder dans des proportions convenues d'un commun accord à : Shell 40 %, Elf 20 %, et Esso Exploration Chad Inc. conserva 40 %. Le dernier avenant était celui du 21 juin 2000 qui avait consacré l'entrée de Petronas (société malaisienne) et le retour de Chevron au sein du consortium après les départs quelque peu spectaculaires d'Elf et de Shell

a/ Le départ d'Elf, un acte jugé inopportun

Les compositions et les recompositions des membres du consortium dans un permis de recherche sont fréquentes. Chaque compagnie examine attentivement ses intérêts en amont et en aval pour planifier ses activités. Les départs et les arrivées sont considérés comme normaux dans les négociations des contrats pétroliers. Cependant force est de constater que le moment choisi par Elf pour quitter le permis fut considéré comme un sabotage pour les esprits surchauffés au Tchad ou en terme diplomatique comme un acte inamical. Ce départ avait donné l'occasion une fois de plus aux autorités tchadiennes et à l'opinion nationale de croire que cette décision émanait des autorités politiques françaises, et donc, avait un caractère éminemment politique.

C'était une interprétation vraisemblable et à laquelle les Tchadiens dans leur majorité avaient cru. En effet, il n'est un secret pour personne que le sous-sol tchadien recèle des réserves importantes de pétrole, et pour l'opinion nationale, la puissance coloniale avait toujours fait obstruction à toutes les tentatives d'exploration sérieuse pour l'exploitation de ces réserves. Elf, en quittant le permis au moment où les membres du consortium procédaient au montage définitif du projet du point de vue financier et juridique, donnait l'occasion idoine à la France de bloquer le processus et c'est ce que renchérit l'opinion publique tchadienne. C'était le moment où les membres du consortium devaient se montrer solidaires vis-à-vis de la Banque Mondiale et des prêteurs privés. Cette décision avait été considérée par les Tchadiens, dans leur large majorité, comme un coup de poignard dans le dos et un acte politique de la part d'une société d'État dont les actes posés en Afrique francophone sont souvent inspirés des centres de décision de la politique française que certains qualifient de « françafrique ».

Pour les autorités tchadiennes et pour l'opinion nationale, c'était la manifestation concrète de l'opposition longtemps suspectée de certains milieux politiques français à l'exploitation du pétrole tchadien. Cette décision avait occasionné des manifestations populaires, et on avait relevé des slogans contre la France, et son drapeau fut brûlé sur la place publique pour la première fois en Afrique francophone. Ce fut une colère populaire qui trouvait sa justification dans la misère que les Tchadiens vivaient depuis l'indépendance. On ne manqua pas de rappeler à la France, à travers les banderoles des manifestants, que les troubles et la misère des Tchadiens sont créés et entretenus depuis Paris. L'exploitation du pétrole signifiait pour les Tchadiens l'amélioration de leurs conditions de vie et la possibilité de disposer d'un revenu conséquent. S'opposer à cet objectif signifierait pour les Tchadiens leur maintien dans la misère et la mendicité.

Il faut noter que la société Shell avait aussi quitté le permis en même temps qu'Elf, mais son départ n'avait pas suscité autant de passion. Ce départ était presque passé inaperçu et les Tchadiens ne lui accordèrent aucune importance même si Shell détenait 40 % des actions dans l'association. Les regards étaient plutôt tous braqués vers Elf et vers le Gouvernement français pour des raisons historiques liant le Tchad et la France.

En réalité, le départ de ces deux sociétés pétrolières du permis était justifié du point de vue des opérations des affaires. Les deux sociétés sont parties, chacune pour des raisons de stratégie interne certes, mais aussi pour des raisons financières et économiques. La société Elf se trouvait dans la tourmente de la politique française caractérisée par les coups fourrés de la Gauche et de la Droite, par les révélations scabreuses et peu orthodoxes sur la gestion des anciens dirigeants, par des scandales d'abus de biens publics, les privatisations et les restructurations financières incontournables et par leur exploitation à des fins politiciennes. Ce sont des arguments pertinents et des occasions idéales pour abattre un adversaire politique. Les acteurs politiques français sont toujours bien inspirés dans ce domaine. Les organes de presse attendent toujours les périodes électorales pour révéler les dossiers à scandale.

b/ Shell emboîte le pas à Elf

Quelques mois après le départ d'Elf, Shell annonce aussi sa décision de quitter le permis. La société Shell, quant à elle, motiva sa décision uniquement pour des raisons internes. Rappelons que cette société était confrontée à l'époque à un soulèvement ethnique régional dans la zone des opérations pétrolières au Nigeria, marquée par des actes de sabotage et de violence qui avaient occasionné des pertes en vies humaines. La presse internationale en avait fait un large écho en soulignant le non-respect des normes environnementales, des profits tirés par les compagnies pétrolières dans le pays et l'extrême pauvreté dans laquelle vivaient les populations des régions productrices de l'« Ogoniland ».

Le management de la société Shell avait donc décidé de recentrer ses activités ailleurs parce que celles du Tchad ne semblaient pas présenter un intérêt immédiat. Aussi la mobilisation prochaine des fonds propres par chaque compagnie afin de financer les opérations futures du projet au Tchad serait-elle importante. En abandonnant les opérations du Tchad, les deux sociétés avaient donc fait un choix stratégique de management. Les deux sociétés avaient décidé de quitter le permis avant son renouvellement qui devait emporter des obligations financières importantes si elles se maintenaient.

Le Permis H expirait théoriquement le 4 février 2004. Un nouveau Permis devait être renégocié et signé avant cette date. Le 10 mai 2004 est signée à N'Djamena après 22 mois de négociations une nouvelle convention ; celle-ci régira désormais les activités pétrolières entre le Tchad et les membres du consortium dans le cadre du permis Chari Ouest, Chari est le bassin du Salamat et Lac-Tchad dans la perspective de l'exportation du brut cette fois-ci. On aurait pu légitimement se poser la question de savoir pourquoi cette longue période de négociations ? Il faut se le dire, les compagnies pétrolières n'existent que pour l'accroissement de leurs profits. Les négociations et les renégociations des conventions sont les moments propices pour reprendre tous les accords afin d'avoir des conditions fiscales meilleures. En effet les moindres détails des calculs sur les revenus des parties engagées dans les négociations et leur traduction dans le texte de la convention peuvent provoquer des semaines de pourparlers, voire des mois. Aussi, les discussions autour du renouvellement de la convention se situaient-elles à un moment particulier pour le Tchad. Le pays est devenu exportateur de pétrole grâce à la construction du pipeline. On cernait mieux les quantités de réserves récupérables sur des superficies à conserver. Les conditions d'exploitation des réserves s'étaient nettement améliorées.

F/ Une nouvelle convention s'impose

Le Tchad ne pouvait plus efficacement contrôler et préserver ses intérêts en s'appuyant sur la seule convention de 1988. Aussi, une nouvelle convention fut-elle négociée et signée dans un contexte tout à fait différent qui lui était favorable. En effet, les interlocuteurs tchadiens savaient que les arguments qui justifiaient la limite très étroite de la rentabilité économique du projet tels que les coûts exorbitants de transport du brut, l'environnement politique incertain, le prix du brut très bas, l'instabilité des accords fiscaux, etc. ne pouvaient plus être invoqués. La situation politique avait aussi évolué dans le sens de la stabilité et, pendant la phase de la construction du pipeline, tous les opérateurs étaient agréablement surpris de la sécurité qui régnait dans la zone, et ce, malgré les campagnes d'intoxication et de désinformation orchestrées à de fins politiciennes. La matérialisation de la construction du pipeline Tchad-Cameroun changeait les données de calcul des profits des parties. La présence d'autres opérateurs sur les superficies rendues confortait aussi la position de la partie tchadienne dans les négociations. Les indices et les informations techniques en possession par le consortium rendaient encore plus alléchante la perspective de renouveler le permis et d'envisager l'exploitation des blocs conservés. Les perspectives en matière de réserves pétrolières n'étaient pas aussi mauvaises que 20 ans auparavant. Chaque partie avait étudié et mesuré ses atouts et ses faiblesses avant le début des négociations.

La partie tchadienne était animée d'un désir légitime d'avoir une place parmi les pays exportateurs de l'or noir dans la sous-région, et pourquoi pas occuper un rang confortable au niveau africain. Dans ce contexte, les intérêts du Tchad devaient être revus à la hausse. Le consortium, quant à lui, espérait s'installer durablement au Tchad et avec une forte ambition de prospérer dans la sous-région (Guinée Équatoriale, Sao Tomé et Principe). L'existence du pipeline d'exportation Tchad-Cameroun, considéré comme l'autoroute du pétrole, fut un atout supplémentaire pour le consortium et qui lui aurait permis de négocier des permis de recherche dans les pays de la sous-région. Le pipeline Tchad-Cameroun fut aussi perçu comme un acquis considérable pour le Tchad, car les potentialités minières que recèle le pays pouvaient être facilement exploitées et exportées par cette voie. Aussi, les effets induits de l'exploitation pétrolière au Tchad créeront-ils certainement des infrastructures routières, outils indispensables, à la valorisation des richesses nationales. Les discussions autour de la nouvelle convention avaient été engagées dans un contexte favorable aussi bien pour le consortium que pour le Tchad.

La Deuxième convention de recherches, d'exploitation et de transport des hydrocarbures fut signée pour une durée de 30 années. Elle couvre les bassins du Chari Ouest et est dans la zone de Doba, du Salamat et le bassin du Lac Tchad. Du point de vue des avantages économiques et fiscaux, elle diffère de la première pour des raisons évoquées plus haut. La part du Tchad dans la rente pétrolière est maximalisée ; le consortium verse à l'État une redevance sur la production totale des hydrocarbures, à un taux de 14,25 % dans le cas du pétrole brut et à un taux de 5 % dans le cas du gaz naturel. Rappelons que la redevance était fixée à 12,50 % dans la précédente convention. On constate presque un doublement toutes les taxes et impôts. En cas de découverte de pétrole, la convention prévoit le forage de cinq puits pendant la première période de cinq ans et la restitution de 50 % du périmètre concédé. C'est une convention de concession et le consortium supporte entièrement tous les risques et les coûts de recherche. Il faut préciser ici qu'il s'agit de nouveaux champs en dehors des trois champs déjà en exploitation.

Dans le fond, la nouvelle convention se distingue de l'ancienne par la concession faite par le consortium au Tchad de 2,25 % de la redevance et l'augmentation sensible des taxes et des impôts. La nouvelle convention tient également compte de l'existence de deux sociétés de transport de brut ; il s'agit de COTCO et de TOTCO. Le consortium dans l'éventualité des découvertes nouvelles discutera désormais des tarifs de transport par le pipeline avec les deux sociétés de transport du brut pour ce qui concerne la partie camerounaise, c'est-à-dire COTCO et la partie tchadienne TOTCO.

La nouvelle convention prévoit également le versement à l'État de la taxe superficiaire c'est-à-dire sur les superficies conservées.

- 12,50 dollars US par kilomètre carré et par an sur la superficie détenue pendant la période initiale de recherches,
- 25 dollars US par kilomètre carré et par an sur la superficie détenue pendant la période de renouvellement.
- 200 dollars US par kilomètre carré et par an sur la superficie de concession détenue.

Tous ces taux sont revus à la hausse par rapport à la convention de 1988. Aussi, les membres du consortium se voient-ils plus engagés dans une coopération dynamique après la construction du pipeline. Avant les travaux du pipeline, il planait plusieurs incertitudes qui risquaient d'hypothéquer l'avenir et qui obligeaient les membres du consortium à s'engager avec beaucoup de prudence. L'arrivée des nouveaux membres au sein du consortium (Petronas et Chevron) avait certainement apporté un nouvel élan dans l'association, faisant oublier la période des incertitudes créées par le départ de Shell et d'Elf. Après la construction du pipeline par le consortium six mois presque avant le programme initial, il fut rendu nécessaire de régler sur le plan juridique le renouvellement de la convention qui venait à expiration le 4 février 2004 avant de poursuivre les activités pétrolières. Le Tchad avait également procédé à un toilettage de son Code pétrolier pour le rendre plus attractif.

Il peut être utile de faire un survol rapide des projets satellites, c'est-à-dire ceux qui ne sont pas concernés par la convention de 1988. Ceux-ci seront régis par le Code pétrolier où chaque compagnie pétrolière signera une convention et une concession en cas de découverte avec l'État. Exception faite pour Esso, Petronas et Chevron pour qui la convention signée en 2004 demeure le cadre juridique qui régit leurs activités jusqu'à son expiration. Il faut noter qu'un engouement des compagnies pétrolières se manifestait depuis quelques années après la construction du pipeline Tchad-Cameroun. Plusieurs compagnies pétrolières de taille modeste se sont manifestées au Tchad pour conclure avec le Gouvernement des contrats de recherche des hydrocarbures gazeux ou liquides. Parmi elles, il y a des compagnies qui ont eu une présence éphémère ; alors que d'autres, particulièrement les chinoises, ont persévéré dans la conduite de leurs opérations. Le Gouvernement orientera leur manifestation d'intérêt vers le projet d'exploitation du gisement de Sedigui, étant donné les difficultés qu'il avait à convaincre le consortium à intégrer ce projet dans celui de Doba. Plusieurs contrats satellites seront signés à cet effet parmi lesquels le contrat Concorp, le Chad Petroleum Company, le contrat Nir (Chad) Oil Project LLC. Malheureusement, ces contrats seront éphémères.

G/ Le contrat Concorp

Un premier contrat pour la construction et l'installation d'une raffinerie à Farcha (banlieue ouest de N' Djamena) avait été signé en 1999 avec une entreprise d'origine soudanaise, Concorp. Le contrat signé avec cette entreprise n'avait pas fait l'objet d'un appel d'offres ouvert, mais restreint. Concorp fut retenue par la consultation restreinte pour la construction de la raffinerie. Concorp est en même temps actionnaire majoritaire dans le capital de la nouvelle société de la raffinerie. Selon le contrat, le gouvernement mobiliserait de son' côté le financement pour la construction de l'oléoduc et l'équipement de la tête des puits à Sedigui, devant l'urgence de la question énergétique, le Gouvernement avait demandé l'accord du Parlement pour affecter au projet de construction de la raffinerie, les ressources accordées par la Chine (Taïwan) initialement prévues pour le bitumage de la route N'Djamena-Abéché. La Chine (Taïwan), bailleur de fonds de ce crédit, avait également donné son accord puisque la question de l'énergie devenait de plus en plus préoccupante. Le gouvernement dans une approche globale et intégrée avait confié à l'entreprise Concorp, selon le contrat passé, la réalisation des travaux en régie sur la base d'un cahier de charges rédigé par bureau d'études français, suivant un calendrier bien précis. Le même bureau d'études, IGET, qui était aussi présélectionné pour participer aux travaux d'exécution, avait été retenu pour assurer le suivi et le contrôle des travaux. Concorp, de son côté, avait signé un contrat avec l'Institut français du pétrole (IFP) pour la licence de reforming et commandé la colonne de distillation et du matériel technique divers auprès d'une entreprise américaine installée à Dubaï. En outre, l'entreprise Concorp, en sa qualité d'investisseur privé pour la construction de la raffinerie, était aussi chargée par le Gouvernement de développer les trois champs de pétrole de Sedigui et la construction de l'oléoduc. Concorp qui était au centre de ce projet avait passé la commande des tuyaux et commencé l'exécution des travaux par le creusement de la tranchée pour enterrer l'oléoduc.

Parallèlement aux discussions engagées pour la construction de la raffinerie et de l'oléoduc, le Gouvernement avait également confié à la SOPAM, une société burkinabé spécialisée dans la construction des centrales électriques, la construction d'une centrale d'une capacité de 24 MW sur le site prévu à Farcha. Une avance de démarrage de 2 millions de dollars US environ avait été versée à ladite société. Cette dernière aurait passé commande auprès d'une entreprise allemande pour la construction d'une centrale qui n'a jamais été livrée. Cette opération avait intégralement échoué. Les détails du contrat et les raisons de cet échec sont mal élucidés jusqu'à ce jour. Ce qui est sûr c'est que l'avance de démarrage ne fut pas récupérée puisqu'elle n'était pas couverte par une caution bancaire. Ce fut une grosse maladresse de la part de ceux qui étaient en charge du projet. Après quelques mois d'attente, le bureau de contrôle des travaux, ICET, fit un rapport gouvernement pour indiquer que la qualité des travaux, la pose des tuyaux, les soudures et l'enrobage n'étaient conformes ni aux spécifications techniques ni aux normes de la profession.

L'entreprise Concorp avait immédiatement réagi pour incriminer le bureau de contrôle de sabotage puisque, estima-t-elle, ce même bureau avait été son concurrent et fut éliminé par l'analyse des offres en consultation restreinte. Ce qui est peut-être vrai. Le bureau de contrôle se défend avec des preuves techniques à l'appui. Aussi, pour la construction et l'acheminement du matériel, les entreprises concernées attendront-elles d'être réglées par Concorp. Le calendrier initialement prévu n'avait donc pas été respecté. Les travaux étaient presque arrêtés après que le délai contractuel fut dépassé de plus de 18 mois sans qu'il y eût le moindre espoir de s'acheminer vers la fin du projet. Devant ce blocage et le manque de collaboration entre le contrôleur et l'entreprise chargée de l'exécution des travaux, le Gouvernement avait demandé la résiliation du contrat avec Concorp. Les 3/4 des crédits étaient déjà consommés. Ce crédit destiné au financement desdits travaux était initialement prévu pour la construction de la route en bitume N'Djamena-Abéché. Le crédit était accordé par la Chine (Taiwan), L'Assemblée nationale et le bailleur de fonds consulté ont donné leur accord pour cette réorientation du crédit. Le Gouvernement avait saisi presque l'ensemble des équipements et matériels de Concorp disponible sur le site. Le contrat fut, de fait, rompu. Concorp avait aussitôt réagi en protestant contre cette décision et demanda en cas de maintien de celle-ci une indemnisation pour rupture unilatérale de contrat. Concorp mettait évidemment de côté les défaillances techniques en ce qui la concernait, le retard accusé dans l'exécution des travaux.

Après avoir constaté cette défaillance, le Gouvernement avait commis une expertise pour évaluer la qualité des travaux réalisés. Une expertise algérienne avait examiné les travaux, notamment la qualité des tuyaux. L'enrobage, la qualité des cuves construites à Farcha (N'Djamena). Le rapport remis au Gouvernement constata que tous les travaux étaient à reprendre et, à la limite, recommanda d'abandonner purement et simplement le matériel et les travaux réalisés. Le spectacle créé par l'envolée des bacs de stockage fabriqués et installés sur le site de la raffinerie au premier coup de vent violent en début de saison des pluies fut édifiant. Si ces bacs de stockage étaient remplis, cela aurait causé l'hécatombe écologique pour la ville de N'Djamena. D'ailleurs, ce site fut choisi en 1976. Les autorités de l'époque ne pensaient pas que la ville de N'Djamena allait dépasser le périmètre prévu pour la construction de la raffinerie.

Après quelques mois de tractations et de menaces de saisine des tribunaux spécialisés par les deux parties, le Gouvernement et Concorp avaient fini par taire leur différend sans que l'on sache exactement les détails du dénouement de cette affaire.

Le contrat entre Concorp et le Gouvernement est donc devenu, par la force des choses, nul et de nul effet pour le Gouvernement, puisque Concorp était dans l'impossibilité d'exécuter ses obligations contractuelles après plusieurs rappels à l'ordre. Bien que la caducité du contrat Concorp fût constatée de fait, faute de disposer d'un document de valeur juridique qui indiquât la rupture du contrat selon les modalités acceptées par les parties, les rebondissements futurs de cette affaire n'étaient pas à exclure. Plus de vingt ans après, aucune des parties n'a daigné saisir les tribunaux spécialisés ni formuler une quelconque réclamation. Ainsi, le Gouvernement trouva judicieux de ne pas réclamer les 3/4 des crédits versés à l'avance à Concorp.

H/ Le contrat CPC

Après la non-réalisation du premier contrat avec Concorp, le Gouvernement négocia un nouveau contrat avec Chad Petroleum Companv (CPC), une entreprise de droit tchadien créée pour la circonstance à N'Djamena et dont les principaux actionnaires sont d'origine soudanaise. L'État ne détient aucune action dans le capital de la CPC. Il est mentionné, à titre indicatif, que les droits d'enregistrement de la convention CPC seront considérés par les parties comme étant la souscription des parts de l'État dans le capital de la raffinerie. L'entreprise, CPC, selon les termes du contrat qu'elle avait signé avec le gouvernement, est chargée de mobiliser l'ensemble des ressources financières nécessaires à la construction de la raffinerie. À cet effet, CPC avait été appuyée par le Bureau d'études français BECIP et le cabinet d'avocats Mocquet & Mott pour reprendre tous les travaux d'ingénierie précédemment exécutés par Concorp suivant les recommandations de l'expertise algérienne. Le même groupe fut chargé de la rédaction du cahier de charges, des dossiers d'appels d'offres, de l'analyse technique des offres, et enfin, de la sélection des soumissionnaires.

La CPC ne souhaitait pas engager sa responsabilité et mettre en jeu son savoir-faire et sa crédibilité sur la base des débris des travaux exécutés par une autre entreprise qui avait échoué. En clair, elle exprima sa volonté de reprendre tout à zéro sans beaucoup se soucier des coûts supplémentaires à mobiliser par l'État. Une fois de plus, le gouvernement fut confronté au problème éternel et insoluble de la disponibilité des ressources financières. Ainsi, le Gouvernement décida de faire des travaux de la reprise de l'oléoduc son affaire, et fit le choix d'exécuter les travaux en régie sur le reliquat du financement taïwanais et le budget de l'État. La surveillance des travaux fut confiée à une entreprise camerounaise (Hydrac).

Suite à un appel d'offres, une entreprise américaine installée à Londres (Petrofac) fut retenue pour la construction de la raffinerie selon les spécifications techniques du cahier de charges. La CPC avait donc signé le contrat avec Petrofac. Le Gouvernement, de son côté, avait négocié et signé une convention d'établissement qui définit toutes les règles de gestion de la raffinerie avec CPC. Il est reconnu que la convention d'établissement pour qu'elle ait une valeur juridique, doit être approuvée par le Parlement, ce qui n'avait pas été fait jusqu'à la disparition tragique de son promoteur. Une situation très confuse fut créée à la suite de cette disparition.

Aucun interlocuteur crédible ne s'est présenté au Gouvernement pour assurer la poursuite du projet. Le Gouvernement fut alors contraint de faire valoir les clauses suspensives du contrat en invoquant l'article 4 de la convention qui stipule, entre autres, que la CPC fournit à l'État dans les délais requis, les éléments suivants :

- Une documentation complète d'ingénierie de détail comprenant entre autres : les PFD (Process Flow Diagram) et les PID (Process Instrumental Diagram). Les PFD seront fournis dans un délai d'un mois à compter de la date de la signature de la présente Convention. Les PID seront fournis dans un délai de trois mois à compter de la date de la signature de la convention entre la CPC et le Contractant.

- Un plan de construction de la raffinerie comprenant entre autres un planning détaillé des réalisations ainsi que les différentes phases de mise en œuvre de la raffinerie dans un délai n'excédant pas deux mois à compter de la date de signature de la Convention.

- Un plan QHSE (Qualité Hygiène — Sécurité — Environnement) contenant, entre autres, la liste des codes et standards appliqués par la CPC ;

- Un coût estimatif de l'investissement total faisant ressortir les différents coûts des sous-ensembles (engineering, fourniture, travaux, licences, etc.) dans un délai n'excédant pas un mois à compter de la date de signature de la convention entre la CPC et le contractant ;

- Les coûts opératoires approximatifs estimés pour l'exploitation de la raffinerie dans un délai n'excédant pas un mois à compter de la date de signature de la convention entre la CPC et le contractant ;

- La nature, le pourcentage et la qualité des produits sortis de la raffinerie dans un délai n'excédant pas un mois à compter de la date de signature de la Convention ;

- Un document indiquant les sources de financement envisagées dans un délai d'un mois à compter de la date de signature de la Convention.

L'accord définitif de construction peut être retiré si :

- Dans un délai n'excédant pas douze (12) mois à compter de la date d'effet, la CPC n'a pas réuni le financement nécessaire à la construction de la raffinerie ;

- Dans un délai n'excédant pas dix-huit (18) mois à compter de la date d'effet, la CPC n'a pas commencé l'exécution des travaux de construction de la raffinerie ;

- La CPC ne respecte pas ses engagements contractuels substantiels dans le cadre de la construction de la raffinerie.

L'accord définitif désigne la date à laquelle toutes les conditions suspensives seront réalisées. On notera que la signature de la convention n'entraîne pas automatiquement la validité du contrat. Outre son approbation par le Conseil des ministres et sa ratification par le Parlement, il faut aussi satisfaire les clauses de l'accord définitif.

Une fois de plus, la convention CPC est tombée en désuétude sans que le moindre signe de début d'exécution des travaux ne soit constaté sur le terrain. En tenant compte des défaillances successives des différents contrats signés pour la réalisation du projet Sedigui, et toujours préoccupé par la recherche des voies et moyens pour la résolution de la crise énergétique, le Gouvernement avait préparé et lancé un troisième appel d'offres pour la construction de la raffinerie. À l'issue de cet appel d'offres, la société NIR (CHAI)) Oil Project LLC avait été retenue.

I/ Le contrat NIR Oil Project LLC

NIR (CHAI) Oil Project LLC est une société de droit américain dont le siège social est établi à Washington. Cette société est constituée par la participation des groupes suivants :

- LG Groupe pour l'intégration ;

- Bateman pour la sous-traitance management & engineering

- Petrotrade Gas Company Limited pour la consultance en management et organisation ;

- Litwin pour l'engineering et la réalisation des projets dans le secteur pétrolier.

La société NIR (Chad) Oil Projets LLC avait présenté un projet de convention pour le montage financier, la construction, l'exploitation, la commercialisation et la maintenance d'une raffinerie couplée d'une centrale électrique (cette dernière est retenue comme optionnelle), et pour le développement du champ et l'achèvement des travaux de l'oléoduc. La convention avait été négociée et signée le 14 octobre 2004. Les objectifs assignés à cette convention sont presque identiques à ceux déjà mentionnés dans les précédentes conventions, à savoir :

- Assurer un approvisionnement régulier et efficace du Tchad en produits pétroliers de bonne qualité ;

- Réduire substantiellement le prix de l'électricité en fournissant à 12 STEE (Société tchadienne d'eau et d'électricité) les produits finis au moindre coût possible ;

- Développer la consommation domestique de butane et du pétrole lampant à des tarifs susceptibles de décourager l'exploitation intensive et abusive du bois de chauffage, afin de freiner la déforestation, donc, de lutter contre la désertification ;

- Développer le transport aérien par la production locale du jet Al ;

- Lutter contre la fraude des produits pétroliers illégalement importés ;

- Valoriser les réserves de Sedigui.

Il avait été convenu que tout le matériel appartenant auparavant au projet de Sedigui serait inventorié par les deux parties. L'État transférerait, à titre onéreux, à la nouvelle société, le matériel qu'elle estime nécessaire à la mise en œuvre du projet. Il est aussi indiqué que l'État reprend tous les actifs utiles abandonnés par Concorp contre leur valeur actualisée et qui seront payés à l'État pour éponger les dettes des fournisseurs, et le reste sera remboursé pendant l'exploitation du projet. Le Tchad concède à la société les 12 millions de barils de réserves de brut et il prend l'engagement d'octroyer une concession pour produire jusqu'à 15 millions de barils afin de compenser la différence de production initiale de 3300 barils/jours 5000 barils/jour, à condition que la capacité de raffinage atteigne le volume de 5000 barils par jour. La durée de la convention pour la première période est de quinze (15) ans et de vingt (20) ans pour la deuxième période de renouvellement. La société bénéficie des exonérations prévues par les textes en vigueur à la date de la signature de la Convention. La part du Tchad dans le bénéfice de la société (prix de la concession) durant les quinze premières années d'exploitation était de 30 % (avantage concédé pour le besoin de l'équilibre du projet), dont 5 % pour la zone productrice et ce conformément à la Constitution.

Ce qui est innovant dans cette convention, c'est qu'on prévoit la création de deux fonds. Ceux-ci ont pour objet :

- La recherche et le développement (3 %) prélevés sur le bénéfice net d'exploitation afin d'améliorer le rendement du projet et la sécurité des installations ;

- La restauration de l'environnement et de la zone productrice (2 %), également prélevée sur le bénéfice net d'exploitation en plus des 5 % prévus par la Constitution. Le Contrat NIR (Chad) Oil Projets I.T C fut approuvé par le Conseil des ministres, mais, présenté au Parlement, celui-ci le rejeta. Il estimait en effet qu'il manquait encore beaucoup d'éléments pour sa justification.

La crise énergétique avait atteint depuis 2000 un niveau chaotique à tel enseigne que le Gouvernement était contraint d'essayer toutes les solutions qui lui étaient présentées. Pour parer au plus pressé, la Banque Mondiale et l'Agence Française de Développement avaient apporté une contribution substantielle pour la réhabilitation des générateurs vétustes qui constituent encore le parc de production de la STEE, en attendant une solution définitive. Ces générateurs récupérés des navires réformés de la Deuxième Guerre Mondiale dont les principaux organes sont devenus obsolètes assurent difficilement la production de l'énergie pour satisfaire la demande de plus en plus croissante dans la capitale.

Toujours dans le cadre de la recherche des solutions à la crise énergétique, une entreprise française dénommée IECI avait proposé au Gouvernement de livrer des générateurs qui seraient installés à Sedigui. Les générateurs seraient alimentés par le brut de Sedigui. L'énergie produite serait transportée par des lignes de haute tension jusqu'à N'Djamena et livrée à la STEE pour la distribution. Malgré la signature du contrat par le Gouvernement, l'exécution n'avait pas suivi. Il semblerait que l'accord conclu sur le tarif de l'énergie livrée à la STEE en contrepartie du gaz de torchage cédé gratuitement à IECI n'est pas à l'avantage du Tchad. En plus, la faisabilité de ce projet avait été sévèrement critiquée par la Banque Mondiale qui trouvait que le montage technique et financier sur la base des documents présentés par l'opérateur ne donnait aucune visibilité de sortie de crise énergétique durable. Et pourtant, le montage proposé par l'opérateur d'électrifier les villages traversés par les lignes de haute tension avait suscité un grand intérêt de la part des élus locaux et de la population. Évidemment la non-exécution de ce contrat avait été perçue par les élus locaux comme un abandon et un manque d'intérêt pour leur région de la part du Gouvernement. Le contrat IECI fut un mort-né.

En dépit de la signature de ces différents contrats, le Gouvernement n'avait pas réussi à résoudre la crise énergétique de manière sensible. En 2003, il avait négocié auprès du Gouvernement libanais un crédit pour acheter quatre générateurs d'une capacité théorique de vingt (20) MW. En même temps, il avait passé une commande auprès d'une entreprise allemande pour l'acquisition de quatre générateurs. Une partie des composantes de ces générateurs fut livrée et entreposée sur le tarmac de l'aéroport de N'Djamena pendant plus d'un an. À la suite d'un inventaire, il avait été constaté qu'il manquait certaines pièces pour les générateurs, notamment les alternateurs et les armoires de commande. Il semblerait que l'entreprise aurait délibérément retenu ces pièces puisque la facture n'avait pas été totalement réglée. Le dernier alternateur fut livré au début du mois de juillet 2005. Le Gouvernement avait fait appel aux services d'une entreprise belge spécialisée dans l'assemblage des générateurs. Selon le planning envisagé, en 2005, la capacité de production de la STEE serait portée à un niveau relativement suffisant pour satisfaire la demande des anciens abonnés de la capitale. À peine 25 % des habitants de la capitale seront branchés au réseau de l'électricité (administration non comprise) et 40 % environ à l'eau courante à cette époque-là

J/ Le projet de pipeline Sedigui-N'Djamena.

Ce projet abandonné pour des raisons évoquées plus haut fut réactualisé. La raffinerie de N'Djamena sera alimentée par le brut de Sedigui grâce à un pipeline long de 320 km environ et d'un diamètre de 6 pouces (15 cm). Pour le transport du brut, beaucoup de scénarii avaient été proposés. Compte tenu des quantités relativement modestes à transporter, il avait été suggéré le transport du brut par camion-citerne. Cette suggestion n'avait pas été retenue pour des raisons écologiques et même économiques. En effet, avant de retenir cette option, il fallait au préalable construire la route. Le coût de la construction de la route et son entretien dans cette zone lacustre étaient excessivement élevés.

Le souci de préserver la nature dans une zone très sensible et, de surcroît, proche du Lac Tchad avait été une raison supplémentaire pour récuser le transport du brut par camion-citerne. Car, dans ce type de scénario, le risque de renversement des camions chargés du brut est grand et les conséquences désastreuses aussi bien pour l'environnement que pour les riverains. Après plusieurs études de tracé, avait été retenu définitivement comme option la construction d'un pipeline depuis Sedigui sur le site de la tête des puits jusqu'à N'Djamena. Ce pipeline serait revêtu et enfoui à un mètre de profondeur. Le coût total de la construction du pipeline estimé en 1988 à 25,5 millions de dollars US était maintenu en 1989. Comme on l'a constaté plus haut, les deux tentatives de construction de l'oléoduc avaient échoué. Un assemblage de tuyaux soudés sans tenir compte des normes requises et engloutis dans une tranchée longue de 320 km et d'une profondeur d'à peine un mètre est perdu entre les bas-fonds des bras asséchés du Lac Tchad et les dunes du sahel tchadien. 40 à 50 millions de dollars US étaient également emportés par cet oléoduc pour cause d'amateurisme.

K/ Les projets satellites

À l'intérieur de la superficie conservée par le consortium Exxon Mobil, Chevron, et Petronas dans les bassins de Doba, de Dosséo et du Lac Tchad, cinq nouveaux champs « satellites » ont été mis en évidence. Il s'agit des champs de Nya, M'Bikou, Moundouli, Mangara et Belanga. À l'intérieur de ce périmètre, il y a toute une constellation de petits prospects qui sont intéressants du point de vue des réserves à récupérer. L'objectif du consortium est de procéder aux découvertes des réserves complémentaires proches des champs existants pour utiliser au mieux la capacité du système d'exportation. En 2003, après avoir achevé de forer le dernier puits de Bolobo, l'opérateur Exxon a transféré les plateformes de forage vers les champs « satellites ». Environ une centaine de millions de barils de brut ont été découverts dans ces champs « satellites ». On peut citer quelques champs « satellites » qui possèdent un potentiel non négligeable du point de vue des réserves à récupérer. Il s'agit de Timbre, Maikeri, Doholo Est, Damalla, Dosséo Kaga, Bao, etc. Le consortium utilise les techniques les plus modernes pour déterminer les quantités des réserves et pour suivre les migrations et les pièges des hydrocarbures dans le bassin. Au fur et à mesure que les études des champs « satellites » donnent des résultats intéressants, le consortium demande au

Gouvernement la concession pour leur exploitation. Les réserves ainsi obtenues viennent s'ajouter à celles des trois champs initiaux concernés par le projet d'exportation du brut qui avaient justifié la construction du pipeline. Le consortium envisage de construire un oléoduc de 30 km environ pour relier Moundouli à Miandoum et les différentes installations nécessaires pour un raccordement au complexe de traitement et d'exportation de Komé. Au fur et à mesure que le consortium découvre des réserves dans le périmètre conservé, il construit des infrastructures complémentaires pour récupérer tout le potentiel des champs « satellites ».

Les conditions d'exploitation des réserves issues des champs « satellites » s'appliquent aux arrangements établis dans le cadre de la convention de 1988 et renouvelée en 2004. Par contre, tout le dispositif juridique mis en place pour la gestion des revenus pétroliers des trois premiers champs et les accords passés avec les prêteurs privés ne concernent pas les revenus des champs « satellites ». Le tarif de passage du brut des champs « satellites » à travers le pipeline et les conditions de rémunération du Cameroun doivent faire l'objet d'accords nouveau entre TOTCO-COTCO et le Cameroun. Aussi, les dispositions nouvelles contenues dans le projet de Code pétrolier si elles venaient à être adoptées seront-elles également appliquées aux champs satellites.

L/ La convention Encana

La compagnie canadienne Encana en association avec Cliveden Petroleum Company avait obtenu du Gouvernement en 1999, un permis de recherches et de développement sur une vaste zone de 430 000 km2. Le permis couvre une bonne partie des sept bassins pétroliers du Tchad. Le programme de recherches et d'exploration d'Encana avait fait l'objet d'une évaluation en 2004. La compagnie devrait se consacrer en 2005 au forage des puits d'exploration et des essais sismiques. Elle devrait rendre 50 % de la superficie en fin 2005. La compagnie estima que les résultats de ses travaux pourraient aboutir à des découvertes des gisements commercialement intéressants. Aussi reste-t-il que cet espoir n'est pas hypothéqué par la distance de gisements découverts par rapport au pipeline, par rapport à la qualité et à la quantité du brut. Ces facteurs auraient beaucoup pesé dans le calcul de la rentabilité des gisements. Les nouvelles dispositions du projet de Code pétrolier s'appliqueront à la convention Encana. La compagnie canadienne avait l'espoir de découvrir du pétrole dans le périmètre de son permis et demanda au Gouvernement les concessions nécessaires pour l'exploitation du potentiel.

M/ La convention Energem

Peu après l'inauguration officielle du pipeline, la société Energem de nationalité française, impliquée dans plusieurs activités pétrolières en Afrique au sud du Sahara, sollicitait du Gouvernement tchadien un permis d'exploration. Ce permis fut signé pour une durée de cinq ans (5) et renouvelable pour deux termes supplémentaires de trois ans. Le permis inclut entre autres le bassin de Largeau vaste de 259 664 km^2 et une superficie de 8 200 krn^2 à côté des champs de Doba dans le bassin de Chari Ouest. Ce permis est délivré officiellement à Gulf of Guinea Petroleum Corporation, dont 50 % des actions sont détenues par Energem. Cette compagnie, bien qu'elle ait obtenu un permis de recherche depuis plus de trois ans, n'avait pas commencé les travaux. Les autorités compétentes s'interrogèrent sur cette absence prolongée.

Maintenant que « l'autoroute du pétrole » était construite au Tchad, l'exploration et l'exploitation de son potentiel minier en ce qui concerne les hydrocarbures ne rencontraient plus d'obstacles majeurs comme ce fut le cas 40 ans plus tôt. Beaucoup de petites compagnies pétrolières visitent alors le Tchad à des fréquences régulières (Chinese Petroleum Corporation de Taipeh, la Chinese National Petroleum Corporation). Le fait qu'elles viennent de la Grande Chine ou pas, comme ce fut le cas pour d'autres compagnies de taille moyenne à moins d'importance pour le Gouvernement.

Fin 2006, à la surprise générale, le Gouvernement tchadien rompt les relations diplomatiques avec la Chine (Taiwan), et immédiatement après, les renoue avec la Grande Chine Pékin. Les opinions nationale et internationale s'interrogent sur les raisons de cette décision importante d'autant plus que rien en apparence ne justifie ce revirement spectaculaire. Pourtant, quelques mois auparavant, le Gouvernement tchadien avait accusé la Grande Chine d'aider les mouvements rebelles à l'est du Tchad en leur fournissant des armes et des équipements militaires par l'intermédiaire du Gouvernement soudanais. Si aucune mesure concrète n'avait été prise pour juguler cette source de ravitaillement des mouvements rebelles, le rapport de forces aurait été difficile à maintenir et la situation sécuritaire déjà très fragilisée risquait de prendre des proportions inquiétantes. Alors, cette rupture des relations diplomatiques avec la Chine Taïwan et leur rétablissement avec la Grande Chine s'inscrivait, disait-on, dans la logique d'une *realpolitik* qui consistait à couper la source de ravitaillement des rebelles qui évoluent au Soudan.

On constate aussi que la diplomatie de la Grande Chine fait alors feu de tout bois en direction des pays africains potentiellement nantis des ressources énergétiques et des matières premières. Le rétablissement des relations diplomatiques avec le Tchad s'inscrit assurément dans cette logique de l'offensive de la diplomatie chinoise. La Chine qui jadis prospérait dans une économie autarcique a décidé de se lancer dans la conquête des marchés extérieurs. L'Afrique présente, pour la Chine plusieurs avantages : un vaste marché de consommation pour les produits d'exportation chinoise, un potentiel important de matières premières, notamment les sources d'énergie pour les besoins de l'industrie chinoise, et un contrepoids politique et diplomatique non négligeable qui, le cas échéant, serait mobilisé pour contrebalancer les positions américaines et européennes aux Nations unies. Dans ce contexte, la Chine a les moyens de sa politique pour faire adhérer les pays africains à sa cause. En matière de progrès économique et de bien-être social, l'Afrique occupe encore le dernier rang.

La Chine peut, dans une certaine mesure, contribuer à aider les pays africains dans leurs efforts de lutte contre la pauvreté. Par contre, les Occidentaux considèrent les produits chinois comme étant de mauvaise qualité quand bien même ils satisfont les besoins immenses des Africains. À n'en point douter, c'est un grand pas franchi vers la satisfaction du minimum pour la grande masse des consommateurs africains. Bien avant cette normalisation des relations, la société chinoise, CNPC cherchait à obtenir un permis de recherche pétrolière au Tchad, soit sur les périmètres rendus, soit sur un nouveau périmètre.

La Compagnie canadienne Encana dans le cadre de sa politique de recentrage des activités a décidé de consacrer ses recherches essentiellement sur le territoire canadien. Elle a décidé donc de vendre tous ses intérêts au Tchad. La compagnie chinoise, CNPC, a saisi cette opportunité pour acquérir le permis d'Encana avec les résultats de tous les travaux sismiques et d'exploration. Ainsi, la compagnie chinoise est désormais au Tchad dans le secteur.

Le 13 juin 2014, le Tchad a franchi une étape importante dans la valorisation de son pétrole, devenant actif dans ce secteur par le biais de la Société tchadienne d'hydrocarbures (SHT). Rappelons-le, la convention qui lie les trois membres du consortium exploitant le bloc de Doba n'est pas concernée par la nouvelle loi de partage de production. Toutefois, le Tchad peut, si ses moyens le lui permettent, participer comme actionnaire dans l'exploitation du bloc de Doba. La compagnie Chevron a décidé, une fois de plus, de vendre ses actions dans ce permis, lesquelles s'évaluent à 25 %. Dix ans après l'ouverture de la vanne d'exportation, la compagnie Chevron estime qu'il n'y a pas grand-chose à gagner dans ce permis qu'elle considère amorti. Le Tchad décide de reprendre les intérêts du groupe Chevron dans le projet de Doba pour un montant de 1,3 milliard de dollars US. Il devient ainsi un membre à part entière du consortium avec 25 de participation, un véritable État, producteur et exportateur de pétrole.

C'est une décision capitale qui va dans le sens d'une plus grande visibilité dans l'exploitation et la valorisation de la richesse nationale. Cette décision est aussi l'affirmation de la souveraineté nationale dans un domaine hautement stratégique. En quelques années, le Tchad a franchi une des étapes les plus difficiles dans ses rapports avec les compagnies pétrolières opérant au Tchad. Les compagnies pétrolières estiment que les pays nantis des ressources minières ne possèdent pas les moyens financiers conséquents pour prendre part aux opérations de recherches et d'exploration.

En Afrique, ce domaine est presque l'exclusivité des cartels pétroliers. Ces activités sont généralement confiées aux compagnies étrangères. L'idée de participer aux opérations de recherches et d'exploration n'effleurera même pas les pays africains en quête des moyens financiers pour faire face aux multiples besoins de développement. Incontestablement, le Tchad a marqué un point important dans cette opération. Cette décision emporte automatiquement l'acquisition des actions de Chevron par le Tchad dans le système d'exportation TOTCO évaluées à 21,54 %. Le Tchad qui détenait déjà 8,12 % désire ainsi devenir actionnaire à 29,66 %, presque à 30 %, c'est-à-dire le tiers bloquant. Dans le système d'exportation du côté Cameroun COTCO, le Tchad détenait déjà 2,75 % auxquels viennent s'ajouter les parts de Chevron évaluées à 21,6 %. Cette opération est en soi une bonne affaire. II est dit également que cette opération a été réalisée grâce à un prêt de la société Glencore Energy UK Ltd. D'après les signataires de l'accord pour la partie tchadienne, cette opération s'autofinance et se rembourse sur une période de quatre années, tout en dégageant, dans le même temps, des recettes supplémentaires pour l'État.

Le système de portage existe dans les relations d'affaires. Ce qui est important c'est le taux d'intérêt de portage et la durée d'amortissement du prêt. Est-ce que le Tchad entrera en jouissance de ses intérêts après avoir amorti la totalité du prêt ou immédiatement ?

C'est une question importante puisque le pays a octroyé plusieurs permis de recherches sur le territoire. Si ces permis venaient à maturité, et le pays jouissant pleinement de son actionnariat dans le projet de Doba, il n'y a aucun doute qu'il soit gagnant dans cette opération. Le plus dur était fait, mais le plus difficile restait à franchir. Notons aussi que le Tchad était en négociations avec le Niger, voisin, pour la construction d'un pipeline de raccordement au pipeline Tchad-Cameroun. Le Niger, tout comme les autres pays voisins disposant des ressources d'hydrocarbures dans les zones difficiles d'accès à la mer, peut utiliser cette infrastructure pour évacuer leur produit. Il est prévu dans les accords signés entre le Tchad et le Cameroun d'une part, entre le consortium et les deux pays d'autre part que des tiers peuvent se raccorder au pipeline Tchad-Cameroun. La première manche des négociations qui venait de s'achever avec le Niger était concluante. Les deux pays ont conclu un accord sur le tarif de passage à travers le territoire Tchadien à 1,30 dollars US le baril. Restait l'autre manche des négociations, celle du côté du Cameroun. Cette partie des négociations concernait en principe uniquement le Cameroun et le Niger puisqu'entre le Tchad et le Cameroun, les accords existaient déjà. Néanmoins, il restait encore d'autres arrangements, ceux qui concernent la constitution des sociétés des transports de part et d'autre des pays traversés par le pipeline et les montages financiers pour la construction des tronçons côté Tchad comme côté Niger. Notons que le pipeline Tchad-Cameroun est désormais, pour le Tchad, une autoroute à péage pour les hydrocarbures. C'était un investissement rentable à condition que les blocs actuellement en exploration demeurassent prometteurs.

À la date du 26 juin 2014, le ministère du pétrole a établi la liste des sociétés ayant bénéficié des attributions des blocs sous le régime de la nouvelle loi consacrant désormais les opérations pétrolières au Tchad sous le contrat de partage de production (CPP).

Carte des blocs pétroliers au Tchad (2014)

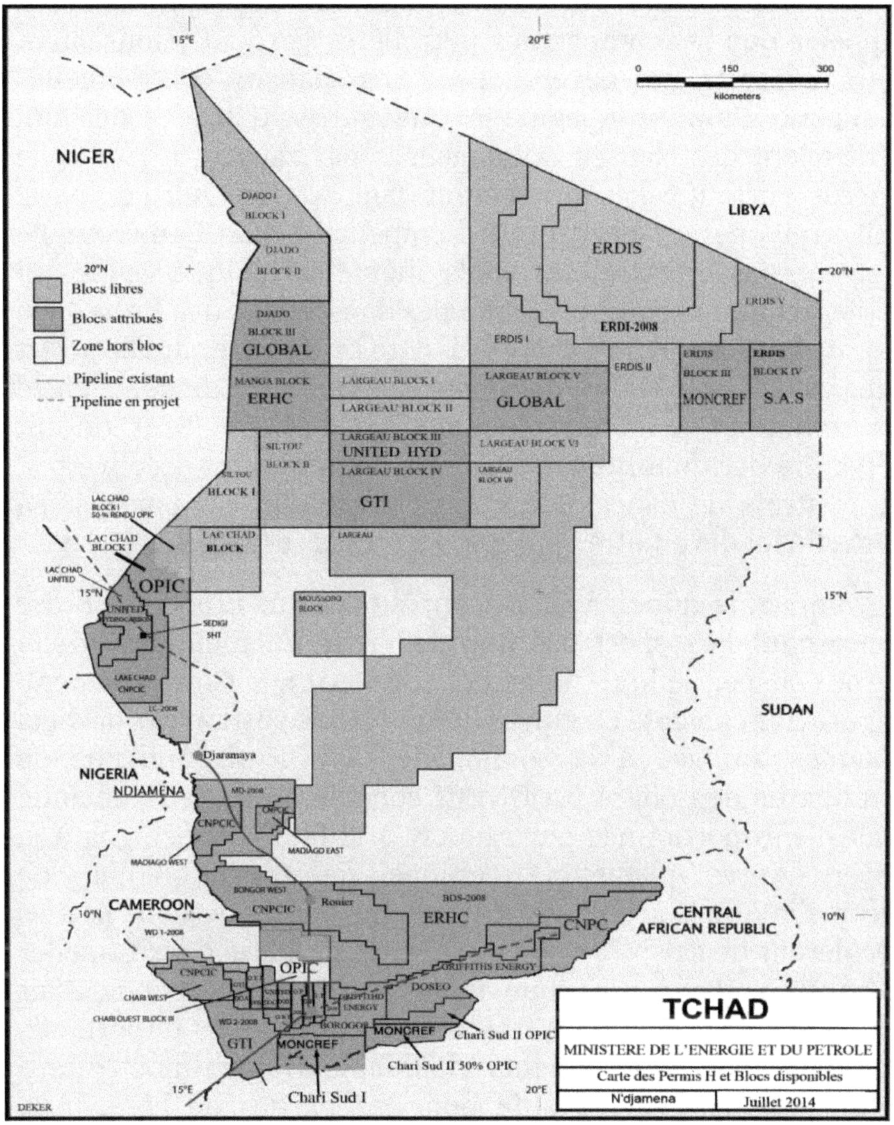

Il est difficile d'analyser toutes les conventions qui lient le Tchad à ces sociétés faute d'avoir les documents appropriés. Il faut rappeler que les compagnies pétrolières gardent jalousement leurs contrats par-devers elles. Les clauses contractuelles changent d'une compagnie à une autre. Il y a celles qui bénéficient des clauses avantageuses par rapport à leur zone d'accès, surtout celles qui opèrent dans la partie nord du pays. Celles qui opèrent à proximité du pipeline Tchad-Cameroun ne peuvent pas être traitées de la même façon que celles qui détiennent un permis de recherches dans le bloc des Erdis ou le bloc de Largeau. Pour l'exportation du brut qui serait découvert dans ces blocs, il suffira de construire des raccordements entre les différents puits au pipeline Tchad-Niger. Tout devant dépendre des quantités et de la qualité des huiles découvertes, les contrats de concession étaient traités au cas par cas. La nouvelle loi devait être applicable à toutes ces sociétés.

La compagnie chinoise, CNPCI après plusieurs rappels à l'ordre concernant le respect des normes environnementales, a son permis suspendu le 18 juillet 2014. En 2013, le Gouvernement, après avoir constaté de graves dérives sur la gestion des déchets toxiques, infligea à la compagnie CNPCI une amende de 2 milliards de dollars. La CNPCI considéra que cette amende était disproportionnée par rapport à la faute et rechigna à la payer. Après plusieurs réunions de tractations et de réconciliation, le problème demeura insoluble. Les deux parties décidèrent de saisir le tribunal arbitral de Paris pour trancher le litige. En général, les compagnies et les pays évitent de saisir les tribunaux puisque les frais encourus sont très importants. Ils privilégient les règlements à l'amiable. L'avenir nous dira si cette démarche est payante pour les parties en litige. Aux dernières nouvelles, les deux parties ont décidé de régler leur litige à l'amiable, mais la compagnie chinoise prend son temps à s'exécuter.

La compagnie chinoise a accepté de payer une amende de 400 millions de dollars à l'État tchadien. En observant de près les rapports de coopération entre l'État tchadien et les compagnies pétrolières chinoises, nous pouvons retenir que ces dernières respectent difficilement les clauses contractuelles, soit sur le respect de l'environnement, soit sur les clauses financières et commerciales.

Le tableau ci-dessous donne les détails des conventions signées avec les différentes compagnies.

N°	Société	Blocs Octroyés	Nombre de blocs	Date de signature du CPP	Situation actuelle
01	GRIFFITS ENERGY (CHAI)) LTD	DOSEO, BOROGOP	2	19 jan 2011	Exploration
02	PETROCHAD (MANGARA) LTD	DOB, DOI	2	18 mars 2011	Exploration/ Production
03	GRIFFITS ENERGY (DOH)	DOH	1	11 juin 2011	Exploration
04	ERHC ENERGY (BVI) LTD	Manga, BDS°/650 ,2008BCO 111	3	30 juin 2011	Exploration
05	GLOBAL PETROLEUM	DOE, DOF, DOG, Largeau V, Djado 111	5	30 novembre 2011	Exploration
06	Groupe TCA International SA GTI	DOA, WD 2008-2, Largeau IV	3	03 jan 2012	Exploration
07	SAS PETROLEUM	Erdi IV	1	20 jan 2012	Exploration
08	UNITED HYDROCARBON CHAD LTD	DOC, DOD, Lac Chad Hors Sedigui	3	02 mai 2012	Exploration
09	PETRA BV	Erdis, Erdis2008-, Erdis-V, Siltou I, Siltou II, Lac Chad Block, MD2008-	7	24 mai 2012	Exploration
10	MONCRIEF OIL INTERNATAIONAL LTD	Erdi 111, Block CHARI Sud 1, %50 Block CHARI sud II	3	30 déc 2013	Exploration

N/ La création de la SHT

Dans le but de mieux marquer sa présence dans les opérations pétrolières, le Tchad a créé sa société dans ce secteur. La loi n027/PR/2006 du 23 août 2006 en a défini les contours juridiques. C'est un Établissement public à caractère industriel et commercial dénommé la Société nationale d'hydrocarbures en abrégé SHT. La SHT exerce ses activités dans le secteur des hydrocarbures, notamment dans :

- La prospection, la recherche, le développement, la production et le transport des hydrocarbures liquides et gazeux ;

- Le raffinage, le transport, le stockage et la distribution des produits finis (produits pétroliers) ;

- La commercialisation des hydrocarbures liquides/gazeux et des produits finis ;

- La réalisation des études en rapport avec ses activités ;

- La formation et la promotion de son personnel national nécessaire à la maîtrise de tous les aspects du secteur des hydrocarbures.

Les attributions données à la SHT lui confèrent un champ d'activités très large qui vient combler un vide d'autant plus que les sociétés étrangères avaient, par le passé, accumulé bien des profits. La nouvelle loi de partage de production donne aussi l'opportunité à la SHT d'être partie prenante incontournable dans le secteur pétrolier. La SHT assure aussi sa participation directe ou indirecte dans toutes les activités ou opérations industrielles, commerciales ou financières et mobilières ou immobilières, sous quelque forme que ce soit, dès lors que ces activités ou opérations peuvent se rattacher directement ou indirectement à l'objet social ou à tous objets similaires, connexes ou complémentaires. La SHT peut également assurer sa participation à toutes les opérations économiques entrant dans l'objet social ou susceptibles d'en favoriser le développement. La SHT est une société d'actionnariat unique de l'État avec un capital social d'un milliard cinq cents millions (1 500 000 000) de francs CFA divisé en 150 000 actions de 10 000 FCFA entièrement souscrites et libérées par l'État tchadien. Le conseil d'administration est composé comme suit :

- ministre chargé des Hydrocarbures ;
- ministre chargé des Mines et de l'Énergie ;
- ministre chargé de l'Environnement ;
- ministre chargé des Finances ;
- ministre chargé de l'Industrie et du Commerce ;
- ministre secrétaire général du Gouvernement ;
- Secrétaire général de la présidence de la République.

Le Président du conseil d'administration et le directeur général sont nommés par décret présidentiel après avis du Conseil des ministres. Ils assistent aux assemblées générales à titre consultatif. La présidence des assemblées générales est assurée par le ministre chargé des Hydrocarbures. L'actionnaire unique prend seul toutes les décisions qui doivent être prises en assemblée générale, qu'il s'agisse des décisions relevant de la compétence de l'assemblée générale ordinaire, de l'assemblée générale extraordinaire ou de celles relevant de l'assemblée générale spéciale. Les membres du Gouvernement faisant partie du conseil d'administration ou de l'assemblée générale peuvent participer personnellement aux délibérations ou par mandataire de leur choix, dans les conditions de forme et de délais mentionnées dans les avis de convocation sans toutefois que ce délai ne puisse être inférieur à cinq jours avant la réunion de l'assemblée.

Le dispositif juridique mis en place est conforme à l'Acte uniforme de l'OHADA. Par expérience, la gouvernance des sociétés d'État a tendance à déborder les limites de ses compétences et devient peu soucieuse de la transparence. Il appartient aux pouvoirs publics de mettre les garde-fous nécessaires. La SHT est un instrument important dans cette nouvelle ambition du Tchad de contrôler au mieux la gestion de ce secteur qui est appelé à jouer un rôle déterminant dans les années à venir. Aussi faudrait-il la doter des moyens matériels et des compétences avérées. Il va sans dire que la Société nationale des hydrocarbures du Cameroun, en abrégé SNH, qui a fait ses preuves, est un exemple à copier par le Tchad, partie contractante avec le Cameroun dans le projet Pipeline Tchad-Cameroun.

O/ La distribution interne des produits pétroliers

La Société de raffinage de N'Djamena (SRN) qui est le fruit d'une coopération agissante et fructueuse entre la République du Tchad représentée par la Société des hydrocarbures du Tchad (SHT), et la République de Chine représentée par la China National Petroleum Company International Chad (CNPCIC), est une société financée par la SHT (Société tchadienne des hydrocarbures) à 40 % et la CNPCIC à 60 %. Cet important financement qui est de l'ordre de 688 838 000 euros a été obtenu grâce à des prêts bancaires. Elle est construite à 40 km de N'Djamena, la capitale, sur une superficie de 25 km2. La raffinerie qui est reliée au champ pétrolifère de Baobab dans le bassin de Bongor par un pipeline long de 310 km a été mise en exploitation en fin juin 2011 et est composée de quatre parties :

- Une unité de raffinage de 2,5 millions de tonnes de types complexe et moderne pouvant traiter du brut, dont 80 % de lourd et 20 % de léger ;

- Une centrale électrique couplée à la raffinerie d'une capacité de 40 MW dont 20 MW à vendre à l'État ;

- Un centre de distribution pour stocker les produits avant la commercialisation ;

- Un camp base vie à côté de la raffinerie.

Les produits sortis de la raffinerie, à savoir : le gazole, le super, le jet Al, le polypropylène, le gaz butane et le fuel lourd ont, pour certains, été commercialisés dès le mois de juillet 2011 à un prix social et global de 200 FCFA le litre, pendant trois mois. C'était la période de test. C'est à partir de novembre 2011 que la première structure des prix a le jour. Après quelques balbutiements de début, une autre structure a été mise en place en décembre 2011 avant la mise sur pied d'une autre le 19 janvier 2012 qui sera modifiée en fin novembre 2012. En juillet 2013, la structure du jet Al a connu des modifications pour se stabiliser en septembre 2014. Enfin, en décembre 2014, une nouvelle structure a été mise en place, introduisant une taxe spéciale englobant toutes les redevances et taxes sur les produits pétroliers.

En dépit des quantités produites et de la faible capacité de consommation du marché intérieur, le pays connaît des pics de pénuries surtout en période de révision des machines de la raffinerie qui dure trois à quatre mois, et ceci, malgré le stock de sécurité pouvant couvrir une consommation de 6 mois minimum. Près de quatre mois à partir de juillet 2014, le pays a connu une des plus graves pénuries en carburant de son histoire. En effet, les responsables de la SHT et les traders s'accusaient mutuellement pour maintenir artificiellement cette crise. En réalité, depuis la fermeture des frontières entre le Tchad et le Nigeria d'une part, et entre le Tchad et la République centrafricaine d'autre part, la demande des produits pétroliers a fortement augmenté. Les traders et les intermédiaires sont accusés de vendre les produits destinés au marché local en RCA où le prix du litre de gasoil frôlait les cinq mille FCFA. Dans ce pays en crise politique, l'arrivée des troupes onusiennes pendant cette période a fortement augmenté la consommation. Toute cette crise est entretenue aussi par une insécurité généralisée aux frontières du Nigeria et de la RCA. En temps normal, une pénurie des produits pétroliers déclarés au Tchad est compensée par une importation de ces produits du Nigeria ou du Cameroun, ce qui n'est pas le cas pour l'année 2014 où les traders et les intermédiaires ont trouvé leur compte dans cette affaire.

La raffinerie de Djermaya pourrait, en période normale, couvrir aisément la demande locale et exporter les excédents en RCA, au sud du Niger et à l'ouest du Soudan. En plus, l'ouverture d'une vanne supplémentaire qui a eu lieu le 22 décembre 2014 au champ pétrolier de Baobab d'où la raffinerie tire le brut est la preuve que celle-ci a encore de beaux jours devant elle.

Au terme de ce chapitre, nous sommes en mesure de parler de l'exploit tchadien. En effet, afin de profiter à fond de l'exploitation de la manne pétrolière, le Gouvernement a dû jouer sur l'aspect juridique des contrats. Nous le verrons partir d'un contrat biaisé au départ par le quasi-monopole du marché par trois grosses entreprises occidentales, à la définition d'une loi qui consacre désormais les opérations pétrolières au contrat de partage. Conséquences, le Gouvernement reprend certaines parts et même le contrôle du marché, il ouvre le secteur à la concurrence et met de ce fait fin au chantage des entreprises occidentales telles que Elf et Shell. Les retombées immédiates de cette stratégie vont être la réalisation des grands chantiers tels que la construction et la gestion de la raffinerie de Djermaya, de la centrale électrique de Farcha ainsi que de l'oléoduc. S'amorce alors la phase de commercialisation de l'or noir que nous allons voir en détail dans la deuxième partie.

TROISIÈME PARTIE

PIPELINE TCHAD-CAMEROUN, LE TEMPS DES NÉGOCIATIONS

CHAPITRE VII

LES NÉGOCIATIONS TRIANGULAIRES

Le passage du brut du Tchad à travers le Cameroun était le principal enjeu du projet pipeline Tchad-Cameroun. Nous allons découvrir dans les paragraphes qui suivent la minutie avec laquelle les discussions autour de l'exportation du brut sont menées de bout en bout, avec pour souci majeur pour le Gouvernement tchadien, de tirer le maximum de profits possibles de cette manne pétrolière.

A/ La formulation officielle du projet

En 1991, le consortium porte à la connaissance du Gouvernement tchadien les quantités des réserves probables issues des trois champs qui pourraient être commercialisés si certaines conditions sont remplies. Le 15 juin 1992, au cours d'une réunion de prise de contact à la Société nationale des hydrocarbures (SNH Cameroun), le Vice-Président d'Esso Exploration Inc. (West Africa) annonce à l'attention du Gouvernement camerounais que « le groupe pétrolier qui opère au Tchad, à la suite des découvertes d'hydrocarbures, se propose de construire un pipeline pour évacuer la production pétrolière du Tchad vers la côte atlantique à travers le territoire camerounais ». C'était une information pleine d'espoir. Mais il subsistait encore beaucoup d'inconnus et un long chemin à parcourir avant que les économies des deux pays ne pussent bénéficier réellement des retombées de ce projet tant attendu. L'espoir était tel que depuis plusieurs décennies, les Tchadiens et leurs gouvernants avaient souhaité entendre cette bonne nouvelle. Pour les Tchadiens et les gouvernements successifs, disposer du pétrole signifie la fin de la galère, de la mendicité, de la pauvreté. Cela signifie pareillement vivre décemment et dignement sans être inquiétés désormais par la précarité de la vie. Nous ne devons pas perdre de vue le fait que le pétrole est porteur d'espoir pour un pays organisé, disposant de structures administratives et de gestion compétentes et transparentes, avec des objectifs politiques de développement clairs pour lesquels il y a une large adhésion populaire et un contrepoids politique solide face à l'exécutif, le tout, bâti sur un socle de stabilité politique dans le temps.

Le Tchad était loin de présenter une telle image. Tous les regards étaient tournés vers cette manne providentielle qui par un coup de baguette magique allait résoudre tous les problèmes (individuels et collectifs). Cette attente légitime devait être dangereuse si elle n'arrivait pas à satisfaire les besoins immenses du pays. À défaut de cela, et en raison d'une gestion opaque des ressources, les vieux clivages du Tchad (Nord-Sud, musulmans, chrétiens, Tchad utile et Tchad des cailloux et du sable) risquaient de refaire surface.

La conséquence de tous ces clivages attisés de l'extérieur devait être la division du pays. La stabilité du pays, condition indispensable pour son développement risquait d'être ainsi ébranlée. Aussi, face à tous ces défis à relever fallait-il un leadership fort, capable de rassembler toutes les énergies et les engager vers une vision fédérative.

En 1991, cette vision n'était qu'un souhait. Le nouveau régime qui venait de s'installer à N'Djamena n'avait pas encore donné les gages de stabilité. Il était tiraillé par les conflits d'intérêts internes, le manque des moyens financiers, l'insécurité interne et surtout le regard suspect de l'ancienne puissance coloniale qui possède une capacité de nuisance incontestable. Le nouveau régime devait veiller à toutes ces sources de déstabilisation potentielles pour donner des assurances au consortium. Le pétrole est, pour des personnes averties, souvent synonyme de désordre. S'agissant des pays mal organisés, synonyme de gaspillage, synonyme de guerres, avec toutes les conséquences que cela comporte. Ces réalités qui surviennent généralement à la suite de l'exploitation du pétrole, la majorité des Tchadiens les ignoraient encore. C'était un autre front de lutte qui allait commencer pour le Tchad ; un défi à relever pour la classe politique qui devait être suffisamment clairvoyante pour prévenir tous ces démons qui guettaient le Tchad de l'ère pétrolière.

B/ La délégation tchadienne au Cameroun

Suite à l'annonce de réserves probables, le Gouvernement constitua une équipe technique réduite, composée du directeur du Pétrole, du directeur du Bureau des Affaires pétrolières à la présidence de la République et du secrétaire général adjoint de la Présidence, pour entamer la prise de contact et les échanges des données techniques afin de préparer les premières discussions avec le Cameroun et le consortium. En ma qualité de secrétaire général adjoint de la présidence et ayant participé à presque toutes les rencontres consacrées aux négociations pour le renouvellement de la convention de 1988, j'ai eu l'insigne honneur d'être désigné par le Président de la République pour diriger l'équipe technique des négociations pour la construction du pipeline Tchad-Cameroun. Cette équipe sera élargie par la suite pour atteindre plus de vingt membres comprenant des spécialistes en fiscalité, en finance, des juristes, des économistes, des urbanistes, des écologistes, des géologues, etc.

Alors que je me préparais avec mon équipe à effectuer le premier voyage à Yaoundé, le lieu de nos négociations, Monsieur le Président de la République, son excellence Idriss Deby Itno me reçut en audience. Je portai à l'attention de Monsieur le Président les points inscrits à l'ordre du jour. Après m'avoir écouté attentivement et après m'avoir posé quelques questions, il m'instruisait en ces termes : « *Monsieur le Secrétaire général, en vous mettant à la tête de cette équipe, je vous confie une lourde responsabilité, vous particulièrement, parce que vous êtes le chef. Comme dans l'armée, le chef assume les conséquences de l'échec et non les soldats, mais la victoire est pour tout le monde. Je sais que toutes vos compétences réunies, votre équipe réussira. Je vous fais confiance et bonne chance* ».

En sortant de cette audience, j'avais la tête plus lourde que le reste de mon corps. C'est à partir de ce moment-là que je mesurai le poids de ma responsabilité dans le succès ou l'échec de ces négociations. L'avenir économique de notre pays était entre nos mains, particulièrement entre mes mains, comme le Président de la République me l'avait dit, je n'avais droit ni à l'échec ni à l'erreur.

C/ La première rencontre de Yaoundé

La première rencontre eut lieu le 12 juin 1992 à Yaoundé. Le Gouvernement camerounais avait constitué, de son côté, une équipe technique dirigée par le directeur général de la Société nationale des hydrocarbures (SNH) en la personne de Jean Assoumou, de regrettée mémoire. Celui-ci décéda trois mois après sa désignation comme chef de la délégation de la partie camerounaise. Il fallait attendre deux mois environ pour désigner son remplaçant en la personne d'Adolphe Moudiki, ancien ministre de la Justice et ancien secrétaire général de la présidence de la République. Le temps nécessaire pour permettre à Adolphe Moudiki de prendre connaissance des dossiers, de s'organiser et d'établir un calendrier, un mois s'était déjà écoulé.

Les trois membres du consortium regroupés autour d'Esso, opérateur, étaient assez organisés pour désigner leurs représentants qui devaient participer aux négociations. Les premières réunions furent consacrées à une prise de contact et à l'établissement d'un calendrier qui prévoyait une rencontre par mois et deux si nécessaires. Compte tenu des sujets et des questions de différentes natures à traiter pendant les sessions, nous avons décidé de scinder nos équipes en deux groupes. Un premier groupe se chargera de discuter des questions d'ordre juridique, environnemental, social, et le second groupe, des questions fiscales, économiques, financières et bilatérales (Tchad-Cameroun). Cette approche nous avait permis de gagner en temps, mais surtout de consacrer suffisamment du temps pour traiter toutes les questions avec diligence. Il est convenu que tous les points d'accord arrêtés par les deux groupes seraient consignés dans un compte rendu. Ces comptes rendus étaient réexaminés en réunion plénière. En cas d'accord, ils intégraient les minutes de nos sessions qui étaient signées par les chefs des délégations du consortium, du Tchad, du Cameroun. Il faut noter que tous les trois membres du consortium signaient chacun les minutes des sessions. Ici, chaque représentant engage sa compagnie. Esso, opérateur, ne peut pas engager les deux autres membres du consortium sur des questions complexes telles que la fiscalité, le montant du crédit et ses conditions, la responsabilité juridique et pénale, etc. Dans le cas où il subsistait encore des questions à approfondir ou des points de désaccord, la réunion plénière se devait de les examiner pour y trouver une solution acceptable par les parties.

a/ La prise de contact

Les questions à discuter dans les deux groupes appelaient des compétences particulières. Chaque délégation désignait ses membres en fonction de leur profil. Il arrivait que les deux groupes fusionnent pour traiter un sujet transversal ou un sujet considéré comme particulièrement important selon son caractère et qui ne pouvait être tranché par les membres du même groupe. Les questions sensibles telles que le tracé du pipeline ou la souscription du Tchad dans le capital de COTCO avaient été tranchées par les deux chefs d'État. En effet, le choix du tracé définitif du pipeline relève de la souveraineté du Cameroun bien que les critères techniques et économiques eussent fortement appuyé la décision politique. Il n'a pas été possible de trancher cette question au niveau technique. C'est pourquoi l'avis du chef de l'État camerounais était apparu incontournable. Aussi, l'acceptation par le Cameroun de la souscription du Tchad dans le capital de COTCO avait-elle fait l'objet de longues discussions entre les délégations des deux pays. L'équipe camerounaise estimait que le droit de regard du Tchad sur son pétrole s'arrêtait à la frontière. La délégation tchadienne quant à elle soutenait, à juste titre, que le brut transporté par le pipeline à travers le territoire camerounais était un patrimoine national exporté comme une marchandise ordinaire ; de ce fait, le pays avait l'obligation de suivre son acheminement jusqu'à sa destination et d'être présent dans tous les centres de décision concernant son pétrole.

b/ Les négociations proprement dites

La société de transport du brut pour la partie camerounaise, COTCO, est une société de service créée pour un besoin spécifique, à savoir le transport du brut du Tchad. Il était tout à fait légitime que le Tchad soit actionnaire de COTCO puisque son conseil d'administration arrête les tarifs de transport à appliquer et bien d'autres décisions importantes concernant la vie de la société et ses relations avec les tiers. La pertinence de nos arguments avait peut-être convaincu l'équipe camerounaise qui demanda à son tour la réciprocité, c'est-à-dire la souscription du Cameroun dans le capital de la société de transport du brut pour la partie tchadienne, TOTCO. La justification de cette demande n'était pas évidente et elle n'avait pas été retenue dans nos accords malgré l'insistance de la partie camerounaise. L'équipe camerounaise souligna que la délégation tchadienne manquait de « fair-play ». Il est évident que ce n'était pas un match de football qu'on disputait. C'est un point qui avait failli mettre en veilleuse nos négociations n'eût été l'implication directe des deux chefs d'État qui n'avaient pas trouvé matière à discorde sur cette question. L'approche technique de cette question est naturellement différente de la perception politique qu'avaient les deux chefs d'État. La projection dans le temps des relations entre le Tchad et le Cameroun après la construction du pipeline auguraient d'une nouvelle ère de coopération, certainement plus solide qu'elle ne l'avait été jusqu'à cette époque-là. Cet exemple parmi tant d'autres atteste à suffisance que les négociations étaient très serrées. Avec un peu de recul, on constate que la demande camerounaise sur cette question n'était pas gênante puisqu'il s'agissait de la prise de participation dans le capital d'une société privée. Les deux pays avaient, par le passé, des intérêts croisés dans les entreprises installées dans les deux pays. Mais, l'interprétation qu'on aurait donnée, si cette demande était acceptée, mettait les négociateurs tchadiens dans une position très inconfortable. En effet, l'on répandait la nouvelle selon laquelle la souscription du Tchad dans le capital de COTCO (partie camerounaise du pipeline) à hauteur de 5 % représenterait la totalité des revenus du Tchad. Cette information circulait et prétendait que les négociateurs tchadiens auraient bradé le pétrole du Tchad. Une partie de la presse nationale tchadienne et les hommes politiques de l'opposition avaient exploité à fond cette information déformée et biaisée pour les besoins de leur cause. Il avait fallu beaucoup d'explications, et de nombreuses séances de travail avec les responsables politiques, les parlementaires et plusieurs points de presse pour que l'opinion comprît qu'il s'agissait ici d'un plus à ajouter aux autres revenus ordinaires du Tchad et non d'un bradage. Le rôle des négociateurs n'est pas toujours facile. En vérité, dans le groupe de négociations, le consortium se comportait d'une manière vorace et insatiable. Même si nous avions les mêmes intérêts à défendre vis-à-vis du Cameroun, il veillait toujours jalousement à ses intérêts multiformes.

Le Cameroun était plus déterminé que jamais à tirer le maximum de profit possible de ce projet. Ce qui était tout à fait normal. Il revenait à l'équipe tchadienne d'en faire autant. La crédibilité à accorder aux résultats de nos négociations aux plans national et international et le poids de la responsabilité que nous assumions nous obligeaient à garder une vigilance permanente et une sérénité sans faille. Les négociations sur le projet de construction du pipeline avaient été pour nous une véritable école. Nous avons tiré beaucoup d'enseignements au cours de ces différentes rencontres. La cohésion de l'équipe tchadienne, sa discrétion, sa disponibilité constituaient pour nous un grand capital. Nous avions appris que se mettre au service du pays de manière loyale et désintéressée crée souvent des animosités injustifiées. On nous prêtait des intentions, des soupçons sans fondements solides. Discuter de gros contrats financés par des ressources mirobolantes signifiait pour certains que nous négocions pour notre propre compte, un petit « chouia ». C'est un état d'esprit très répandu en Afrique qui continue à gangrener nombre de nos pays, et notamment, le Tchad.

Cet état d'esprit n'existait pas dans le comportement professionnel de notre génération. Ce n'est pas un hasard si dans son rapport de 2005, Transparency International classait le Tchad en tête des pays les plus corrompus au monde à un moment où le pays bénéficiait des ressources financières tirées de la manne pétrolière. Être démuni, modeste et parfois nécessiteux ne signifie pas qu'on peut accepter tout jusqu'à la compromission. Il paraît difficile de croire pour certains esprits mal intentionnés que des cadres servent leur pays sans aucun arrière pensé. Malgré les critiques et les accusations mal fondées, l'équipe tchadienne avait fait preuve de loyauté. Elle estima avoir contribué incontestablement à la construction d'un équipement historique nécessaire au développement du pays. Les générations futures diront certainement que c'est un legs plus utile que les abattoirs de Sarh ou l'huilerie d'Abéché qui n'avaient jamais fonctionné depuis leur mise en service, sauf l'huilerie qui avait trituré des amandes d'arachides pendant au moins un semestre. Ces deux unités industrielles rappellent encore aujourd'hui les vestiges des errements politiques et les décisions économiques d'amateurisme qui ont enfanté des « éléphants blancs » financés par un emprunt national. Ce sont de véritables gâchis dont les conséquences restent incommensurables.

c/ L'habileté de la délégation tchadienne

Il était convenu avec la partie camerounaise que les points à discuter au cours de la session suivante seraient transmis deux mois à l'avance. Nous nous efforcions, autant que faire se peut, d'avancer et d'éviter des réunions infructueuses. La partie tchadienne savait d'office que les enjeux autant que les risques de blocages étaient nombreux. Il s'agissait d'abord de discuter avec la partie camerounaise sur le principe d'acceptation du passage du pipeline à travers son territoire. Toutes les questions connexes, à savoir : le tracé, les droits de passage à payer qui comprennent le droit de transit du brut, le droit de transit de tout le matériel vers le Tchad et le matériel nécessaire pour la construction du pipeline et du terminal de chargement à Kribi, les droits à payer pour l'emprise du sol, rembauche des travailleurs ; des questions ayant trait à la protection de l'environnement et à la construction des ouvrages nouveaux (routes et ponts en territoire camerounais) nécessaires aux travaux du pipeline et au renforcement conséquent de la capacité du port de Douala ainsi que du transit ferroviaire seraient traitées lors de ces prochaines rencontres. Cette liste n'était pas complète, mais elle constituait l'essentiel des questions à discuter et sur lesquelles il fallait obtenir l'accord des autorités camerounaises. C'était aussi l'occasion de montrer à la partie camerounaise les avantages que leur pays pourrait tirer de ce grand projet.

Pendant les présentations liminaires, en ma qualité de chef de la délégation tchadienne, j'avais indiqué que le Tchad, en choisissant le Cameroun comme voie de passage de son pétrole brut, confirmait sa volonté de jeter les bases d'une coopération sous-régionale solide et témoignait ainsi au Cameroun sa marque de confiance et d'estime. Un proverbe africain dit : « celui qui vous confie son bien est plus qu'un frère ». Très touché par ces propos ; le chef de la délégation camerounaise, Adolphe Moudiki, annonça à l'endroit de la délégation tchadienne que « le Cameroun accepte en toute souveraineté le passage sur son territoire avec toutes les emprises du sol nécessaires à la construction du pipeline transportant le pétrole brut du Tchad ». Ces propos très rassurants nous faisaient croire que le principe du passage du pipeline à travers le territoire camerounais était accepté et que les vraies difficultés étaient ailleurs. La méfiance et la prudence étaient la règle dans les rangs de chaque délégation. N'a-t-on pas souvent dit que « le diable est dans les détails » ?

Les premières rencontres furent pleines de chaleur et de convivialité. Les véritables négociations avaient commencé comme convenu un mois après à Yaoundé dans les salles de réunion de la Société Nationale des Hydrocarbures (SNH), dans un environnement convivial. Le premier sujet abordé fut celui du tracé du pipeline avec toutes les questions connexes desquelles toute la stratégie et l'économie du projet dépendaient.

D/ Le tracé du pipeline Tchad-Cameroun

Le consortium avait réalisé une étude sur l'optimisation du tracé du pipeline selon trois itinéraires différents : un premier tracé qui aboutirait au port de Douala ; un deuxième tracé qui arriverait sur la côte ouest à Kribi ; un troisième tracé qui suivrait un itinéraire médian évitant tous les obstacles naturels pour aboutir soit à Kribi soit au port de Douala. Cette étude précise les avantages comparatifs des différentes options de tracé qui pourraient être discutées avec les autorités camerounaises. Elle inclut également le site du port en eaux profondes pour la construction du terminal de chargement. Le port de Douala présente manifestement des insuffisances pour supporter un tel flux éventuel des marchandises, car on note déjà un engorgement et des difficultés pour accueillir des bateaux de grande capacité. Les installations sont également vétustes et ne répondent plus aux normes exigées.

L'étude avait retenu quelques critères pour minimiser les coûts d'investissement. La longueur du tracé à partir de la frontière tchadienne devrait être raccourcie au maximum. Il devrait également éviter tous les obstacles (montagnes, cours d'eau, zones habitées, forêts, exploitations agricoles ainsi que les infrastructures, ponts, routes, etc.). Ces critères étaient valables pour les trois itinéraires.

En prenant en compte ces critères, l'étude avait fait une recommandation pour la construction d'un port pétrolier en eaux profondes à Kribi suivant un itinéraire bien précis. Aussi, les trois délégations avaient-elles étudié en détail les trois itinéraires présentés dans le rapport avec tous les avantages comparatifs. Pour les membres du consortium et la délégation tchadienne, le choix penchait sur le deuxième itinéraire pour des raisons techniques et d'économie des coûts. Les considérations d'ordre politique et les accointances régionales n'avaient pas été intégrées dans notre analyse. Il ne restait plus que l'avis de l'équipe camerounaise. Celle-ci n'était pas habilitée à donner une réponse immédiate au choix du tracé sans se référer à sa hiérarchie. C'est une question considérée par la partie camerounaise comme étant hautement politique. Il a fallu remonter au plus haut niveau de l'État pour trancher. Le Gouvernement camerounais avait pris une décision sage en entérinant la recommandation du rapport technique sans tenir compte des remous politiques que cette décision allait susciter. L'annonce de cette décision courageuse qui retient de manière définitive le tracé du pipeline fut une grande déception pour les habitants, les opérateurs économiques et les leaders politiques de la province du Littoral (Douala). Des régions traversées par l'itinéraire médian voyaient ainsi s'éloigner un gros poisson dans les mailles de leur filet.

a/ La question du tracé au Cameroun

Le choix définitif du tracé avait fait l'objet de plusieurs tractations au sein de la classe politique au Cameroun à tel enseigne qu'il avait créé des antagonismes politiques du fait de la supposée perte des profits économiques considérables pour certaines régions. Les fibres d'appartenance régionales, ethniques et même aux courants politiques différents sont très sensibles au Cameroun comme partout en Afrique noire sur des questions touchant les intérêts particuliers (régional, ethnique, politique et économique). Il avait fallu beaucoup de temps pour expliquer aux différents protagonistes le bien-fondé de ce choix.

En effet, pour le Gouvernement camerounais, la province du Littoral avec le port de Douala constitue déjà un pôle de développement important. Dans le cadre de son plan d'aménagement du territoire, le Gouvernement entend réduire autant que faire se peut les disparités régionales. Ajouter encore à cette province un port pétrolier serait prendre un grand risque qui créerait un déséquilibre fatal pour le reste du pays. Pour le consortium, la congestion du port de Douala ne serait pas de nature à faciliter les activités pour le respect du calendrier. C'était une étape importante que nous venions de franchir avec le choix définitif du tracé et le site du port pétrolier en eaux profondes à Kribi. Avant d'arriver à cette décision, nous avions constaté pendant nos discussions que la partie camerounaise, du moins l'équipe technique, n'était pas totalement convaincue de la faisabilité de ce projet ou elle ne croyait pas encore à sa réalisation à court terme. Effectivement, quand nous informions nos interlocuteurs du choix par le Gouvernement tchadien du territoire camerounais pour le passage du pipeline, nous remarquions dans les réponses des insinuations selon lesquelles c'était un choix obligé compte tenu de la continentalité du Tchad et de la façade maritime la plus proche qui est le littoral camerounais. C'était à prendre ou à laisser. Dans ces conditions, il était très difficile de discuter et de s'entendre sur des questions aussi cruciales telles que le droit de passage du brut, les indemnisations et les différentes taxes à payer. On semblait dire que le Cameroun fixerait le prix qu'il voudra et le Tchad n'aurait d'autre choix que de l'accepter.

- *Quelques inquiétudes au sujet des conditionnalités du passage du pipeline*

De retour à N'Djamena, nous avions adopté une nouvelle stratégie de négociation. La presse locale, très à l'affût des nouvelles concernant nos négociations, n'avait pas manqué de recueillir de nous quelques bribes d'informations. Elle s'empressa de publier des informations erronées selon lesquelles la République centrafricaine et le Congo (Brazzaville) acceptaient gratuitement le passage du pipeline transportant le brut du Tchad à travers leur territoire. Une autre publication provenant de cette presse indiquait que la Libye offrait les mêmes avantages au Tchad. Ces publications avaient créé un choc, et en même temps un déclic chez nos interlocuteurs camerounais. Ils s'étaient peut-être dit ceci : « Si on ne fait pas attention, le gros poisson risque de passer entre les mailles du filet. On ne sait jamais avec les Tchadiens ».

La presse camerounaise s'était également saisie de ces nouvelles et accusait sans détour les négociateurs camerounais de vouloir torpiller les négociations en tirant la couverture de leur côté. De plus, elle transposait les querelles régionalistes et les intérêts égoïstes sur ce projet en laissant de côté l'intérêt général. Hélas ! L'opinion camerounaise était si sensibilisée sur les retombées éventuelles de la construction du pipeline qu'elle commençait à véhiculer des informations peu reluisantes, à savoir que le Tchad avait renoncé au choix du Cameroun pour le passage de son pétrole à travers un pipeline qui serait construit en grande partie en territoire camerounais. Cette information fut mal digérée dans les milieux politiques et les milieux d'affaires camerounais. En conséquence, elle créa beaucoup de doutes et de suspicions.

b/ Plus de peur que de mal

À la reprise des négociations, l'atmosphère était bien crispée. On sentait que nos interlocuteurs voulaient se déculpabiliser. Aussi avions-nous détendu l'atmosphère par ma prise de parole en ces termes : « Ce que la presse a publié n'était que des élucubrations d'une presse libre et indépendante et cela n'entamerait en rien nos négociations. Le Cameroun reste pour le Tchad un partenaire économique irremplaçable. Les liens géographiques séculaires et le partage d'un héritage historique, social et culturel avaient bâti le socle d'une fraternité légendaire entre les deux pays ».

Après cette détente, les négociations sérieuses commencèrent. Pour l'équipe camerounaise, elle avait eu enfin l'ultime conviction que la décision tchadienne sur le choix du Cameroun était irréversible à moins qu'un obstacle important ne survienne pour bloquer les négociations. Après ces assurances, les parties se penchèrent sur ce qu'on pourrait appeler un peu laconiquement « les avantages » tirés par le Cameroun du projet de construction du pipeline. A posteriori, en observant l'environnement politique dans les pays qui proposaient des alternatives par rapport au choix du Cameroun, on se rend à l'évidence que le Tchad a fait un bon choix, quand on sait que les pays limitrophes qui se proposaient d'accorder des avantages mirobolants sont tous dans un désordre indescriptible qui rendrait impossible l'exportation du pétrole du Tchad.

E/ Le droit de transit au Cameroun

a/ La guerre des chiffres

Les deux parties savaient que le droit de transit à payer au Cameroun devait constituer le nœud des négociations. La partie camerounaise, de par sa longue expérience, pèsera de tout son poids pour tirer le maximum de profit sur cette question. Les membres du consortium attendaient également avec beaucoup d'intérêt le traitement réservé à cette question, car toute l'économie du projet allait dépendre de cette question. Pour la partie tchadienne, moins le tarif de passage était réduit, plus les revenus du Tchad s'avéraient importants. C'est une évidence.

Chaque partie avait présenté ses calculs basés sur son modèle économique pour justifier la rentabilité du projet, et naturellement, son gain attendu. Les hypothèses de calcul étaient la quantité et la qualité des réserves prouvées, le prix du baril, et le coût total du projet. Ces hypothèses étaient les mêmes pour toutes les parties pour faire leur calcul. Tout ce que le projet serait amené à payer, notamment le tarif de passage, les intérêts payés aux prêteurs, les impôts et taxes payés dans les deux pays, les indemnisations, la main-d'œuvre, les tuyaux et les autres investissements nécessaires à la construction du pipeline sont pris en compte dans nos calculs, et la moindre erreur serait fatale.

La délégation camerounaise annonça que, d'après ses calculs, « le droit de transit est estimé à 1,50 dollars US par baril transporté à travers le pipeline » et elle ajouta : « compte tenu des concessions faites notamment la perte de souveraineté sur toute l'emprise du pipeline sur le sol camerounais, en dessous de ce tarif le Cameroun ne trouve pas son compte. » Ce fut la stupéfaction dans la salle, suivie d'un long silence. La partie tchadienne demanda une suspension de séance pour mieux comprendre et analyser les justifications présentées par la délégation camerounaise. La délégation tchadienne et le consortium avaient les mêmes objectifs à atteindre face à la délégation camerounaise, c'est-à-dire alléger au maximum les frais pour « vendre » le projet économiquement. Une réunion entre nos deux équipes fut rendue nécessaire. À l'aide de nos conseils respectifs, nous avions décortiqué la proposition camerounaise, dans un premier temps, pour comprendre et pour apprécier les éléments qui avaient constitué la base de leurs calculs, et pour faire des contre-propositions. Dans un second temps, nous entendions préparer une réponse par écrit qui reprenait point par point le document camerounais. Il nous avait fallu deux jours de travail intense pour décrypter la proposition camerounaise.

À la reprise de nos travaux en plénière, après deux jours de suspension, nous expliquâmes à nos interlocuteurs que nos positions étaient très loin des leurs et que la faisabilité du projet se trouvait sérieusement compromise. Tenant compte de tout ce qui précède, nous avions pensé qu'il serait plus sage de nous séparer et de reprendre nos discussions à une date à convenir plus tard. Nous avions donc décidé de reporter nos discussions et d'éviter d'aborder des questions délicates à chaud. C'était aussi une stratégie qui consistait à montrer à nos interlocuteurs que nous n'étions pas prêts à accepter de payer n'importe quel tarif pour que le pétrole sorte du sous-sol. Ainsi, la date de la rencontre suivante fut fixée à trente jours plus tard.

b/ Le renvoi des discussions

Nos deux délégations (Consortium et Tchad) avaient tenu plusieurs séances de travail à N'Djamena à l'issue desquelles nous préparâmes un document plus consistant que le premier qui fut remis la délégation camerounaise lors de la précédente séance. Ce document s'appuyait naturellement sur les hypothèses de bases considérées par la partie camerounaise pour faire ses calculs.

Celui-ci expliquait très clairement les limites de la rentabilité du projet. En tenant compte des réserves prouvées et probables des trois champs, il était pratiquement impossible d'aller au-delà de 0,25 dollar par baril, car il fallait y ajouter le tarif de transport par pipeline, les impôts et taxes perçus par les sous-traitants du

Cameroun. Le Cameroun bénéficiait également des avantages indirects liés à l'amélioration de la voie ferrée, de la construction des routes secondaires d'accès au chantier des ponts sur les cours d'eau et tout le développement du secteur privé en relation avec ce vaste chantier. Nous avions pris le soin de bâtir notre argumentaire sur des chiffres récents et mettre en exergue tous les avantages que le Cameroun tirait de ce projet.

Nous avions fait parvenir le document qui contenait nos contre-propositions à la partie camerounaise quinze jours avant la date prévue de la session à venir. Nous avions pris l'habitude de communiquer les documents dans les délais raisonnables pour permettre à l'autre partie de se préparer. Comme prévu, nous nous sommes retrouvés à Yaoundé à la date indiquée. À la reprise des travaux, les premières rencontres étaient consacrées essentiellement à des séances d'explication et (la réponse aux nombreuses questions posées par la partie camerounaise pour la compréhension de notre modèle et des paramètres de calcul. La partie camerounaise avait demandé et obtenu deux jours de suspension de travaux pour mieux « digérer » notre contre-proposition. Nous avions également mis à profit ce temps pour imaginer tous les scénarii possibles et faire des simulations pour anticiper sur les réactions de nos interlocuteurs et préparer éventuellement des réponses à leurs interrogations.

c/ La reprise des discussions

Comme on s'y attendait, à la reprise des négociations, la partie camerounaise nous fit un long discours en subterfuges. Notre délégation n'avait pas totalement fermé la porte aux discussions. Elle nous remit séance tenante un document qui était considéré, d'après elle, comme la dernière proposition camerounaise. C'était déjà un petit pas de gagné dans la longue marche. II était pratiquement impossible pour nous d'analyser et de réagir séance tenante sur ce document d'une centaine de pages environ. Nous avions demandé à notre tour une suspension de séance. C'est une pratique que chaque délégation utilise fréquemment pour mieux se préparer pour les prochaines étapes.

La partie qui venait d'être engagée était capitale pour le projet, c'est-à-dire pour le Tchad et pour le consortium puisque nos intérêts étaient ici confondus, mais aussi pour le Cameroun, car l'essentiel des revenus espérés par lui devait être tiré du tarif de transit. C'est le point le plus difficile que nous avions eu à traiter dans le cadre de nos discussions. Le temps qui avait été consacré pour arriver à une solution définitive concernant le tarif de passage était considérable.

Le document qui nous avait été remis contenait plusieurs scénarii de calculs du tarif de transit avec les différents taux utilisés. On retient entre autres le taux de 1,20 dollars US ; 1,00 dollar US et le scénario pessimiste de 0,95 dollar US par baril. Naturellement, notre attention était portée sur le mode de calcul du scénario pessimiste. Ce taux était basé sur des hypothèses de cours du dollar très bas et sur le Brent de référence à 16 dollars US le baril. Il restait aussi à évaluer de manière précise les coûts en amont et en aval. Ce que nos interlocuteurs camerounais feignaient d'ignorer ou de minimiser pendant toute la durée des discussions. Ils estimaient que ces frais seraient récupérés, quel que soit le tarif de passage qui serait arrêté. Il s'agissait ici d'après eux des engagements contractuels auxquels ils n'étaient pas partie. Cela ne les concernait pas.

La partie tchadienne et le consortium avaient aussi convenu d'une stratégie qui consistait à ne pas lier le tarif de passage à une augmentation éventuelle du prix du brut. Ceci avait été accepté par les parties. Nous avions décidé de ne pas adosser le tarif de passage aux cours mondiaux du baril, car cela nous mettait dans une position de calcul permanent des revenus de part et d'autre. Comme le prix du brut est fluctuant en tirant souvent vers le haut, en cas d'augmentation, les revenus du Cameroun pourraient être plus importants. Comme, par hasard, pendant toute la période des négociations, le prix du baril était au niveau le plus bas depuis une dizaine d'années (15 à 17 dollars US). Mais l'équipe camerounaise estima aussi que c'était plus rassurant de prendre les quantités de brut prouvées qui constituaient, d'après elle, les bases plus sûres qu'une hypothétique augmentation du prix du baril. Ce scénario permettait au Cameroun d'avoir des revenus stables même en cas de baisse drastique des prix. C'est pourquoi nous disons que les négociations sur l'industrie pétrolière ressemblent bien à un jeu de poker. La base de nos calculs fixe le prix de référence à 16 dollars US par baril, scénario considéré pessimiste par nos experts. Il s'agissait ici du brut de Doba. Notre stratégie s'était avérée payante, car en début d'exportation, le prix du baril du brut de la mer du Nord variait entre 40 et 45 dollars US, voire 60 dollars US le baril. Le marché international du pétrole est un domaine à risques. En effet, dans les calculs que le consortium et la partie tchadienne avaient utilisés, étaient inclus naturellement tous les frais en amont et en aval pour estimer le coût de revient du baril rendu au terminal de chargement et éventuellement le comparer au coût du baril de référence. La décote du brut de Doba par rapport au brut de référence serait aussi un indicateur important, elle variait entre trois (3) et neuf (9), voire même plus, puisque les produits de différents puits n'avaient pas les mêmes caractéristiques du point de vue de la teneur en soufre, en viscosité et en acidité. Tous ces paramètres fluctuants devaient être pris en compte pour le calcul du prix de vente du brut du Tchad sur le marché international. La durée de production des trois champs était estimée à 25 ans pour les 850 millions environ de barils de réserves probables et prouvées.

d/ La fin des supputations et la fixation du tarif de transport

Quelques chiffres clés du projet de construction du pipeline Tchad-Cameroun sont à relever pour comprendre son impact à divers niveaux :

- Environ 315 puits : 290 producteurs + 25 puits injecteurs d'eau ;

- Réseau de collecte sur Miandoum et Bolobo vers Komé ;

- Station centrale de traitement à Komé ;

- Pipeline 1070 km : 180 km au Tchad + 890 km au Cameroun ;

- 3 stations de pompage et 1 station de réduction de pression ;

- Terminal à Kribi (côte camerounaise) et stockage flottant (capacité de 2 millions de barils) à 11 km du rivage — Brut de Doba : 17 — 240 API ;

- Teneur en soufre très faible : 0,1 % Acidité importante, brut corrosif ;

- Construction prévue sur trois ans : (2000-2003) ;

- Développement et exploitation des gisements au Tchad : 1520 millions dollars US soit 41 % du coût total ;

- Construction et exploitation : 2202 millions dollars US soit 59 %, dont le tronçon au Tchad : 322 millions dollars US soit 9 % du tronçon au Cameroun 1880 millions dollars US soit. Total : 3723 millions dollars US.

Encore une fois, ces chiffres démontrent les plus-values tirées de ce projet de construction du pipeline Tchad-Cameroun par les deux Gouvernements en question. Notre travail pendant cette période de suspension de séance consistait à mettre en exergue tous ces paramètres pour que toutes les parties utilisassent les mêmes données.

À la date de l'ouverture des négociations avec le Cameroun, les frais en aval étaient estimés à quelque 600 millions de dollars US et le coût total du projet eau à 3200 millions de dollars US. Ces chiffres allaient certainement augmenter au moment de la conclusion définitive de nos négociations. Ces clarifications existaient déjà dans notre document initial remis à la délégation camerounaise. Mais, il s'avérait nécessaire de passer quelque temps pour mieux l'expliquer à nos interlocuteurs. Nos conseils faisaient souvent appel à leur talent pédagogique pour mieux expliquer ces paramètres. Ces séances d'explication achevées, nous nous étions séparés et avions fixé la date de la prochaine rencontre à un mois. Question pour chaque partie de mettre ce temps à profit pour bien préparer la rencontre qui, somme toute, paraissait décisive.

De retour à N'Djamena, et à chaque étape de nos négociations, nous prenions le temps d'informer par écrit les Hautes Autorités du pays de l'état d'avancement de nos discussions. Celles-ci nous instruisaient en retour et nous orientaient pour les prochaines étapes. L'opinion nationale était également informée par le biais des points de presse. Le ministre en charge du pétrole était aussi invité par la représentation nationale pour rendre compte de l'état d'avancement des négociations. Un compte rendu fidèle et régulier lui était fait. Pendant ces séances, certains députés de l'opposition avaient sévèrement critiqué l'équipe des négociations qui, à leurs yeux, aurait bradé le pétrole du Tchad. Ceux-ci soutenaient que la participation du Tchad au capital de COTCO à hauteur de 5 % en était la preuve. Naturellement, pour l'homme de la rue, détenir seulement 5 % du capital d'une société qui transporterait du brut du Tchad paraissait insignifiant. Ces députés faisaient croire que l'ensemble des revenus du Tchad était seulement constitué des dividendes de cette société, ce qui était totalement faux. Mais, pour les besoins de la cause, cette contre-vérité avait créé le doute chez les personnes non averties. C'est de bonne guerre en politique. Il y a lieu de souligner que le Gouvernement tchadien ne communiquait pas assez pour lever tout soupçon quant à la marche du projet de construction du pipeline Tchad-Cameroun.

La démocratie apportée par le MPS (Mouvement patriotique du salut), parti au pouvoir au Tchad après le renversement du régime de l'ex-Président Hissène Habré a fait ses preuves. Les déclarations sans fondement et l'intoxication gagnaient les colonnes des journaux. L'équipe des négociations avait fait plusieurs présentations à la télévision et à la radio pour expliquer tous les détails sur les revenus que le Tchad tirerait de son pétrole. Au cours de ces explications, il avait été démontré que les dividendes tirés de la participation au capital de COTCO et de TOTCO étaient évidemment dérisoires par rapport aux autres revenus. Il avait fallu du temps, de la patience et beaucoup d'énergie pour convaincre et annuler les manœuvres dilatoires de ces députés et des médias mal intentionnés. Entre-temps, le scepticisme allait prendre le pas sur le réalisme et l'espoir que suscita ce grand projet.

Une année était déjà passée entre la première rencontre consacrée à la prise de contact et la réunion qui avait entériné la fixation du tarif de transport. Les explications qui avaient été fournies à la partie camerounaise étaient peut-être suffisantes pour la convaincre de ce que le projet tenait la route sur une corde très raide et que plus elle tirait sur les profits éventuels, plus le projet devenait irréalisable. Les marges de manœuvre étaient très réduites et chaque partie était tenue de prendre en compte cette donne. La partie camerounaise nous demanda, avant le début de notre session, deux semaines supplémentaires pour mieux affiner sa réponse attendue pour la prochaine rencontre.

Ce délai supplémentaire avait été accordé, dans l'espoir que la rencontre qui allait suivre serait fructueuse. Après plusieurs échanges d'informations par fax et par téléphone, nous avions convenu de nous retrouver à Yaoundé, et deux mois s'étaient écoulés par rapport à notre dernière rencontre. Plusieurs séances de travail en plénière et de nombreuses rencontres entre les chefs de délégation accompagnés de leurs conseils avaient eu lieu pendant cette session qui fut la plus longue et la plus difficile. Nous étions tous épuisés par ces longues discussions. La dernière séance de cette session était pratiquement consacrée à la délégation camerounaise pour faire connaître sa dernière contre-proposition, après que nous ayons écouté et reçu toutes les explications et les réponses souhaitées. La salle de réunion de la SNH était pleine à craquer quand Adolphe Moudiki, chef de la délégation camerounaise et ses principaux collaborateurs y accédèrent. Après les salutations d'usage, la séance fut ouverte. Adolphe Moudiki comme à l'accoutumée prit le premier la parole pour situer l'importance de la session et indiquer naturellement le concours et l'intérêt de la République du Cameroun à la réalisation de ce projet capital pour nos deux pays. L'assistance écoutait avec une attention soutenue ce discours ayant trait aux relations fraternelles et séculaires entre le Tchad et le Cameroun, et Monsieur Moudiki de conclure : « La République du

Cameroun en acceptant la construction sur son territoire du pipeline transportant le brut provenant des trois champs pétroliers de Doba au Tchad fixe “symboliquement” (ce terme était répété deux fois) le droit de passage à 0,41 dollar US. Ainsi, le Cameroun a voulu donner un bel exemple de la coopération sous régionale et africaine ». Nous avions senti une sorte de décompression dans la salle après que Monsieur Moudiki eut fini de parler. C’est un pas important que nous venions de franchir. Cette annonce nous soulagea de l’épuisement, de la fatigue et de la pression auxquels nous étions soumis depuis deux mois.

Ces propos diplomatiques et élogieux faisant œuvre de charité à l’endroit du Tchad ne nous avaient pas laissés indifférents. Je pris la parole pour indiquer à nos interlocuteurs camerounais les multiples raisons qui nous avaient amenés à choisir le territoire du Cameroun pour évacuer le brut du Tchad : *« Le Cameroun et le Tchad ont une longue histoire commune et le pipeline serait le cordon ombilical grâce auquel nos deux pays construiront leur avenir, partageront leur bonheur et consolideront leurs relations fraternelles sur la base des intérêts réciproques. Ils seraient désormais comme des jumeaux alimentés par un même placenta. Le Tchad et le Cameroun viennent de poser les jalons d’une coopération exemplaire sans précédent en Afrique. Comme dans un couple pour le bonheur et pour le pire, nous sommes unis »*.

Et je conclus en ces termes : *« Nous prenons bonne note de cette proposition qui marque une avancée significative dans nos négociations et nous rendrons compte à notre hiérarchie et nous vous communiquerons comme à l’accoutumée par le canal habituel notre réponse avant la prochaine rencontre »*.

e/ Accord-cadre sur le tarif de passage du brut

Après ces deux interventions, le chef de la délégation du consortium, André Madec, prit la parole et dit : *« Le consortium prend acte de cette proposition et demande un temps pour l’étudier avant de donner son avis »*.

Comme d'habitude, le consortium est très prudent et jamais séance tenante il ne donne son accord définitif sur quelque sujet que ce soit.

Sur ces paroles pleines d'espoir, nous avions immédiatement chargé nos équipes de rédiger les minutes afin de consigner cette proposition dans le compte rendu habituel de session qui avait été signé par les trois chefs de délégation et c'est sur cette note que nous nous séparâmes pour nous retrouver un mois plus tard.

Pendant l'intersession, nous avions convenu avec le consortium de nous retrouver à N'Djamena pour décortiquer la proposition camerounaise, c'est-à-dire étudier en détail les éléments qui constituaient la base de calcul du tarif de passage. On pouvait être facilement piégé si on ne regardait pas en détail le modèle de calcul utilisé. C'est un travail d'experts, mais à ce niveau, il s'agissait de gros intérêts ; ni le consortium ni la partie tchadienne ne baisseraient la garde et la vigilance pour ne laisser passer aucune erreur ou faute nous serait fatale. Deux semaines durant, la proposition camerounaise avait été passée au peigne fin. De l'avis de nos conseils, cette Proposition était acceptable puisqu'elle intégrait entre autres les indemnisations des terres aux autochtones y compris les arbres fruitiers et les terrains exploités. L'emprise du pipeline sur l'ensemble des terres traversées était prise en compte dans le modèle de calcul des indemnisations de délocalisation. Ce serait les autorités camerounaises elles-mêmes qui se chargeraient de cette tâche très délicate. Par rapport aux premières intentions de la délégation camerounaise sur le tarif de passage, il y eut lieu de pousser un ouf de soulagement, car l'opération d'indemnisation est très compliquée et si elle était confiée à l'opérateur, c'est-à-dire à Esso, cela risquait de créer d'autres problèmes insurmontables.

Il est de notoriété que les sociétés étrangères opérant en Afrique noire sont prêtes à payer les prix qu'on leur demande. L'implication des deux États dans le dédommagement était salutaire pour le projet. Les populations riveraines estimaient que le beurre était dans ces coûts d'indemnisation ou de délocalisation. Pour les populations autochtones, chaque arbre, chaque herbe et même les troncs d'arbre morts ont une utilité. Aussi, ni la partie tchadienne ni le consortium ne connaissent de manière détaillée le droit foncier, les us et coutumes et les règles domaniales au Cameroun. En Afrique, chaque pays possède un droit foncier qui lui est propre et chaque ethnie a son droit foncier et ses us et coutumes. Vouloir uniformiser ces règles c'est se créer des problèmes ingérables si l'interlocuteur est une société pétrolière étrangère. La délégation camerounaise ferait donc son affaire de toutes ces questions relevant du droit foncier camerounais. Sur ces questions manifestement, la partie tchadienne et le consortium ont marqué des points. Sur une frange relativement réduite du territoire camerounais traversé par le tracé du pipeline, il est inclus une réserve classée appelée la forêt de « N'deng-N'deng » habitée par des populations pygmées.

Cette zone avait fait l'objet d'une attention toute particulière de la part du consortium, des écologistes et des associations de défense de l'environnement. Les associations de défense de l'environnement et les écologistes avaient eu une occasion en or pour montrer du doigt un exemple concret de dégradation d'une zone singulièrement sensible où habitent des populations autochtones dites « protégées ».

À la reprise de la session, après avoir suffisamment étudié la proposition camerounaise, le consortium et la délégation tchadienne avaient exprimé leur accord sur la proposition du tarif de passage et avaient indiqué qu'un pas important venait d'être franchi. Dans les rangs de la délégation camerounaise, les réactions étaient mitigées. Nous distinguions des regards perdus un peu partout dans la salle et des chuchotements. Adolphe Moudiki prit la parole pour dire que la délégation camerounaise prenait acte de cet accord. Dans le langage des négociations, cela voulait dire que la décision n'était pas définitive et que chaque partie pouvait encore y revenir. Nous avions très vite compris le message. Aussi avait-il été décidé entre les trois délégations en plénière de constituer une équipe pour la rédaction d'un communiqué de presse, et plus tard, d'un accord-cadre qui retracerait toutes les étapes importantes et les points d'accord arrêtés jusqu'à cette date. La rédaction de cet accord-cadre fut facilitée par les comptes rendus réguliers de nos sessions qui étaient toujours signés par les chefs des trois délégations. Cet accord-cadre mentionnerait entre autres le tracé définitif du pipeline, la fiscalité à appliquer aux sous-traitants, les redevances à payer pour les services consommés, la décision de créer les deux sociétés de transport du brut (COTCO et TOTCO), leurs actionnaires, l'épaisseur et le diamètre du pipeline, le nombre des stations de pompage, et bien sûr, le tarif de passage du brut qui venait d'être annoncé et qui avait obtenu l'accord de principe des trois parties.

L'examen de cet accord-cadre nous avait pris presque cinq mois de discussions pour parvenir à sa rédaction définitive. C'est compréhensible puisque tous les autres accords n'étaient que des détails qui devaient découler de cet accord-cadre. Les multiples tentatives de remise en cause des sujets déjà clos avaient été vaines puisque les Comptes rendus de nos réunions étaient suffisamment clairs pour éviter les interprétations erronées. Les trois délégations s'étaient accordées sur les grands principes de la rédaction finale de l'accord-cadre et nous avions convenu qu'il serait présenté aux deux chefs d'État et signé au cours d'une cérémonie officielle. Les parties ont convenu de mentionner dans l'accord-cadre les principes directeurs devant être pris en compte dans la rédaction des textes qui régiraient la construction et l'exploitation en République du Cameroun d'un pipeline, d'un terminal, des zones de stockage et d'autres installations auxiliaires nécessaires à l'exploitation du brut tchadien jusqu'au large de la côte camerounaise. Aussi, avions-nous pris le soin de mentionner très clairement dans l'accord-cadre le corridor du pipeline et le site du terminal en haute mer. À proprement parler, le corridor du pipeline partirait de la région de Touboro (à la frontière des deux pays) et aboutirait à la côte atlantique (région de Kribi) en passant par ou à proximité de Meiganga, Belabo,

Nanga-Eboko, Obala, Yaoundé, Ngoumou, Akono, Lolodorf et Bipindi, comme indiqué sur la carte suivante.

F/ Des formalités d'usage

Ces précisions étaient importantes, car le choix du tracé et le site du terminal avaient fait l'objet de polémiques au Cameroun et la moindre défaillance de notre vigilance pourrait remettre en cause ces acquis. Il était indiqué également dans cet accord-cadre que la République du Cameroun soumettrait un projet de loi à l'Assemblée nationale pour conférer un fondement juridique à la construction et à l'exploitation du système de transport par canalisation destiné à transporter des hydrocarbures en provenance des pays tiers. Cette loi autoriserait la conclusion des conventions d'établissement pour les sociétés effectuant le transport transnational des hydrocarbures.

La construction du pipeline traversant le territoire des deux pays exige aussi la conclusion d'un accord bilatéral entre le Tchad et le Cameroun. À cet effet, un accord a été signé entre le Tchad et le Cameroun le 8 février 1996, lequel accord est relatif à la construction et à l'exploitation d'un système de transport des hydrocarbures par pipeline. Le Conseil supérieur de la transition (organe qui tenait lieu de Parlement au Tchad pendant la transition) avait délibéré et adopté en sa séance du 13 août 1996, l'accord entre le gouvernement de la République du Tchad et le gouvernement de la République du Cameroun pour la construction et l'exploitation d'un système de transport des hydrocarbures par pipeline signé à Yaoundé le 8 février 1996.

La loi portant ratification de cet accord fut promulguée par le Président de la République le 23 août 1996. Cet accord bilatéral faisait référence aux dispositions pertinentes de la convention des Nations unies sur le droit de la mer des pays sans littoral du 10 décembre 1982 et aux principes des traités régissant l'Union douanière et économique de l'Afrique centrale. Eu égard à ces références, la République du Cameroun reconnaît et octroie à la République du Tchad, État sans littoral, un droit d'accès à la mer et une liberté de transit pour l'exportation par pipeline des hydrocarbures produits sur son territoire. Cet accord bilatéral fut ratifié par l'Assemblée nationale du Cameroun le 5 août 1996. Il faut noter que la construction du pipeline Tchad-Cameroun allait créer beaucoup d'opportunités d'affaires au Cameroun. Dans ce pays, les petites et moyennes entreprises disposaient déjà d'une longue expérience et elles étaient outillées en matière d'équipements et des facilités bancaires. Les gains attendus de ce projet par l'économie camerounaise étaient considérables et nos interlocuteurs le savaient. Les transporteurs, la Société de chemin de fer du Cameroun et le port de Douala et la main-d'œuvre locale en seraient les principaux bénéficiaires. Après la signature de l'accord-cadre, les Tchadiens et les Camerounais commencèrent à croire au projet. Les opérateurs économiques étrangers visitaient les deux pays avec des fréquences inhabituelles pour anticiper les affaires. On constata la création des nouvelles sociétés et d'entreprises au Tchad pour mieux drainer les opportunités liées à l'ère pétrolière. L'espoir de voir le Tchad devenir un pays producteur et exportateur du pétrole pointait à l'horizon. Ce n'était plus une fiction, mais bien une réalité. Le dernier à comprendre cette réalité serait le perdant en affaires !

Tous les arrangements essentiels d'ordre commercial, financier, juridique et opératoire contenus dans l'accord-cadre étaient repris en détail dans des documents spécifiques qui seraient soumis à la signature des parties. Plusieurs documents ou études ayant trait à l'environnement, à la sociologie des deux régions (tchadienne et camerounaise), à l'hydrologie, au relief, à l'habitat, etc. avaient été préparés pour prévenir tous les risques liés à l'exploitation du pétrole. L'étude environnementale avait fait l'objet d'une attention toute particulière de la part des acteurs du projet, mais plus spécialement des organisations non gouvernementales et des associations de défense de l'environnement. Elle avait été d'ailleurs l'argument principal utilisé par les organisations non gouvernementales pour s'opposer à la réalisation de ce projet. Les promoteurs de ce projet avaient mis tous les atouts de leur côté pour contenir les risques éventuels et ne pas prêter le flanc aux critiques des détracteurs. Cette étude avait été confiée à un bureau d'étude spécialisé de renommée internationale appelé Dames & Moore. Les conclusions de cette étude avaient donné l'occasion à tous ceux qui s'opposaient à ce projet pour des raisons diverses, de montrer leur farouche détermination à lutter contre sa réalisation.

En somme, le tracé du pipeline de même que les négociations pour son passage via le Cameroun auront connu des assauts de la part des détracteurs issus de la classe politique et sociale des deux pays. Après plusieurs tractations de nature à faire perdre le sommeil aux pilotes de ce projet, surtout à la partie tchadienne, l'initiative finira par connaître un dénouement plutôt heureux et l'on peut aujourd'hui se frotter les mains en affirmant que le Tchad a gagné son pari à savoir, s'attribuer le titre de producteur de pétrole et avoir la ferme détermination de mettre au service des Tchadiens sans exclusive, les retombées de la manne pétrolière. Seulement, ce ne sera pas la fin des soucis puisqu'il faudra s'assurer de ce que les risques liés à l'environnement ne seront pas d'une entrave à la réalisation du projet.

CHAPITRE VIII

IMPACT ENVIRONNEMENTAL ET SOCIAL DU PROJET : PARTIE TCHADIENNE

Le projet de construction du pipeline Tchad-Cameroun a nécessité une étude environnementale. Le but de cette étude était avant tout d'acquérir une bonne compréhension de l'environnement concerné, d'évaluer les impacts qu'y aurait le projet, de développer des mesures adéquates pour la gestion de l'environnement afin d'atténuer les conséquences négatives et valoriser les aspects positifs.

A/ Le cahier des charges

Les termes de références ou cahier des charges avaient été préparés par un comité technique créé pour examiner toutes les questions techniques liées au projet Tchad-Cameroun. Ces termes de références avaient été présentés au comité interministériel qui, après quelques corrections, les avait approuvés. Ensuite, ils avaient été transmis à la Banque Mondiale. Celle-ci les avait fait examiner par des experts dans le domaine. L'obligation avait été faite à tous les acteurs du projet de réaliser une étude d'impact sur l'environnement pour venir en appui aux demandes de financement introduites par le gouvernement du Tchad et par TOTCO à la Banque Mondiale et à la Société Financière Internationale (SFI). Une étude d'impact environnemental similaire avait été préparée aussi pour la partie camerounaise.

Le document préparé par le consultant Dames & Moore était très riche et correspondait au format international reconnu pour ce type d'études. Outre l'introduction et la description du projet, le document avait traité des considérations législatives, réglementaires et politiques en matière d'environnement et définissait le contexte légal et réglementaire dans lequel le projet serait développé ; la description de l'environnement actuel dans la région du projet et les effets futurs sur l'environnement une fois que le projet aurait été superposé sur l'environnement actuel. Les recommandations faites à l'endroit des décideurs, qui décrivaient les mesures d'atténuation, seraient adoptées dans le cadre du projet pour la gestion de l'environnement. Aussi, la consultation des communautés concernées, des organisations non gouvernementales et des agences gouvernementales n'avait-elle pas été perdue de vue par le consultant. Le consultant avait sillonné tout le long du tracé du pipeline, il avait répertorié toutes les zones sensibles, l'habitat, le peuplement humain et le couvert végétal afin de déceler les aspects critiques qui nécessiteraient des actions particulières.

Une composante importante du projet était constituée par le système de transport du pétrole brut par un pipeline de 760 mm de diamètre, enfoui dans le sol sur toute sa longueur et recouvert d'une couche de remblais d'au moins un mètre d'épaisseur. Cette couche est plus épaisse au croisement des routes et des lieux jugés critiques et réduite à un minimum de 0,50 m dans les zones rocheuses. Le pipeline serait protégé contre la corrosion par un revêtement et par une protection cathodique. L'oléoduc serait muni d'un système de détection de fuites qui serait une combinaison de plusieurs méthodes. Le système de détection de fuites serait entièrement automatisé et sous surveillance 24 h sur 24. La construction des installations du projet entraînerait un changement ou une interruption temporaire de l'utilisation des sols sur une superficie d'environ 960 hectares lors des travaux dans la zone de développement des champs de pétrole. Cette interruption, pour d'autres sols totalisant 920 hectares environ, pourrait durer pendant toute la vie du projet. La construction de l'oléoduc comprendrait les opérations suivantes : le défrichage temporaire d'une bande de terre d'environ 30 mètres de large sur tout le long du tracé du pipeline, le creusement de la tranchée pour enfouir la conduite, le transport et l'alignement des tubes tout le long de la tranchée, la soudure des tubes, l'installation des tubes dans la tranchée, le remblaiement de la tranchée et, enfin, la remise en état de la zone défrichée tout le long de l'oléoduc par la plantation des arbres. À la fin des travaux, la zone située le long de la conduite retournera à son utilisation antérieure sauf une bande de 10 à 15 m de large nécessaire à l'entretien et aux interventions en cas d'urgence. La construction du projet durerait environ trois ans et demi et la main-d'œuvre en période de pointe était estimée à environ 4000 personnes, dont plus de 60 % seraient des citoyens tchadiens.

Les principaux besoins du projet en matière de transport de matériels seraient satisfaits, les chargements à destination du Tchad seraient ensuite transportés par train sur par l'utilisation de la voie maritime jusqu'au port de Douala. Le réseau ferré camerounais (tronçon Douala-N'Gaoundéré). Ensuite, les camions prendraient la relève sur des routes bien entretenues au Tchad et au Cameroun aux frais du projet, bien sûr. Une infime partie du matériel sensible serait acheminée par avion directement sur le site du projet à Komé. À cette occasion, beaucoup de travaux d'amélioration des passages difficiles, des cours d'eau, la savane dense, des renforcements des anciennes routes, jadis abandonnées, avaient été réalisés.

Les sites et les tracés retenus étaient considérés comme acceptables du point de vue technique et de gestion de l'environnement. Les sites des différentes installations de surface avaient été déterminés avec minutie de manière à minimiser les coûts et limiter ainsi les effets négatifs du projet sur les ressources sensibles telles que les villages, les ressources en eau et les couloirs de transhumance connus. Les zones déterminées comme étant hautement prioritaires pour la protection de l'environnement, les parcs, les réserves, les zones d'habitations avaient été systématiquement évités par le couloir de l'oléoduc. Ceci pour éviter les coûts d'indemnisations et les risques liés à l'environnement en cas de fuite.

B/ Du problème de la pollution de l'eau et du sol.

En général, dans les zones de production pétrolière, il y a une quantité importante décharge d'eau produite dans les drainages de surface. Prenant toujours en compte la conservation de l'environnement, il avait été procédé à l'élimination de la décharge de l'eau produite dans les drainages de surface. Sinon, cette quantité d'eau pourrait provoquer des changements significatifs qui affecteraient les écosystèmes et les débits des cours d'eau. L'eau produite serait donc réinjectée et elle serait contrôlée de manière à protéger les ressources d'eau souterraine profonde. Les ressources en eau de la zone du projet revêtent une grande importance. Les drainages de surface s'écoulent en fin de parcours dans le fleuve Logone qui conflue avec le Chari à N'Djamena pour se déverser ensuite dans le Lac Tchad. La plus grande partie de la population de la zone du projet utilise l'eau des puits qui sont alimentés par les nappes aquifères superficielles du bassin de Doba. Vu l'importance de cette eau dans la zone du projet, sur les plans local et régional, toutes les précautions étaient prises pour minimiser les risques de pollution de l'eau et pour prévoir les mesures correctives en cas d'accident. Sur ce plan, le consortium n'avait pas droit à l'erreur. On peut considérer aujourd'hui que les dispositions prises par le consortium pour éviter d'une part, et pour maîtriser d'autre part, les risques en cas de dégradation de l'environnement sont suffisants et rassurants.

C/ De la gestion des risques fonciers

En outre, avant de commencer les travaux de construction du pipeline, il fut rendu nécessaire pour le consortium et pour les populations riveraines de déclarer d'utilité publique l'emprise foncière affectée à l'implantation de l'ouvrage et aux installations annexes. À cet effet, le décret n0416/PR/99 a été signé pour conférer à tous les besoins fonciers nécessaires pour la construction du pipeline et les annexes, un caractère d'utilité publique. Ces besoins fonciers furent évalués à 553,3 hectares, dont 296,3 hectares permanents.

Les détenteurs des droits coutumiers des parcelles faisant l'objet de la déclaration d'utilité publique seront indemnisés de manière juste et équitable en application de la convention de TOTCO et de la législation domaniale en vigueur. Dès que la construction du pipeline sera terminée, les précédents détenteurs des droits coutumiers sur les parcelles rendues à la fin de la période de construction seront autorisés à reprendre l'exercice de ces droits, sous réserve des restrictions indiquées dans le plan de compensation et de réinstallation.

Étant rassurés des mesures environnementales et écologiques, nous pouvons maintenant nous pencher sur le financement du projet du pipeline Tchad-Cameroun.

D/ Occupation des terres et compensations

Les propriétaires de terres utilisées ainsi que les villages impactés par le projet sont dédommagés conformément au Plan de Gestion de l'Environnement (PGE).

Depuis 2000, période de construction du projet, le Projet a compensé plus de 15 000 propriétaires de terrains individuels de plus de 7 454 hectares de terre dans 480 villages impactés par le projet et le tracé du pipeline qui part des champs pétroliers de Komé, au sud du Tchad, jusqu'au terminus du pipeline d'exportation à Kribi, Cameroun.

Le Projet a occupé à un moment ou à un autre une superficie totale d'environ 4,4 % sur les 100 000 hectares de terres de la zone de développement des champs pétroliers. Quand toutes les terres occupées par des constructions temporaires seront rendues, le pourcentage sera juste 1,6 pour cent des 100 000 hectares.

Un ensemble de principes de base établis par le PGE a régi l'effort de compensation, dont en particulier :

- Une procédure transparente de compensation pour que tous les résidents du village puissent voir qu'aucun résident n'est favorisé par rapport aux autres.

• Une sensibilisation aux pratiques culturelles et aux exigences de la législation locale. La plupart des terres sont contrôlées par le village et attribuées par le chef local. Au Tchad et au Cameroun, presque toutes les terres sont juridiquement la propriété de l'État. Au lieu d'être propriétaires comme c'est couramment le cas en Europe et en Amérique du Nord, les fermiers n'ont le droit d'utiliser les terres que pour la culture. Le projet n'achète donc pas la terre, mais verse des compensations au fermier pour son travail et ses récoltes, en vertu des dispositions de PGE.

• L'archivage de toutes les transactions de compensation : chaque paiement est enregistré et va dans un dossier avec une photo de la transaction et l'empreinte digitale du bénéficiaire.

• Éviter ou minimiser la réinstallation des ménages grâce à une reconfiguration des besoins fonciers du projet et à l'offre d'une alternative à la réinstallation : une formation aux techniques de culture améliorée et une formation aux métiers non agricoles.

Le montant total de la compensation individuelle pour l'occupation des terres en 2013 s'élevait à plus de 560 millions de FCFA (plus de 1,1 million dollars US) en espèce ou en nature. Plus de 16 milliards de FCFA (32 millions dollars US) en compensation individuelle pour l'occupation des terres ont été versés depuis le commencement du Projet. En règle générale, les engagements de compensation se sont stabilisés pendant des années à des niveaux nettement inférieurs à ceux de 2000 à 2003, lors de la phase de construction des installations centrales de traitement, du développement des champs pétroliers initiaux et du système de pipeline d'exportation.

E/ Plan de Gestion Environnementale : Quelques initiatives illustratives

Les activités du projet sont régies par l'un des Plans de Gestion de l'Environnement (PGE) les plus rigoureux de l'histoire de l'Afrique subsaharienne. Le PGE a été élaboré en consultation avec des experts environnementaux et culturels, des économistes, les gouvernements du Tchad et du Cameroun, des ONG, la Banque Mondiale et les communautés locales.

Il contient des indications précises et détaillées sur un large éventail de protections environnementales et socio-économiques et de mesures d'atténuation que le projet doit mettre en œuvre dans les zones d'exploitation.

Par exemple :

Offrir une compensation équitable et transparente aux utilisateurs des terres et aux communautés pour les terres occupées par le projet

- Faire de préférence des achats de biens et de services auprès des entreprises locales et nationales si possible

- Fournir des opportunités d'emploi aux résidents et aux citoyens des pays hôtes, en donnant la préférence aux communautés directement affectées par le Projet

- Offrir des possibilités de formation en cours d'emploi aux employés qualifiés ;

- Établir des procédures de sécurité qui répondent ou dépassent les normes de sécurité américaines et internationales ;

- Élaborer et mettre en œuvre des plans d'intervention d'urgence appropriés ;

- Identifier et préserver les artefacts et les biens culturels, quand c'est approprié ;

- Protéger la biodiversité en restreignant l'accès aux zones sensibles le long de l'emprise du pipeline ;

- Fournir des soins médicaux aux employés et éduquer les communautés sur les questions de santé ;

- Organiser régulièrement des sessions de consultation avec les parties prenantes ;

- Utiliser un processus de médiation bien défini pour résoudre les différends en cours avec les parties prenantes ;

- Procéder régulièrement à des suivis et à des vérifications pour garantir la conformité au PGE ;

- Collaborer avec les agences indépendantes internationales de contrôle et de surveillance.

Le recours à la médiation

Le PGE décrit une procédure de médiation destinée à régler les différends en suspens avec les villageois locaux et les autres parties prenantes. En vertu de cet arrangement, le Bureau du conseiller-médiateur pour l'application des directives (CAO) de la Banque Mondiale peut engager une procédure de médiation en recevant notification d'un différend non réglé. Cette procédure vise à régler les différends d'une manière mutuellement acceptable et flexible et améliorer de ce fait les effets environnementaux et sociaux sur le terrain.

CHAPITRE IX

IMPACT ENVIRONNEMENTAL ET SOCIAL : PARTIE CAMEROUNAISE

A/ Contexte environnemental et social

Le projet du pipeline Tchad-Cameroun a été classé projet de Catégorie A selon les procédures d'impact environnemental de la Banque Mondiale, ce qui signifie qu'il pourrait avoir des effets négatifs significatifs sur l'environnement naturel ou social de la zone du projet. Pour de tels projets, une étude d'impact complète, respectant les directives de la Banque Mondiale, est requise.

Les objectifs de l'étude d'impact consistent à s'assurer que le projet est construit et exploité dans des conditions satisfaisantes pour l'environnement et que les questions concernant les milieux humain, biologique et physique (y compris les réglementations applicables de la République du Cameroun et les directives de la Banque Mondiale sur la sécurité, la santé et l'environnement) sont identifiées suffisamment tôt et prises en compte dans la conception du projet.

Outre une description détaillée du projet, l'étude d'impact examine un large éventail de thèmes et en particulier les différentes variantes possibles pour le projet ; elle traite aussi des considérations législatives, réglementaires et politiques, des conditions environnementales existantes (qui serviront de ligne de base), des effets identifiés qui résulteraient de l'exécution du projet, des mesures d'atténuation et des mesures d'ingénierie qui seraient mises en œuvre pour réduire les effets négatifs du projet à des niveaux non significatifs et des consultations qui ont déjà eu lieu avec les organismes publics adéquats, les communautés concernées et les ONG au fur et à mesure de l'avancement du projet.

L'identification des effets potentiels du projet a été facilitée par la consultation et la coordination avec les organismes concernés, les ONG, les communautés et les particuliers. Un certain nombre de mesures ont été ainsi incorporées dans la conception d'ensemble du projet afin d'éviter, de réduire ou de compenser ces effets.

B/ Effets sur l'environnement et mesures d'atténuation

Les activités de construction et d'exploitation du projet ont été exécutées conformément à des normes et directives qui sont mondialement acceptées (par exemple, ASME (1994), Banque Mondiale (1 995 b) et OMI (telles que modifiées en 1973). Ces normes et directives spécifient toute une variété de mesures pour la protection de l'environnement, parmi lesquelles on peut citer :

- L'évaluation des risques de déversement de pétrole ainsi que l'élaboration et la mise en œuvre d'un plan d'action en cas de déversement ;

- La mise en œuvre de mesures pour la lutte contre la corrosion des conduites ;

- L'utilisation de capteurs de pression reliés à des alarmes et de systèmes d'arrêt automatiques pour les pompes ;

- L'installation de débitmètres et la mise en place d'un système pour la comparaison des débits d'entrée et de sortie, permettant de détecter les fuites.

La prise en compte dans la conception de la protection des structures contre les forces physiques que l'environnement externe est susceptible d'exercer :

- La tenue d'un registre complet et précis de toutes les inspections effectuées, de tous les incidents ayant entraîné une fuite, de tous les évènements inhabituels et des mesures de sécurité qui ont été prises ;

- La minimisation des perturbations causées à la végétation, aux sols, aux ressources hydrologiques et à la topographie ;

- La mise en place de mesures pour contrôler l'afflux des populations vers des zones jusque-là peu accessibles, dû à la création de nouvelles voies d'accès par la mise en place de l'emprise foncière, et pour empêcher d'autres effets secondaires (comme, par exemple, l'empiètement sur les terres et les réserves de chasse des autochtones, et l'exploitation incontrôlée des ressources naturelles) ;

- L'adoption de spécifications acceptables pour les matériaux de construction et de normes acceptables pour les différents composants utilisés, comme, par exemple, des dimensionnements et des caractéristiques de pression et de température adéquats ;

- Des critères à respecter et des données pour évaluer et limiter les tensions, les réactions et les mouvements dus à des changements de pression ou de température, ou à d'autres forces ;

- Des recommandations et des contraintes relatives à la sélection et à l'utilisation de matériaux, de composants et de méthodes d'assemblage ;

- Des critères à respecter pour la fabrication, l'assemblage et le levage de conduites ;

- Des procédures opératoires et d'entretien qui sont essentielles pour la protection de la santé publique.

Le montage du Projet Pipeline Tchad/Cameroun a été effectué de manière à ce qu'il contribue au développement des zones traversées.

C'est ainsi que trois principaux programmes financés par le promoteur du Projet ont été mis en place au Cameroun : Le Plan pour les Peuples Autochtones Vulnérables (PPA), les

Compensations Environnementales et les Compensations communautaires/ régionales.

Une fondation reconnue d'utilité publique a été mise sur pied pour apporter un appui financier à la réalisation du PPA et des Compensations Environnementales : la Fondation pour l'Environnement et le Développement (FEDEC) qui a son siège aux Pays-Bas.

Pour mener à bien ses activités, la FEDEC s'est vue dotée d'un fonds de 3,5 millions $ US (environ 2,6 milliards de FCFA).

Le Plan pour les Peuples Autochtones Vulnérables

Il prévoyait la réalisation de divers projets au bénéfice des populations pygmées Bakola/Bagyeli de la région située entre Lolodorf et Kribi, notamment dans les domaines de l'agriculture, de la santé et de l'éducation.

Les Compensations communautaires et régionales

Afin de compenser les nuisances dues aux travaux de construction du pipeline, le Plan de Compensation du Projet a prévu que COTCO réalisera des projets sociaux au profit des communautés et des régions traversées par le Pipeline.Ces projets ont été choisis par les populations bénéficiaires ; et consistent en l'aménagement d'infrastructures sanitaires, et/ou scolaires, l'hydraulique villageoise, la fourniture d'intrants et matériels agricoles, etc....À cet effet, COTCO a consacré une enveloppe d'un peu plus d'un milliard FCFA à ces opérations.

C/ Bénéfices économiques attendus

Le Projet continue d'avoir un effet positif sur les économies du Tchad et du Cameroun de plusieurs façons. Les redevances, les droits et les impôts payés aux gouvernements du Tchad et du Cameroun représentent une source de revenus importante pour les deux pays hôtes. Au Tchad, une grande partie de ces revenus est consacrée aux améliorations des infrastructures des secteurs clés à besoins élevés tels que l'éducation, les soins médicaux et le transport. Le projet a employé pendant plus d'une décennie une main-d'œuvre de milliers de travailleurs tchadiens et camerounais, dont un grand nombre a reçu une formation professionnelle et technique en cours d'emploi. Par ailleurs, les autres contributeurs au développement économique du Tchad et du Cameroun sont :

- Le rôle que le Projet assume en contribuant à construire une industrie pétrolière au Tchad, qui a un énorme impact sur l'économie ;

- Les dépenses importantes effectuées jusqu'ici auprès des fournisseurs locaux ;

- Les milliards de FCFA que le Projet a engagés en vertu du rôle qu'il entend jouer dans le projet hydroélectrique de Lom Pangar au Cameroun ;

- Les milliards de FCFA dépensés jusqu'ici en compensations individuelles et communautaires et en investissements du Projet dans les communautés locales.

D/ Indemnisations des populations riveraines

La République du Cameroun, conformément à ses engagements, a mis à la disposition du Projet les terrains nécessaires pour sa réalisation.

4 123 personnes ont été identifiées comme étant touchées par les travaux de ce Projet. Il n'y a pas eu de déplacement de populations ;

Les exploitants ou propriétaires des mises en valeur et biens détruits par le projet ont été indemnisés, en nature ou en espèces, selon leur choix.

Le coût total de ces opérations s'est élevé à près de 4 milliards de FCFA supportés ainsi qu'il suit :

- Environ un milliard de FCFA payés par la République du Cameroun au titre d'indemnisations, sur la base de la législation en vigueur ;

- Près de 3 milliards de FCFA débloqués par COTCO au titre de compensation additionnelle conçue pour tenir compte de la valeur marchande des biens, conformément au Plan de Compensation élaboré après consultation des populations et des ONG, et approuvé par la Banque Mondiale.

L'important flux financier ainsi injecté dans ces régions essentiellement rurales a permis aux populations de réaliser des microprojets de développement générateurs de revenus, et d'améliorer leurs conditions de vie, par l'aménagement de l'habitat notamment.
La plupart des bénéficiaires ont utilisé ces fonds dans des projets visant à améliorer les conditions de vie des familles :

- Construction de maisons ou autres aménagements de l'habitat ;

- Achat de petits équipements de maison ;

- Petits commerces ou petits élevages ;

- Projets agricoles (création de plantation et/ou acquisition de matériel) ;

- Achat de terrains, de voitures, de motos ou de porte-tout ;

- Mariage ;

- Paiement des frais d'écolage des enfants.

Certains exploitants ont tout simplement épargné leurs fonds.

E/ Occupation des terres et compensations

Certains changements se sont produits sur les terrains où ont été construites les installations fixes et où certaines routes ont été refaites. Ces changements ont entraîné la perturbation de certaines activités agricoles et économiques. Des constructions utilisées sur une base saisonnière et leurs installations associées ont été déplacées.

Il en est résulté des changements à long terme dans l'utilisation des terrains (30 ans) à l'intérieur de l'emprise du système principalement afin que la culture de plantes annuelles ne perturbe pas le fonctionnement et l'entretien de l'oléoduc.

Il a donc été décidé qu'un suivi sera effectué pour s'assurer que le Plan de Compensation est respecté, et pour confirmer que ce plan est conforme aux critères décrits ci-dessous. Un suivi régulier sera ensuite assuré pendant la mise en œuvre du Plan de Compensation pour confirmer que toutes les procédures prévues ont été appliquées. Un suivi sera également assuré après le paiement des indemnisations pour vérifier que les utilisateurs des terrains ont été indemnisés de manière satisfaisante et que les objectifs de ce plan ont été atteints.

Un Plan de Compensation détaillé sera préparé et mis en œuvre pour s'assurer que cette indemnisation s'effectue équitablement et dans la transparence au profit des personnes et des familles concernées par les besoins en terrains du Projet au Cameroun. La République du Cameroun acquerra tous les terrains et paiera toutes les indemnités conformément à la législation en vigueur. COTCO paiera le solde d'indemnisation [les « différences »] permettant de se conformer aux principes de la Banque Mondiale.

F/ Acquisition des terrains

Les terrains qui sont nécessaires au système de transport camerounais, à l'exception des terrains du domaine public, ont été acquis et incorporés au domaine privé de l'État et octroyés au projet par décret sous forme d'emprise foncière. En conséquence, le Plan de Compensation reconnaîtra l'acquisition des terrains par la République du Cameroun selon les principes suivants :

S'agissant des propriétés privées, les terrains ont été acquis conformément à la procédure d'expropriation par la République du Cameroun. Lorsqu'il s'agit d'un terrain résultant d'une détention coutumière ayant donné lieu à obtention d'un titre foncier, l'indemnité ne peut dépasser le taux minimum officiel des terrains domaniaux non viabilisés de la localité de situation du titre foncier.

Lorsqu'il s'agit d'un terrain résultant d'une transaction normale de droit commun ou d'une acquisition de terrains domaniaux, l'indemnité due est égale au prix d'achat, majoré des frais divers d'acquisition.

L'indemnité est pécuniaire ; toutefois, en ce qui concerne les terrains, la République du Cameroun peut substituer une compensation de même nature et de même valeur à l'indemnité pécuniaire.

Pour ce qui concerne les concessions agro-industrielles, forestières et minières situées sur le domaine national et le domaine privé de l'État, les décrets qui octroient ces concessions ont été modifiés par la République du Cameroun pour tenir compte de la nouvelle affectation au projet et un nouveau décret affectant les terrains concernés à COTCO sera publié.

Pour les terrains du domaine privé de l'État exploités selon les usages coutumiers, les effets négatifs ont été atténués par le paiement d'une indemnisation associée à l'exploitation coutumière de ces terrains, non pas au droit au terrain proprement dit.

Les effets significatifs associés aux changements affectant les terrains du domaine privé de l'État, exploités suivant les usages coutumiers ou non exploités, sont atténués comme suit :

- Pour les changements à court terme à l'intérieur de l'emprise foncière : remise en état et libération des terrains pour retrouver leurs utilisations antérieures ;

- Pour les changements à long terme à l'intérieur de l'emprise du système : remise en état et libération des terrains pour retrouver, sous certaines conditions, leur utilisation antérieure, à l'exception des emplacements supportant les installations fixes.

G/ Participation communautaire

Dans tous les grands projets infrastructurels, la participation communautaire est devenue une composante majeure de son volet social et environnemental.

Il s'agit donc de décrire les mesures et actions dont l'application est prévue pendant les phases d'ingénierie, de construction, d'exploitation et de mise hors service de la partie camerounaise du projet, pour éliminer, réduire, ou contrebalancer les problèmes/effets importants qui ont été identifiés dans les domaines biophysique, socio-économique et sanitaire, et pour les ramener à des niveaux acceptables.

Pour atteindre cet objectif et accomplir son rôle de plan d'application pour les mesures liées à la gestion environnementale du Projet, le PGE :

- décrira les principaux thèmes du Projet dans les domaines biophysique, socio-économique et sanitaire, ainsi que les problèmes/effets correspondants ;

- donnera une brève description des mesures d'atténuation et de suivi qui sont prévues pour les problèmes/effets du projet dans les domaines biophysique, socio-économique et sanitaire ;

- définira et décrira les rôles et responsabilités des principaux participants au Projet (la République du Cameroun et COTCO) ;

- présentera les organisations chargées de la surveillance environnementale, à la fois celle du projet et celle de la République du Cameroun ;

- décrira brièvement les coûts liés à la mise en place et au fonctionnement des organisations de surveillance environnementale ;

- donnera un calendrier indiquant les évènements importants en termes d'environnement et leurs liaisons avec l'exécution du projet ;

- introduira les outils de gestion environnementale qui sont prévus pour le Projet et les principales activités/études qui permettront de développer ces outils ;

Le PGE contiendra les mesures que la République du Cameroun et COTCO se sont engagées à mettre en œuvre.

Des consultations ont été effectuées pendant la phase d'ingénierie préliminaire du projet et tout au long du processus de préparation de l'EIE. Le programme de consultation continuera lors du processus de revue publique de l'EIE (et d'autres documents importants du projet tel que le PGE) et fera partie intégrante des phases de construction et d'exploitation du projet.

La consultation de la population locale a eu lieu dans le cadre de la mission d'enquête sur le milieu humain qui a été effectuée pour l'EIE. Les enquêtes effectuées sur le terrain ont couvert 68 sites (villages, camps, quartiers) et 185 ménages.

Des consultations ont également eu lieu avec plusieurs ONG, parmi lesquelles figurent les organisations ci-dessous, qui sont présentes au Cameroun ; certaines de ces ONG ont été consultées à plusieurs reprises.

QUATRIÈME PARTIE

LE FINANCEMENT DU PIPELINE TCHAD-CAMEROUN

CHAPITRE X

ENJEUX ÉCONOMICO-FINANCIERS ET REBONDISSEMENTS AUTOUR DU PROJET

A/ La formalisation juridique des accords et des conventions

Les négociations sur les grands principes généraux pour la construction du pipeline étant circonscrites, il ne restait plus que les détails qui feront l'objet de rédaction des textes spécifiques par les juristes des trois parties, notamment les accords et les conventions. On dit aussi souvent que « le diable est dans les détails ». Ce travail fut confié aux spécialistes. II n'était pas exclu que les trois parties revinssent sur des questions déjà clôturées si une ou deux des parties soulevaient une question pertinente ou mal élucidée au cours des précédentes séances. Au moment où les équipes de négociation abordaient les questions de financement du pipeline, c'était clair que l'ensemble des points techniques relatifs à la construction du pipeline, les questions économiques, fiscales, environnementales, sociales et celles qui relevaient des relations bilatérales entre les deux pays, soulevés lors de nos négociations étaient entièrement couverts et les parties étaient tombées d'accord. Il subsistera toujours de petits détails qui seront traités au cas par cas. Les accords ou les arrangements de ce type de projet ne sont jamais clôturés définitivement.

B/ Le montage financier du projet

Le projet d'exportation de pétrole brut de Doba fut pour la période considérée comme le projet le plus coûteux auquel la Banque Mondiale ait apporté son financement. Le montage financier de ce projet était conçu tel que plusieurs sources de financement seraient nécessaires à son bouclage. À commencer par la participation des États à travers les crédits de la Banque

Mondiale (guichet BIRD — Banque internationale pour la reconstruction et le développement —) et de la Société financière internationale (SFI) par un prêt direct au consortium et des prêts syndiqués de la part des financiers privés, de la Banque Européenne d'Investissement.

Les prêteurs privés, essentiellement les banques accordant des prêts aux deux entités juridiques propriétaires du pipeline, à savoir, COTCO et TOTCO et les fonds propres des compagnies pétrolières seraient également appelés pour compléter le financement du projet. L'article 2 de l'accord-cadre prévoyait « le financement nécessaire à la réalisation du système de transport camerounais se fera à hauteur de 25 % par les fonds apportés par ou pour les Actionnaires de COTCO (appelés prêts subordonnés), et à hauteur de 75 % par les prêteurs ». Ces prêts subordonnés consentis par ou pour les actionnaires ne porteront pas d'intérêt avant la fin de la construction du système de transport. Le montage était similaire pour la partie tchadienne du pipeline TOTCO.

L'implication de la Banque Mondiale dans ce projet était indiscutablement l'élément clé et indispensable à tout point de vue pour sa réalisation. Les membres du consortium avaient unanimement sollicité la participation de la Banque Mondiale pour garantir leurs investissements. Cette participation était en fait une condition exigée par les membres du consortium dans le cadre de l'accord-cadre signé en 1996 pour la réalisation du projet. C'était un parapluie nécessaire aux investisseurs privés. En effet, les membres du consortium ne se sentaient pas à l'abri des nationalisations éventuelles de leurs investissements de la part des États ou d'autres évènements susceptibles de modifier les fondements juridiques des accords signés avec les deux États. Ils gardent toujours en mémoire les périodes difficiles passées dans quelques pays gagnés par des courants idéologiques marxistes même si ceux-ci se sont presque éteints. La participation financière de la Banque Mondiale était aussi une caution morale et une assurance pour les prêteurs privés, mais aussi pour le consortium.

En Afrique et dans les pays du tiers monde en général, les nationalisations, les confiscations ou la destruction des biens des entreprises étrangères devenaient des conséquences immédiates d'un coup d'État ou un coup « de gueule d'un chef ». Cette attitude est exprimée souvent comme une affirmation de la souveraineté nationale bafouée ou la récupération des biens publics spoliés. Ainsi, il fut envisagé que le financement nécessaire à la réalisation du pipeline se ferait à hauteur de 25 % par des fonds apportés par les actionnaires (y compris la participation des deux États dans le capital des deux sociétés TOTCO et COTCO), et à hauteur de 75 % par les prêteurs privés. La Banque Mondiale était pressentie pour contribuer au financement du projet en accordant des prêts aux deux États à travers son guichet IDA (Association internationale pour le développement) au taux de 0,75 % par an. Ce guichet au taux concessionnel pour lequel ses ressources sont réservées aux pays les moins avancés, dont le revenu par tête d'habitant ne dépasse pas 500 dollars US par an. À la suite de débats intenses, les membres du conseil d'administration de la Banque Mondiale avaient considéré que ce projet avait un caractère commercial et ne contribuerait pas, selon eux, de manière directe, à la réduction de la pauvreté ; par conséquent, le guichet BIRD était plus indiqué. Ce guichet accorderait les prêts correspondants aux deux États au taux du marché puisque la rentabilité du projet était suffisante pour rembourser les crédits.

Cette décision était considérée par les autorités des deux pays comme un lâchage et une fuite en avant de la part de la Banque Mondiale, ce qui lui permettrait de se retirer du projet si les deux pays refusaient cette solution, surtout que la pression des opposants au projet devenait de plus en plus intenable. Avec cette nouvelle approche de la Banque Mondiale, les opposants au projet pensaient avoir gagné la partie. La conséquence de cette décision serait que le projet coûterait un peu plus cher aux deux États du fait de ce changement du taux d'intérêt entre les deux guichets. Mais, en définitive, il n'y avait pas de changement notable dans l'économie globale du projet, encore moins en ce qui concernait l'engagement des hauts responsables de la Banque Mondiale sur l'intérêt suscité par le projet au profit des deux pays en matière de réduction de la pauvreté. Pour les membres du consortium, leur engagement et les profits tirés du projet ne changeaient pas non plus. Voyons ci-dessous comment les coûts du projet ont été répartis :

Composantes	**Coûts y compris les imprévus (millions de $ US**	**% du total**
Système de champs (y compris le forage d'exploitation, le pipeline, le centre d'exploitation et l'acquisition des terres)	1521	41 %
Système d'exportation (y compris le tuyau, la construction du pipeline, l'entrepôt flottant et le bateau de déchargement, les stations de pompage et l'acquisition des droits du pipeline)	1568	42 %
Coûts financiers (y compris les intérêts pendant la construction, les frais de crédit, la consolidation des comptes de réserves du service de la dette	635	17 %
Total	**3724**	**100 %**

En plus de cette participation directe sous forme de prêt aux États, la Banque Mondiale avait initié des projets dans les deux pays pour financer les mesures d'accompagnement qui pourraient, soit atténuer les conséquences liées à la réalisation de ce projet du point de vue environnemental, soit participer au renforcement des capacités des institutions qui auront la charge de gérer et de contrôler les ressources générées par le pétrole. Les financements de ces projets n'étaient pas inclus dans le coût global du projet de construction du pipeline. Dans ce cadre, la Banque Mondiale avait financé en ce qui concerne le Tchad, le projet de gestion de l'économie à l'ère pétrolière pour un coût de : 12,6 millions de DTS (droits de tirage spéciaux) équivalant à 17,5 millions de dollars US.

Nous nous apercevons que la présence de la Banque Mondiale dans le projet de pipeline Tchad-Cameroun est incontournable. Mais, son financement s'avère minime vis-à-vis dudit projet. La gestion des ressources additionnelles provenant de la vente du brut va mettre l'administration tchadienne à rude épreuve. En réalité, le budget général du Tchad établi sur la base des ressources domestiques hors pétrole ne dépasse guère les 150 milliards de FCFA, et y ajouter les 120 milliards de FCFA environ provenant de la vente du brut, sans compter les autres ressources additionnelles, risquait à coup sûr de créer un effet dévastateur ou de provoquer « le syndrome hollandais » qui veut dire malédiction des matières premières, phénomène économique qui relie exploitation des ressources naturelles et déclin de l'industrie manufacturière locale et le secteur agricole : c'est pourquoi le Gouvernement et la Banque Mondiale décidèrent d'anticiper pour éviter ce syndrome.

C/ Le capital humain et le renforcement des capacités

Le projet de gestion de l'économie à l'ère pétrolière avait pour but de former les cadres de l'administration chargés de la gestion des finances en amont et en aval, c'est-à-dire organiser et renforcer les ministères consommateurs des crédits et le ministère des finances payeur.

Il faut renforcer la capacité d'absorption de l'administration. Pour éviter de tomber dans les travers de la consommation rapide des crédits sans commune mesure avec les besoins réels, il était rendu nécessaire de créer et de renforcer les institutions de contrôle de gestion des ressources.

C'est dans cet esprit qu'avait été créé le Collège de contrôle et de surveillance des revenus pétroliers (CCSRP). L'adoption d'un nouveau Code des marchés publics et le renforcement en ressources humaines et matérielles de la Chambre des comptes qui deviendra plus tard la Cour des comptes en 2014, et de la Cour suprême ainsi que la réhabilitation de la Cour de discipline budgétaire, répondaient à ce souci de gestion transparente des deniers publics. Aussi la direction du Trésor et de la Comptabilité, la direction du Budget, la direction des Impôts et Taxes et la direction des Douanes et des Droits indirects avaient-elles été renforcées par la formation et le recyclage de leurs cadres et du matériel moderne de travail. Et plus récemment encore, la création d'un ministère chargé du Contrôle de l'État, de la Moralisation et de la Bonne Gouvernance vient compléter le dispositif juridique et institutionnel mis en place pour la gestion efficiente des ressources pétrolières attendues.

Le projet de renforcement des capacités de gestion du secteur pétrolier était aussi une réponse à ce souci légitime du Gouvernement de pallier le manque des cadres au sein du ministère du Pétrole. Le projet était évalué à 23,7 millions de dollars US et le Tchad contribuerait en contrepartie pour un montant de 2,5 millions de dollars US. Ce projet avait pour objectif de procéder à la formation des cadres du ministère du Pétrole et à leur encadrement afin qu'ils soient en mesure de gérer et de contrôler efficacement les activités pétrolières, notamment en assurant le suivi des conventions actuelle et future et de tous les accords régissant les activités pétrolières au Tchad. Un nombre suffisant d'inspecteurs serait également formé pour suivre les opérations de comptage du brut produit et de son exportation. Ce crédit servira également à une remise à niveau des cadres pour l'analyse des données géophysiques et les nouvelles technologies d'exploration sismiques et de traitement des données. Les besoins du Tchad, dans ce domaine, étaient énormes. Dès lors, un vaste chantier de formation et d'encadrement fut ouvert avec l'exploitation du brut des trois champs de Doba.

D/ Des garanties sociales

Une composante importante de ce projet est la coordination nationale du projet pétrole. Une partie de ce crédit serait utilisée pour soutenir les activités de la coordination nationale du projet. Une mission large fut dévolue à la coordination nationale du projet qui elle, avait permis d'asseoir son autorité sur la supervision de toutes les activités en amont et en aval du projet par le biais de ses composantes que sont le CTNC (Comité technique national de suivi et de contrôle) et le Projet de renforcement des capacités de gestion du secteur pétrolier. La coordination de ce vaste chantier qui avait mobilisé environ 4000 employés en période de haute activité était rendue possible grâce à une vigilance constante de la part des services de sécurité présente sur place en permanence. Cela va sans dire que la sécurisation des personnes travaillant sur le chantier et du matériel constituait un souci permanent de la part des sous-traitants, du consortium et du gouvernement. Le slogan « zéro accident de travail » avait été largement respecté par l'ensemble des travailleurs et des superviseurs de chantier, à tel enseigne qu'on n'avait enregistré que des accidents mineurs et très peu de pertes en vies humaines dues aux accidents de travail sur ce vaste chantier.

E/ La sécurisation du projet

La sécurité à l'intérieur du chantier était certes préoccupante, raison pour laquelle la zone tout entière devait être sécurisée. Les actes de sabotage n'étaient pas à exclure. Force est de constater que ce vaste chantier est situé dans une région qui avait été jadis le théâtre des affrontements entre les forces de l'ordre et les groupuscules armés considérés comme des hors-la-loi. Cet héritage de désordre et de violence pouvait à tout moment créer des actes incontrôlés de déstabilisation pour retarder les activités et le calendrier nécessaires pour l'achèvement des travaux. La réalisation du projet serait ainsi perturbée. Pour faire face à ces éventualités, le Gouvernement avait anticipé en mettant en place une structure de sécurisation du chantier. Les forces de sécurité affectées à cette structure sous le commandement d'un officier supérieur de l'armée nationale tchadienne veillaient sur la périphérie du chantier en surveillant tous les mouvements de personnes susceptibles de porter atteinte à l'ordre public, et ce, dans un rayon de cent kilomètres environ. Cette structure dissuasive pourrait éventuellement agir en cas de nécessité. Les activités de cette structure étaient incluses au sein de la coordination nationale du projet.

La gestion des personnes concentrées dans la zone à la recherche du travail était également préoccupante. Cette concentration pouvait créer des conflits sociaux mineurs qui pourraient déborder si l'on n'y prenait garde. De nouveaux villages furent créés spontanément. Les habitations construites avec des matériaux de fortune étaient dressées un peu partout dans le périmètre du projet. La surveillance des débits de boisson, des points de restauration ou des « maisons closes » installés un peu à la sauvette, fréquentés par des personnes venues de tous les horizons du pays, des pays voisins et même ceux d'ailleurs à la recherche du travail, tout ceci était une préoccupation constante de la part des services de sécurité. Tous les conflits sociaux mineurs étaient gérés par un détachement de la police nationale et de la gendarmerie qui patrouillaient nuit et jour dans les zones habitées à l'intérieur du périmètre pour collecter toutes les informations nécessaires aux services de renseignements. À la satisfaction de tous les acteurs, les différentes forces engagées pour le maintien de l'ordre dans la zone avaient créé les conditions de stabilité et la quiétude nécessaires à la réalisation de ce gigantesque projet.

Le Comité technique national de suivi et de contrôle (CTNC) faisait partie des composantes de la coordination nationale du projet. Ses activités étaient également financées par le crédit de la Banque Mondiale.

Le CTNC avait pour mission de veiller au respect strict des normes environnementales et de suivre également toutes les mesures d'accompagnement dont devait bénéficier la région de Doba pour son développement, notamment l'assainissement des villes, l'amélioration des structures sanitaires et scolaires, l'adduction d'eau potable, la construction des marchés, des abattoirs et d'autres infrastructures collectives. Plusieurs petits projets avaient été financés par les fonds gérés par le CTNC parmi lesquels on pouvait citer le FACIL (Fonds d'actions concertées d'initiative locales, le plan de développement régional).

F/ Outils de gestion et manuel de procédures

En avril 2005, un atelier consacré au projet de renforcement des capacités de gestion du secteur pétrolier avait été organisé à N'Djamena où l'on déposa le bilan des activités. Le constat général fait au cours de cet atelier faisait ressortir qu'un certain nombre d'objectifs n'avaient pas été atteints. Il s'agissait de la formation des cadres chargés de suivre et de gérer efficacement toutes les opérations pétrolières. Il s'agissait également de la création d'un cadre institutionnel chargé de suivre l'impact environnemental de l'exploitation pétrolière et, enfin, du souhait du Gouvernement de créer un organe chargé de la commercialisation du brut. Pour atteindre ces objectifs, le Gouvernement demanda à la Banque Mondiale de l'appuyer en lui accordant un crédit supplémentaire aux fins de financer les programmes envisagés. Le principe avait été accepté par la Banque Mondiale et il ne restait que les détails et les conditions à discuter. Le Gouvernement souhaitait pareillement créer une institution pour gérer toutes les activités pétrolières à l'image de la SNH au Cameroun.

G/ Un modèle de partenariat public-privé (PPP)

Outre la participation des États et du Groupe de la Banque Mondiale pour le financement du projet, les banques privées avaient également accordé des prêts aux membres du consortium pour compléter leurs fonds propres nécessaires au bouclage du projet. Les membres du consortium et les prêteurs privés traiteront de manière séparée les conditions de prêts et de remboursement de ces crédits. En matière de garantie, les membres du consortium apportaient, chacun à travers leur maison-mère, la caution nécessaire. Pour autant, les réserves prouvées des trois champs constituaient un gage supplémentaire. Les membres du consortium apportaient 97 % du montant total du projet et 16 % de ces fonds leur furent prêtés par les banques privées. Les membres du consortium étant majoritaires dans le capital des deux sociétés de transport TOTCO et COTCO, ils apporteront la grande partie du financement nécessaire.

Ainsi, la réalisation du projet de pipeline a été la résultante de l'accord-cadre. Voyons à présent l'apport de TOTCO dans le financement du projet en question.

H/ TOTCO

C'est l'entité juridique constituée sous forme de société de droit tchadien pour construire, exploiter et entretenir le système de transport de TOTCO qui est le tronçon du pipeline situé en territoire tchadien. Les actionnaires de TOTCO sont : La République du Tchad, Esso Exploration and Production Chad Inc, Petronas Carigali (Chad EP) inc. et Chevron Petroleum Chad Company Limited. Selon les apports en capital prévus dans les accords de 2000, la structure du capital de TOTCO était ainsi arrêtée.

Tchad : 8,12 % (15 à 20 % était l'option de base)

Actionnaires privés : 91,5 % (Esso, Chevron, Petronas).

Rappelons que le Cameroun n'est pas actionnaire dans TOTCO. Cette question a été expliquée plus haut. Pour mémoire, s'agissant de la structure du capital de COTCO (Cameroun Oil Transportation Company S.A.).

Il faut souligner que l'estimation des ressources pour la souscription en capital de TOTCO et de COTCO était devenue plus consistante, par conséquent, les deux États étaient contraints de réduire leur participation dans le capital des deux sociétés par rapport à leur option initiale comme suit :

Tchad	2,75 % (5 % était l'option retenue dans l'accord-cadre)
Cameroun	5,8 % (38 % était l'option de base du Cameroun)
Actionnaires privés	91,3%

Des arrangements ont été trouvés pour arrêter définitivement le montage du financement. Les chiffres donnés ici ne sont qu'approximatifs. Il faut noter aussi que l'opérateur du consortium Esso est désigné par l'Accord d'association interne entre les membres du consortium comme étant la société chargée de gérer le projet de construction du pipeline de manière intégrée (Tchad-Cameroun) et la société prestataire de service pour TOTCO et COTCO. TOTCO avait signé une convention d'établissement avec la République du Tchad le 10 juillet 1998. Ainsi, TOTCO avait obtenu une autorisation de transporter les hydrocarbures produits dans les trois champs dans le système de transport de TOTCO. À partir de la date de la décision finale d'investissement, le consortium effectuera, conformément à la convention de 1988, le développement et la production des trois champs selon le plan de développement approuvé par le Tchad. TOTCO, pour sa part, construira avec diligence le système de transport pour le tronçon tchadien, conformément au plan de construction indiqué dans sa demande adressée au Tchad en vertu de trois champs en même temps. Il est prévu dans les accords que TOTCO signera des contrats avec les membres du consortium pour expédier le brut produit dans les trois champs. En outre, TOTCO étant propriétaire du système de transport, elle peut signer des contrats d'expédition avec des tiers (selon la capacité disponible) pour transporter du brut provenant d'autres champs. Cette clause est valable pour le Tchad et les compagnies pétrolières non concernées par la convention de 1988 opérant en dehors des trois champs.

Les accords signés entre TOTCO (propriétaire du système de transport) et les Expéditeurs (membres du consortium) prévoient les clauses suivantes :

- La programmation et l'utilisation du système de transport ;
- La gestion du stockage et des enlèvements des cargaisons par les navires pétroliers ;
- Le comptage ;
- Les spécifications du brut ;
- Les responsabilités respectives ;
- Les assurances ;
- La facturation.

Il faut noter qu'il y a tout un ensemble d'instructions opérationnelles qui vont régir les relations entre le propriétaire du système de transport (TOTCO) et les expéditeurs du brut (membres du consortium) dans le système de transport qu'il n'est pas nécessaire d'énumérer ici.

En fin de compte, il n'a pas été facile pour le Tchad de son épingle du jeu face aux exigences environnementales et financières que posait le projet. Si le premier volet était plus objectif, celui lié au financement brillait par sa délicatesse et sa complexité. IR Banque Mondiale n'a pas facilité la tâche au Gouvernement tchadien dans l'obtention de gros financements et le projet a été réalisé grâce à l'apport des deux États (Tchad et Cameroun), de la Banque Mondiale, du consortium et des prêteurs privés.

CHAPITRE XI

L'APPORT DE LA BANQUE MONDIALE

Si au début, la position de la Banque Mondiale semblait peu rassurante, l'on pouvait se rendre compte, au fur et à mesure que les jours passaient, qu'elle devenait de plus en plus conciliante dans la réalisation du projet pipeline Tchad-Cameroun.

A/ Le rôle capital de la Banque Mondiale

Il est une certitude que le projet de construction du pipeline Tchad-Cameroun n'aurait pas été réalisé sans la participation active en termes de conseils, de mobilisation des ressources et de lobbying de la part de la Banque Mondiale. Au plan international, la Banque Mondiale avait joué le rôle de leadership. Sans oublier que l'engagement personnel de son Président de l'époque, James Wolfensohn, en dépit de toutes les turpitudes, et en dépit des critiques mal fondées et même des attaques personnelles, avait été déterminant pour la réussite de ce projet unique en son genre en Afrique au sud du Sahara.

Prenant en compte la polémique qui entourait ce projet, le Président du groupe de la Banque publiait un communiqué de presse le 6 juin 2000 en ces termes : « Le projet Tchad-Cameroun est le reflet d'un effort sans précédent associant le Groupe de la Banque, le consortium des sociétés privées et les deux gouvernements. Quoique certains aient encore des doutes, je pense que le travail acharné des spécialistes du groupe de la Banque, le consortium des sociétés privées et des deux pays, conjugués à une forte participation de la société civile tchadienne et camerounaise, voire du monde entier, ont permis d'affiner et de solidifier ce projet. Le vrai défi se profile à l'horizon. Nous entendons le relever, avec nos partenaires, dans le même esprit d'ouverture et de minutie que nous avons, jusqu'ici, apporté au processus ».

Pendant tout le processus de la réalisation du projet, la Banque Mondiale a joué le rôle d'arbitre central. Pourquoi cette détermination constante ? Pourquoi cet engagement personnel du plus haut responsable du groupe de la Banque Mondiale à vouloir réaliser ce projet ? Faisant fi de toutes les considérations politiques, la Banque Mondiale avait fait une analyse profonde, voire froide des potentialités et des atouts susceptibles de contribuer à réduire de manière conséquente la pauvreté au Tchad. Il faut rappeler que le Tchad était classé parmi les sept pays les plus pauvres d'Afrique et parmi les dix derniers pays au monde. Tous les indicateurs de progrès utilisés pour apprécier le seuil de pauvreté au Tchad à cette époque-là étaient situés en dessous du seuil tolérable. Les projections faites sur les possibilités de développement du pays dans les vingt années à venir ne donnaient aucun espoir. En ajoutant à cela la croissance démographique estimée à 3 % en moyenne par an, l'horizon ne semblait pas joyeux. C'était une fatalité devant laquelle toutes les agences de développement et de coopération ainsi que les initiatives locales semblaient désemparées.

Malgré les efforts consentis par la Communauté internationale à cette époque-là en vue de la réduction de la pauvreté au Tchad, celle-ci était loin de diminuer ; au contraire, elle croissait avec toutes ses conséquences classiques, à savoir : les violences de toutes sortes, l'analphabétisme, les maladies, la malnutrition, l'exode rural, etc. Un survol rapide des caractéristiques de l'économie tchadienne d'alors est nécessaire pour comprendre ces difficultés, et surtout, mettre en exergue la justification de ce grand projet.

B/ L'économie tchadienne avant l'ère pétrolière

L'économie tchadienne est marquée au cours de ces dernières années par une évolution assez contrastée. La dévaluation monétaire de 1994 n'a pas occasionné le bond qualitatif qu'on aurait pu logiquement espérer.

Elle a connu une période de faible croissance avec deux années consécutives de récession avant de se placer sur la voie de la croissance du fait, essentiellement, de l'accroissement des investissements du secteur pétrolier. Les deux années qui suivirent immédiatement la dévaluation avaient enregistré une croissance faible de l'ordre de 1,8 % en moyenne. Ainsi, le produit intérieur brut (PIB) en termes réels se chiffrait à 721 milliards de FCFA en 1995 et correspondait à une hausse de 1,5 % par rapport à son niveau de 1994. Le PIB n'avait augmenté que de 2,2 % en 1996. C'est grâce à une meilleure campagne agricole que l'activité économique reprendra son dynamisme pour atteindre une croissance de l'ordre de 5,6 % en 1997. Malheureusement, cette embellie ne durera qu'une courte période et le ralentissement de cette croissance seront amorcés en 1999.

L'économie tchadienne est alors largement tributaire du secteur agricole qui est dépendant aussi des caprices de la pluviométrie. La croissance dans les différents secteurs d'activités révèle leur interdépendance qui fait qu'un déficit pluviométrique d'une campagne agricole se répercute automatiquement sur toutes les autres branches de l'économie. Du secteur primaire, le choc se transmet au secteur secondaire, à travers l'industrie du coton fibre, et passe également au secteur des services à travers le commerce et les transports qui tirent en grande partie leur valeur ajoutée de ces produits agricoles. L'analyse de la contribution des branches d'activités à la croissance du PIB réel confirme bien cette prédominance du secteur primaire dans l'évolution de l'activité économique. Une décomposition de la croissance du PIB en taux de croissance sectorielle montre que le secteur primaire est la source de 1,3 % des 2,2 % de croissance en 1996.

Pendant la récession, ce secteur avait contribué pour -1,3 % tirant le PIB vers le bas avec une croissance négative de -0,8 %. Les finances publiques constituaient près de 20 % du PIB courant et le déficit budgétaire avait atteint le seuil critique de -2,8 % du PIB en 1995. Le poids de la dette s'est également alourdi pendant cette période. On comprendra aisément la fragilité de cette économie qui ne permettait pas de faire des projections au-delà du court terme. Dans ces conditions, il est illusoire de planifier le financement du développement avec les ressources propres du pays. L'aide publique au développement est et demeure indispensable au Tchad et le pays sera tributaire de cette aide encore pour longtemps et même après la mise en exploitation des ressources pétrolières. Donc, nous comprenons le rôle primordial de la Banque Mondiale dans la mise en exploitation de nos ressources pétrolières.

L'une des vocations de la Banque Mondiale est d'aider les pays pauvres en contribuant financièrement dans les programmes de réduction de la pauvreté. Elle finance les études et prodigue des conseils aux pays par le biais de l'assistance technique et en leur accordant des prêts à des taux concessionnels. La Banque Mondiale conseille aussi les États membres qui ne disposent pas de l'expertise nécessaire pour le montage des grands projets industriels et commerciaux. Elle est de même la principale agence de mobilisation des ressources financières des bailleurs de fonds (donateurs multilatéraux ou bilatéraux) pour le financement des projets et programmes dans les pays en développement.

La Banque Mondiale avait saisi l'opportunité de l'annonce par le biais du consortium pétrolier opérant au Tchad, indiquant que les résultats de ses recherches pourraient éventuellement aboutir à des découvertes commercialisables pour s'engager véritablement dans ce grand projet. C'était aussi une opportunité pour le Tchad d'accéder à cette richesse, et enfin, de nourrir l'espoir de réduire sa pauvreté de manière substantielle. Les concertations entre le Tchad et la Banque Mondiale sur les possibilités d'exploitation du pétrole avaient commencé depuis les premières découvertes du champ de Sedigui au Lac Tchad. Mais, pour de multiples raisons politiques et sécuritaires, elles n'avaient pas abouti. Pour permettre au Tchad de réduire sa pauvreté et émerger au plan économique, il n'y avait pas d'autres possibilités ou alternatives à une brève échéance que l'exploitation de son potentiel minier, notamment son pétrole et la gestion rationnelle de ses revenus.

C'est la conclusion à laquelle était parvenue la Banque Mondiale. Cette conclusion est largement partagée par l'ensemble des bailleurs de fonds qui contribuent au développement du pays et par les membres du consortium qui espèrent rentabiliser leur investissement dans un pays stable et participer ainsi, de manière indirecte, à la réduction de la pauvreté dans un pays démuni comme le Tchad. C'est, non seulement l'espoir de toutes les populations tchadiennes, mais aussi une ambition politique légitime des gouvernants.

Ainsi, les trois partenaires, à savoir, le consortium, la Banque Mondiale et le Gouvernement tchadien étaient arrivés à une convergence de vues : le développement durable et la stabilité politique du Tchad ne seront envisageables et possibles que si le pays dispose des moyens financiers suffisants pour faire face à ses besoins immenses. Dans cette optique, il n'y avait que l'exploitation du pétrole qui pouvait donner une impulsion nouvelle et dynamique au Tchad. La croissance économique, gage de tout progrès et de stabilité, n'était pour moi qu'un vain mot dans ce pays si des ressources financières additionnelles suffisantes n'étaient pas identifiées à court terme pour soutenir cette croissance.

Chacune des parties avait fait ses propres analyses, sans prendre en compte les mêmes critères, les mêmes hypothèses et les mêmes objectifs. Mais alors, elles avaient, toutes, tiré les conclusions identiques. Évidemment, cette identité de vues avait permis aux trois partenaires d'avoir des coudées franches pour s'engager résolument dans un grand projet à forte probabilité de risques. C'était un défi important à relever. Les nouvelles perspectives qui pointaient à l'horizon plaçaient le pays à la fois devant une opportunité réelle et — un défi d'éradication de la pauvreté, du moins, sa réduction substantielle. Il s'agissait du défi de créer les conditions d'une croissance soutenue à la fin de l'ère pétrolière et d'une répartition équitable sur le plan régional d'une part, et de partager entre les générations actuelles et futures les fruits de cette croissance, d'autre part. Une utilisation appropriée et efficiente des nouvelles ressources financières apparaissait désormais aux yeux des Tchadiens et des dirigeants autant comme un challenge que comme un défi politique à relever. La nécessité de mettre en place une stratégie globale de partage des rôles entre l'État, la puissance publique régulatrice, la société civile et le secteur privé, vecteurs de la promotion économique, pour assurer une gouvernance efficiente et responsable en vue du progrès social : c'était un point de passage incontournable pour le salut du Tchad. Cela devient également une exigence inévitable pour l'avenir du pays.

Face à ce défi du siècle, force est de constater que l'exploitation du pétrole tchadien avait été très politisée à telle enseigne que le projet avait failli échouer. Pour des raisons très diverses, le projet avait rencontré des difficultés énormes non pas pour sa réalisation technique, mais pour des questions d'ordre politique.

Abordons, sans plus tarder, les controverses qui ont failli mettre en péril l'exécution du projet de construction du pipeline Tchad-Cameroun.

C/ La Banque Mondiale face aux controverses autour du projet

La Conférence nationale souveraine organisée en 1993 fut le point de départ au Tchad de l'éclosion des libertés individuelles et collectives. La démocratisation du pays avait pris un véritable envol. La critique et la contestation étaient désormais acceptées par les pouvoirs publics, et la presse écrite privée avait été le véritable support incontestable de cette démocratisation. Un engouement avéré à l'information gagna les populations tchadiennes, principalement dans les grandes villes du pays. Plusieurs journaux de sensibilités très variées virent le jour. Un pays qui, pendant longtemps, avait été comprimé dans le moule de l'information à sens unique, où on étalait toujours les éloges du chef et les prouesses de l'armée tchadienne découvrirent subitement la contradiction et la critique. Désormais, aucun dossier sérieux et important ne pouvait être traité par les pouvoirs publics en catimini, sans que l'opinion reçût un minimum d'informations.

En ce qui concerne le dossier pétrole, des informations diverses véhiculées à cette époque faisaient déjà état du projet d'exploitation du pétrole du bassin de Doba. Les populations tchadiennes attendaient alors avec beaucoup d'impatience cette ère nouvelle. Les hommes d'affaires, les hommes politiques de toutes sensibilités attendaient également de voir les retombées économiques, et en même temps, une amélioration substantielle des conditions de vie des populations tchadiennes. Rappelons que les premiers contacts tripartites (Tchad, Cameroun, Consortium) avaient eu lieu au début de l'année 1993 pour évoquer de manière officielle le projet de construction d'un pipeline transportant le pétrole brut tchadien à travers le territoire camerounais jusqu'à la façade atlantique. Le consortium estima que les quantités des réserves prouvées pourraient justifier la construction d'un tel pipeline, pourvu que les coûts fussent correctement maîtrisés et que l'on obtînt l'accord préalable du Cameroun.

L'occasion était idéale pour les organisations non gouvernementales, les partis politiques et les leaders d'opinion de s'exprimer publiquement sur les avantages et les inconvénients du projet d'exportation du brut tchadien. Il avait été remarqué que tout au long du processus de discussions et de négociations en vue de la construction du pipeline, deux ou trois partis politiques et quelques associations de la société civile n'avaient eu d'autres activités et de programme politique que de battre campagne contre le projet et de s'opposer ainsi à la construction du pipeline. Cet évènement avait occasionné la création de plusieurs organisations non gouvernementales (ONG), des associations de la société civile, mais surtout, il avait ravivé un regain d'intérêt pour le Tchad de la part des ONG situées hors du territoire national. Les partis politiques, les associations luttant pour la protection de l'environnement, ont découvert également un sujet qui capte l'attention du grand public. Les raisons invoquées étaient multiples et diverses tandis que les motifs d'engagement de toutes ces organisations différaient naturellement.

Chaque ONG ou parti politique avait sa propre stratégie, mais ils se rejoignaient tous sur le sujet relatif au pétrole du Tchad. Selon eux, le pétrole du Tchad exploité à cette époque-là n'allait pas profiter au peuple tchadien. C'était une position politique et des combats d'arrière-garde exprimés autour d'un projet très sensible, dont aucun d'eux ne maîtrisait les contours.

D/ L'acharnement des partis politiques de l'opposition

a/ De vives protestations

Ces acharnements bien entendu, se situaient naturellement sur un terrain politique. Ils consistaient à empêcher à celui qu'ils traitaient d'adversaire d'avoir les moyens de sa politique : réussir un projet sur lequel les précédents dirigeants avaient lamentablement échoué. La réalisation de ce projet, pour les partis politiques de l'opposition, donnerait aux autorités de la République une crédibilité, une audience au plan international et surtout un soutien populaire sur le plan national. Il n'en demeure pas moins vrai que dans les meetings et les points de presse organisés par ces partis politiques, l'exploitation du pétrole brut tchadien demeurait toujours la question centrale. L'argumentation développée avec une forte connotation régionaliste et tribale captait très facilement l'opinion des populations de la région pétrolifère. De ce fait, les populations dans leur grande majorité, analphabètes et sensibles aux propos du genre « les allogènes ou les gens venus d'ailleurs vont voler votre richesse ou alors avec l'argent de votre pétrole, ils achèteront des armes pour vous massacrer » acquiesceront à cette argumentation. On avait même tenté d'empêcher les sociétés sous-traitantes de recruter les travailleurs originaires d'autres régions du pays. Ces sociétés étaient pourvoyeuses d'une forte offre d'emploi. L'objectif de ces partis politiques était donc, tout d'abord, de s'implanter dans la région pétrolifère, ensuite, d'avoir une audience qui se traduirait en un fonds de commerce politique. Ceci leur permettrait, croyaient-ils, de mobiliser plus facilement les populations locales sur des questions relevant du vécu quotidien, et pourquoi pas de lorgner vers les échéances électorales futures.

Dans un pays comme le Tchad qui avait traversé des périodes de troubles et de violences, il est extrêmement dangereux d'utiliser des arguments qui risquent, à terme, d'ébranler l'unité nationale. D'ailleurs, le programme politique de ces partis politiques minoritaires sur l'échiquier national est bâti autour d'un fédéralisme séparatiste, autour d'un régionalisme sectaire : leur programme politique, à la limite, tend vers la xénophobie et vers du régionalisme. Le fédéralisme galvaudé par ces partis politiques est souvent confondu au séparatisme, ou au rejet pur et simple de tout ce qui viendrait des autres régions, particulièrement, de la partie nord du pays. On faisait croire à ces populations autochtones « qu'avec la fédération on vivrait mieux chez soi avec son pétrole ». Il faut reconnaître qu'une partie du pays avait été le théâtre de plusieurs soulèvements populaires et avait vu naître des mouvements armés hostiles au gouvernement central. Ce n'est pas faux de croire qu'il y avait une relation de cause à effet qui s'ajoutait à la pauvreté générale du pays.

L'opposition de certains partis politiques à la réalisation du projet ne se limitait pas seulement à un activisme local. Elle s'était déportée ailleurs. C'est ainsi qu'une forte mobilisation avait eu lieu au plan international, particulièrement en Europe et aux USA, auprès des organisations de défense de l'environnement avec des relais puissants et bien rodés dans l'intoxication. Ces organisations étrangères utilisaient souvent, pour le besoin de la communication et de la crédibilité, des ressortissants tchadiens vivant à l'étranger. Ils étaient invités à toutes les foires et rencontres internationales comme des membres des organisations locales pour sensibiliser les participants sur les conséquences du projet des points de vue écologique, environnemental et social. En marge des assemblées annuelles du groupe de la Banque Mondiale et du Fonds Monétaire International tenues à Prague en automne 2002, on avait du mal à comprendre la similitude des objectifs poursuivis par les altermondialistes et ceux des opposants au projet pipeline

Tchad-Cameroun à travers les banderoles de protestation. Le spectacle joué par un militant environnementaliste sur le toit du siège de la Banque Mondiale à Washington pendant les réunions annuelles du groupe de la Banque Mondiale et du Fonds Monétaire International en automne 2000 était édifiant. Ce militant arborant des banderoles mettant en évidence l'implication de la Banque Mondiale dans le projet pipeline Tchad-Cameroun considéré comme un désastre, avait menacé de descendre en chute libre du toit du siège de la Banque Mondiale si celle-ci ne révisait pas sa position sur le projet. Heureusement, la police avait réussi à faire éviter à ce militant un acte suicidaire regrettable, ce d'autant plus que les Tchadiens n'auraient même pas gardé un souvenir de son acte.

Les sièges des institutions internationales et les parlements des pays membres influents du groupe de la Banque Mondiale (Bruxelles, Strasbourg, La Haye, Tokyo, New York, Genève, Washington, Paris, Berlin), etc. étaient constamment visités par les organisations opposées à la réalisation du projet. Des milliers et des milliers de signatures sur des pétitions et de multiples correspondances rédigées par diverses sources étaient adressées au Président de la Banque Mondiale pour protester contre la réalisation de ce projet. Elles étaient enregistrées presque quotidiennement au siège de la Banque Mondiale. Les mêmes pétitions étaient également déposées à la présidence de la République à N'Djamena. Notons toutefois que les Tchadiens n'ont pas cette culture de la protestation exprimée à travers des pétitions. Nous les considérions comme des correspondances qui ont perdu l'adresse de leur destinataire. Nous ne leur accordions aucune importance et elles ont fini dans les cuves d'incinération.

b/ La réaction de la Banque Mondiale

Il y a lieu de souligner que la mobilisation était telle que le conseil d'administration de la Banque Mondiale avait saisi un de ses organes et le chargea de vérifier la justesse et le fondement des accusations portées contre elle pour son implication dans ce projet. Cet organe appelé Panel d'inspection fut créé en 1993 pour accroître la transparence et la responsabilisation des opérations de la Banque Mondiale à travers le monde. C'est un mécanisme indépendant de contrôle qui met à la disposition des citoyens des pays membres et des organisations qui les représentent la possibilité de juger de la pertinence des décisions d'une institution aussi puissante que l'est la Banque Mondiale. En tant que mécanisme indépendant, méthodique et orienté vers l'extérieur, chargé de procéder à l'examen de la conformité des décisions de la Banque Mondiale, le Panel d'inspection avait visité le Tchad et le Cameroun pour vérifier cette masse d'informations provenant de différentes sources et qui risquaient de créer un malentendu avec cette institution financière internationale. Après avoir visité les deux pays, le Panel d'inspection avait rédigé un rapport destiné au conseil d'administration de la Banque Mondiale. Le rapport du Panel d'inspection avait permis à la Banque Mondiale d'écouter les doléances exprimées par les populations, de tenir compte des traitements que celui-ci pouvait réserver aux plaintes reçues et ainsi, d'adopter les meilleures politiques et procédures opérationnelles dans l'optique d'exécuter avec plus de diligence et de réussite la mission de réduction de la pauvreté dont elle était investie. Le Panel d'inspection est un canal d'accès direct à l'organe de gouvernance le plus élevé de la Banque Mondiale. Le rapport du panel ne conclut pas en faveur de l'annulation du projet. Au contraire, il fit des recommandations pour améliorer la faisabilité et la gouvernance du projet. Il réaffirma la pertinence du projet dans ses objectifs en faveur de la réduction de la pauvreté au Tchad et au Cameroun.

Le conseil d'administration de la Banque, à partir des conclusions pertinentes du Panel d'inspection, avait la possibilité de remédier à ce qu'il pouvait considérer comme des conséquences préjudiciables à l'action de la Banque Mondiale. S'il ne l'a pas fait, c'est parce que le Panel d'inspection dispose des prérogatives et un champ d'enquête bien précis.

En effet, l'une des premières étapes à entreprendre par le Panel à la réception d'une plainte est d'établir si les réclamations sur lesquelles on sollicite une enquête entrent bien dans son champ de compétences. Qui est habilité à déposer une plainte ? Pour qu'une plainte puisse être prise en considération, les auteurs eux-mêmes doivent répondre à un certain nombre de critères ci-après : « supposé être affecté » par les conséquences du projet sur le territoire du pays emprunteur et « constituer une communauté de personnes telle qu'une organisation, une association, une société, ou un groupe d'individus ». Saisissant l'opportunité de l'existence du Panel d'inspection, un parlementaire tchadien de l'opposition, natif de la région du projet avait également écrit à ce Panel d'inspection au nom des populations de cette région le 22 mars 2001 pour situer la responsabilité de la Banque Mondiale sur les conséquences politiques et sociales négatives et pour attirer l'attention des membres du conseil d'administration sur l'engagement personnel du Président de la Banque Mondiale sur un projet considéré, d'après ce parlementaire, comme un projet à haut risque. Par ailleurs, la demande d'enquête du parlementaire accusait la Banque Mondiale de ne pas conduire correctement les consultations et de ne pas intégrer les organisations non gouvernementales comme des entités responsables qui pourraient émettre des avis utiles sur le déroulement du projet. Les effets pervers identifiés dans la demande d'enquête étaient les suivants :

- La pollution des sources d'approvisionnement en eau, la détérioration de l'environnement ;

- L'absence d'indemnisation après expropriation ;

- La violation des droits de l'homme et des menaces pesant sur le patrimoine culturel.

Pour ce qui est de la gestion des revenus pétroliers, estimait le parlementaire, la Banque Mondiale avait « fait peu de cas de la législation » au Tchad en n'accordant à la région du projet qu'un « quota » dérisoire des recettes.

Le Panel d'inspection avait enregistré la plainte, l'étudia et la déclara recevable en la forme et dans le fond. Après avoir établi la recevabilité de la plainte, les auteurs doivent satisfaire aux critères d'éligibilité. Ainsi, le Panel d'inspection avait recommandé au conseil d'administration de diligenter une enquête sur la base de ces plaintes. Celui-ci avait donné son accord. L'enquête eut lieu sur le terrain en janvier 2002. C'était une paire de manches de gagnée et le parlementaire tchadien estimait que cette plainte légitime aboutirait forcément à l'annulation pure et simple du projet après l'enquête.

Le panel d'inspection avait mené des enquêtes sur le terrain en interrogeant tous les acteurs du projet (populations concernées par le site du projet, les partis politiques de toutes les sensibilités, les organisations de la société civile, les chefs traditionnels, « les chefs de terre », c'est-à-dire les sous-préfets, le Parlement et le gouvernement du Tchad, et bien sûr, les membres du consortium). Les mêmes enquêtes avaient été diligentées au Cameroun avec la même minutie puisque le Panel d'inspection avait également enregistré une plainte similaire émanant des groupes constitués au Cameroun. Les enquêtes avaient duré plus d'un trimestre avant que le Panel d'inspection ne déposât ses conclusions.

Le Panel d'inspection, tout en prenant en compte des critiques et des risques éventuels provenant d'une mauvaise gestion de la phase de construction et de l'exploitation du pipeline, avait noté que globalement, les aspects positifs du projet des points de vue économique, social et des dispositions prises pour la préservation de la nature étaient suffisantes, rassurantes et bénéfiques. Les risques, avançait-il, étaient jugés maîtrisables et le but poursuivi par la Banque Mondiale dans ce projet parfaitement compatible avec ses objectifs. Le Panel reconnut quand même la complexité du projet et ne trouva que très peu d'éléments sur la durabilité des risques encourus. Il avait fait néanmoins des recommandations précises à l'endroit de la Banque Mondiale pour remédier aux insuffisances constatées. L'investigation du Panel mettait en évidence la nécessité de garantir la fourniture d'eau potable aux personnes vivant dans la zone du projet, de reloger les 50 ménages environ identifiés et non les 80000 ou 100000 mentionnés dans la plainte du parlementaire.

Ces conclusions étaient très attendues pour plusieurs raisons. D'abord la Banque Mondiale avait voulu, par ce biais, se déculpabiliser et se dédouaner puisque la critique et les propos malveillants adressés à l'endroit de son Président étaient devenus insupportables, à tel enseigne que les équipes techniques chargées de la supervision du projet étaient presque démobilisées et démotivées. À la réception du rapport, les experts chargés du dossier étaient plus motivés et rassurés, autant resserrés et soudés pour le bouclage définitif du projet. Un responsable chargé de la communication avait été désigné au sein de la Banque Mondiale pour répondre aux médias et le conseil d'administration serait tenu régulièrement informé de l'état d'avancement du projet. Un grand soulagement et une décrispation avaient permis au projet de se relancer avec plus d'assurance, et surtout d'apaiser les inquiétudes et les hésitations de la communauté des bailleurs de fonds.

c/ La création du Groupe International Consultatif

Suite à cette importante mission du Panel d'inspection, la Banque Mondiale avait pris en compte toutes les observations pertinentes et avait décidé de renforcer le suivi du projet en créant des structures appropriées, notamment le Groupe International Consultatif (GIC). Ce groupe composé d'experts de renommée internationale était chargé de suivre le projet en prêtant une attention toute particulière à tout ce qui pouvait mettre en péril les avantages sociaux, l'équilibre environnemental, le renforcement des capacités, en vue de faire face à la gestion transparente des futurs revenus pétroliers, et en vue de promouvoir les initiatives de développement régional et local et la bonne gouvernance. Le groupe avait pour mission également de conseiller les deux Gouvernements (Tchad et Cameroun) et le conseil d'administration de la Banque Mondiale sur les dérives éventuelles encourues pendant la construction et l'exploitation du pipeline. Le calendrier du groupe prévoyait une visite de terrain dans les deux pays tous les six mois après sa création en février 2001, et ses rapports étaient rendus publics. À chaque visite, le groupe organiserait des rencontres importantes avec tous les acteurs, pour mieux appréhender les problèmes, et surtout, pour mieux écouter les principaux concernés afin de vérifier la masse d'informations qui circulaient.

Le groupe n'exclut à priori aucune association ni ne néglige aucune information pour se faire une opinion sur les sujets abordés. Il s'est instauré un dialogue fructueux entre le groupe et les principaux intervenants et les populations résidant dans la zone du projet. La méfiance qui caractérisait les propos des intervenants pendant les échanges n'était plus observée. On parlait librement. On critiquait ouvertement telle ou telle agence, sous-traitants ou service de l'État. La présence du Groupe international consultatif sur le site du projet, et à travers les rencontres périodiques avec les services de l'administration tchadienne avait permis d'instaurer un climat de confiance et une sérénité nécessaire et bénéfique pour tous. La politisation à outrance des insuffisances constatées dans la construction du projet et la mauvaise cohabitation entre les populations locales et les travailleurs venus d'autres régions du pays se sont estompées à la suite des explications fournies par un organe neutre qui donne son avis sans être soupçonné de parti pris. Les rapports du Groupe international consultatif étaient analysés et suivis par toutes les parties avec beaucoup d'attention et d'intérêt en vue de remédier aux insuffisances constatées et aux observations formulées. Chaque partie essayait, dans la mesure du possible, de remédier aux critiques formulées par le Groupe international consultatif avant l'arrivée de sa prochaine mission. Le groupe reconnut que la situation avait évolué de manière positive du point de vue du climat social entre l'administration tchadienne, les services chargés de suivi du projet, les sociétés contractantes et le consortium d'une part, et entre les organisations non gouvernementales, les associations de la société civile et les populations locales d'autre part. Le groupe avait réussi à instaurer un dialogue franc et bénéfique pour tous. Le groupe avait fait œuvre utile en insistant d'abord sur sa neutralité et ensuite sur la crédibilité de ses rapports, et se focalisa aussi sur les avantages que le pays tout entier pourrait tirer de ce projet.

d/ La persistance des protestations à l'étranger

Au niveau des organisations internationales, on notait une certaine démobilisation. Mais, les gants ne furent pas jetés définitivement, car des récidivistes qui étaient restés à l'extérieur du pays continuaient toujours de sensibiliser l'opinion nationale en utilisant les médias étrangers et les relais locaux habituels. Le Gouvernement tchadien quant à lui, avait pris en compte les recommandations du Panel d'inspection qui étaient extrêmement importantes. Elles constituaient une base crédible pour la mobilisation et le soutien de la Communauté internationale en ce qui concerne le financement éventuel du projet. Il faut noter que ce projet avait traversé des périodes très difficiles du fait d'un déficit en communication de la part du Gouvernement, et cela avait créé des moments de flottement à telle enseigne que le consortium a dû le suppléer pour livrer des informations à ceux qui en demandaient et démentir les informations erronées. Des salles d'information et de documentation avaient été montées sur le site du projet à Doba, dans les bureaux du consortium à N'Djamena, au bureau de la représentation de la Banque Mondiale, à la mairie de N'Djamena et à la mairie de Doba pour permettre à tous ceux qui le désiraient de consulter la documentation. Un site internet fut également créé à l'attention des internautes qui recevaient d'autres sites des informations non fondées et alarmistes. Actuellement, ce site reçoit régulièrement des informations mises à jour de la part du consortium. Le Gouvernement, de son côté, avait décidé d'envoyer des missions pour sillonner l'Europe et les USA, afin d'essayer de rétablir les faits dans leur contexte réel.

e/ La mission gouvernementale en Europe et aux États-Unis

En Allemagne et aux Pays-Bas, les débats furent très difficiles du fait de l'opposition très engagée des organisations de défense de l'environnement et des droits de l'homme. Le parlementaire tchadien qui avait saisi le Panel d'inspection bénéficiait de soutiens auprès de ces organisations qui étaient restées hermétiques à toutes les explications fournies par les autorités tchadiennes en mission. La position figée de ces organisations ne reflétait pas toujours la réalité : elles étaient plus mobilisées sur des bases idéologiques et même corporatistes. Certaines ne connaissaient même pas la géographie du pays. L'objectif premier du projet qui résidait dans le fait de procurer des revenus additionnels au pays pour réduire la pauvreté était en totale contradiction avec leur attitude qui était plus justifiée par des considérations politiques de toute autre nature. Un exemple emblématique qui conforte notre propos, toujours dans le cadre de cette tournée gouvernementale pour expliquer le bien-fondé du projet, fut cette rencontre organisée par la Banque Mondiale à son siège avec la délégation tchadienne. Il faut rappeler que la délégation tchadienne comprenait outre le ministre du Pétrole, chef de la délégation, des cadres en charge du dossier, des parlementaires, des opérateurs économiques, et des membres de la société civile. La délégation tchadienne présenta devant tous les spécialistes de la Banque Mondiale chargés du dossier, devant des consultants invités pour la circonstance, tous les avantages tirés de l'exploitation du pétrole par toutes les composantes de la société tchadienne. Les discussions étaient franches et directes. Cette séance de travail n'avait pas pour but de convaincre la Banque Mondiale, mais de montrer à tous ceux qui hésitaient encore que le projet eût obtenu l'adhésion de tous les Tchadiens, pour couper court aux protestations des opposants et apporter la preuve qu'ils sont minoritaires.

Il y eut cependant une seule fausse note : à la fin de la rencontre, le ministre, chef de la délégation, issu de l'opposition, tendit une enveloppe au Président de la Banque Mondiale. C'était une lettre d'un député opposé au projet qui chargeait la Banque Mondiale de tous les maux et rendait responsable cette institution de tout ce qui adviendrait si la Banque Mondiale prenait la décision de financer ledit projet. Le Président de la Banque Mondiale rentra dans une colère indescriptible et se vit contrarié et touché dans son amour propre. Et lui, Américain, conclut en français : « Vous les Tchadiens, on ne vous comprend pas ! ». Et la séance fut levée.

À la fin de la tournée, une fois à N'Djamena, la délégation rencontra le Président de la République, et celui-ci était au courant de la gaffe du ministre . Intentionnel ou non, le mal était fait. Le Président prit en aparté le ministre et lui remonta vertement les bretelles. Et à la retouche du Gouvernement qui suivait, il fut viré. À partir de cet incident malencontreux, les Tchadiens ont adopté un slogan politique : « Un pied dedans, un pied dehors, dehors ! », formule célèbre à l'époque de I'UNIR, le parti unique de l'ex-Président Hissène Habré.

Pour les compagnies pétrolières, membres du consortium, elles avaient pris conscience que désormais, les activités pétrolières ne seraient plus opérées, comme par le passé, sans le moindre souci des risques environnementaux et des mesures d'accompagnement nécessaires pour apaiser les critiques et pour répondre partiellement à certaines attentes des populations locales. Un certain nombre de règles de conduite et de principes seront édictés pour l'avenir afin de réglementer l'activité.

L'enseignement tiré de ce projet est que les compagnies pétrolières ne seront plus seules sur le terrain pour exploiter les richesses naturelles dans les pays pauvres. Les gouvernements ne pourront plus à eux seuls décider sur des questions importantes telles que l'environnement, le respect des droits de l'homme et la gestion des ressources publiques. Les notions de transparence et de bonne gouvernance avaient fait jurisprudence au Tchad avec l'adoption, par le Gouvernement, de la loi sur la gestion des revenus pétroliers. Le droit d'ingérence subtilement utilisé dans le cas du Tchad avait permis de rétablir un équilibre nécessaire et utile pour la gestion d'un projet transnational complexe, qui avait mobilisé des ressources financières colossales et une main-d'œuvre importante. Les partenaires sociaux plus particulièrement, les organisations de la société civile, invitées à jouer un rôle capital dans ce projet, avaient, par naïveté ou par ignorance, transposé les débats sur un terrain politiquement biaisé. Ayant pris acte de l'impact du panel de l'Inspection qui a exigé la transparence et la bonne gouvernance dans l'usage des ressources pétrolières, nous pouvons nous tourner à présent vers la mobilisation de la société civile.

E/ L'action de l'opposition et des organisations de la société civile

Poursuivant des objectifs différents, quelquefois contradictoires certaines associations de la société civile avaient aussi largement œuvré pour l'annulation du projet d'exploitation du pétrole. Il s'agit de certains partis politiques de l'opposition qui sont relayés par les organisations non gouvernementales et quelques associations de la société civile.

a/ L'opposition en déphasage avec la réalité

En réalité, on peut considérer que ces organisations ont exercé une opposition relativement timide, car l'opportunité donnée au pays pour exploiter son pétrole est un espoir nourri de longue date par les hommes politiques et le peuple tout entier. Il n'y avait pas de raisons fondamentales qui pouvaient justifier un tel refus catégorique qui ne permettrait pas de bénéficier des ressources additionnelles que procurerait ce projet destiné à financer les besoins immenses du pays. D'emblée, une telle position tranchée, considérée comme une attitude contraire au bien-être des populations, marginalisait, de facto, leurs acteurs. C'est un risque politique que ces organisations n'étaient pas prêtes à assumer. Les populations locales, quant à elles, du fait des campagnes d'intoxication, se considéraient comme « étrangers dans leur propre terroir » et parfois, se sentaient désemparées. Le flux des travailleurs dans la région était perçu comme une potentielle menace qui aurait pu, à la longue, aboutir à des expropriations des terres et engendrer tous les conflits sociaux dès lors que les populations « immigrées » s'installeraient définitivement dans ces terroirs.

Ce n'est qu'une hypothèse et, de surcroît, une réaction normale, puisque le nombre des travailleurs était nettement supérieur à celui des autochtones dans la zone. Le déplacement de quelques ménages sur le tracé du pipeline et le balayage de leurs champs par les machines constituaient autant de motifs, suffisants, pour entretenir une telle méfiance. En outre, le paysage de la région du projet avait subi un changement de sorte que les populations locales avaient perdu leurs repères habituels. De plus, les gros véhicules de transport tractant les remorques et les Land Cruiser occupaient plus les passages routiers que les charrettes, les mobylettes et les bicyclettes habituellement utilisées comme moyens de transports dans la région. En dernier lieu, la nuit tombée, l'éclairage de la zone et particulièrement les sites de tête de puits, les vrombissements indescriptibles des moteurs donnaient.

Après le travail, des foules compactes se dirigeaient vers les logements de fortune, entourant le site du projet, où une animation multiforme et soutenue était observée toute la nuit. Les organisations qui s'opposaient au projet pour une raison ou une autre n'avaient certainement pas consulté les travailleurs et les populations de la zone sur le bénéfice immédiat tiré de cette activité. Pour ce qui est des travailleurs et des populations locales, le débat en cours ne les concernait pas. Cette animation nocturne et cette ambiance de fête au quotidien étaient des acquis irremplaçables. À vrai dire, les principales raisons de la mobilisation des organisations de la société civile étaient d'ordre politique. Les faits et le vécu quotidien contredisaient les arguments avancés pour mystifier le projet, et chaque jour qui passait apportait un plus aux travailleurs et aux populations locales pour mieux croire en l'avenir, désireux de voir leurs conditions de vie changer inéluctablement.

Petit à petit, les différentes forces mobilisées pour s'opposer au projet voyaient leurs activités s'amenuiser pour laisser place aux entreprises ayant gagné les contrats et qui souhaitaient commencer les travaux. On parlait désormais d'embauche, de salaire, de construction de maisons, de l'éducation des enfants, de soins de santé, de l'eau potable, et bien d'autres choses de la vie courante. Des villages et des marchés s'étaient spontanément créés à proximité du site du projet. Pendant la phase de construction du projet, les salaires payés par les sociétés ayant gagné les contrats étaient tellement attrayants qu'on avait vu des enseignants des infirmiers et d'autres fonctionnaires du secteur public abandonner leur poste pour aller sur le site du projet à la recherche du travail. Les marchés étaient pris d'assaut les jours de paie. On achetait pratiquement tout et à prix fort. Un poulet à 5000 FCFA en moyenne, voire plus. C'était du jamais vu dans la zone ! Une nouvelle forme de vie et des habitudes nouvelles gagnaient petit à petit les populations au détriment des traditions locales et des travaux courants. La culture du coton, activité principale de la zone et les travaux agricoles en général, manquaient de main-d'œuvre. Les populations venues de toutes les régions du pays qui n'avaient d'autres soucis que de gagner leur pain quotidien et d'épargner au maximum pour se procurer le minimum nécessaire aux commodités de la vie, notamment un équipement agricole, un moyen de déplacement ou un logement décent, se concentrèrent sur le site du projet. Ces populations souhaitaient ardemment que le projet se vécût. Les débats de ceux qui s'opposaient au projet ne les concernaient apparemment pas directement, du moins, dans leur vécu quotidien. Elles voulaient profiter des retombées de cette manne pendant qu'il en était temps.

b/ La liberté d'expression

Le projet de construction du pipeline Tchad-Cameroun avait donné l'occasion à tous ceux qui, pour une raison ou une autre, voulaient exprimer leur point de vue sur les différents aspects de la vie quotidienne, notamment sur les problèmes politiques, sur l'action du Gouvernement, de s'interroger sur l'avenir du pays, de leur région, de leur destin. Le pétrole, cette richesse qui était encore imaginaire dans leur esprit dans un passé récent, serait-il exploité comme ils le souhaitaient ? Contribuerait-il à améliorer leurs conditions de vie, bref, à projeter leur destin ? Aussi, la liberté de la presse et d'opinion jadis considérée comme délit politique s'exerçait pleinement. Cette nouvelle ère avait suscité la création de plusieurs organisations et associations pour canaliser les opinions. Le paysage politique du pays avait changé en découvrant les vertus de la démocratie et de la vie associative. Il est illusoire de dresser une liste exhaustive des associations, des organisations non gouvernementales, des groupements villageois ou des coopératives agricoles qui avaient vu le jour dans le pays, et particulièrement, dans la zone du projet. II faut ajouter à cette panoplie, les partis politiques, les journaux indépendants et les associations de défense des droits de l'homme.

Les thèmes et les sujets de mobilisation ne manquaient pas. Mais la construction du pipeline Tchad-Cameroun allait monopoliser les débats pendant plus d'une décennie. Au départ, toutes les organisations et associations ainsi que les partis politiques d'obédience fédéraliste avaient lutté pour l'annulation du projet. Tout ce qui pouvait concourir à diaboliser le projet, à attiser des arguments vrais ou faux, à lancer des attaques ciblées contre tel ou tel responsable politique. Rien n'était oublié pour dire qu'avec ce projet, le lendemain serait l'hécatombe. Tout ce qui est mauvais dans l'industrie pétrolière avait été dit. Les institutions internationales, les principaux pays membres des conseils d'administration des institutions de financement, les parlements, les grands groupes de pression, les personnalités connues pour leur sagesse telles que Nelson Mandela, Desmond Tutu, le pape Jean Paul II, des artistes ou des écrivains en l'occurrence Mongo Beti, avaient été informés de la catastrophe imaginaire que pourrait créer ce projet si rien n'était fait pour empêcher sa réalisation.

Mongo Beti, le célèbre écrivain camerounais, lançait le slogan suivant pour montrer son opposition au projet du pipeline « Zéro liberté = Zéro pipeline ». Deux groupes d'action très engagés avaient imaginé une affiche qui avait mis mal à l'aise la Banque Mondiale par ces termes : « Banque Mondiale, pompe A'Frique », avec le jeu des mots, on comprend bien que le pipeline soit une pompe à fric pour la Banque Mondiale.

Ce qui est paradoxal dans cette mobilisation des organisations luttant contre le projet, c'est que les groupes d'action les plus engagés étaient, pour la plupart, situés hors du territoire national. Ils ne réalisaient peut-être pas l'extrême pauvreté du pays et l'importance des retombées réelles de ce projet, ainsi que les avantages dont pourraient bénéficier l'économie du pays et, par ricochet, les populations tchadiennes démunies. À la faveur de la montée des altermondialistes en Europe, quelques groupuscules bien structurés avaient essayé de cibler leur objectif en choisissant le projet de construction du pipeline Tchad-Cameroun pour élargir leur auditoire en Europe, en mettant au-devant de la scène les difficultés conjoncturelles et structurelles de l'Afrique.

Ils avaient mis en place une stratégie d'action en concertation avec les organisations locales au Tchad pour une large sensibilisation. Un véritable plaidoyer contre le projet avait été conçu avec des relais sur tous les continents (Europe, Amérique du Nord, Amérique latine, Asie, Afrique). Des pétitions, des cartes postales qui mettaient en exergue les méfaits éventuels du projet et autres gadgets sensibles pour les besoins de la cause, étaient confectionnées et envoyées à la Banque Mondiale aux Gouvernements tchadien et camerounais, aux membres du consortium et aux institutions internationales pour capter leur attention, et si possible, pour les contraindre à changer d'opinion. L'objectif de toute cette mobilisation était de parvenir à empêcher la réalisation du projet. Malgré cette mobilisation, la Banque Mondiale, le Gouvernement tchadien et le consortium avaient également mis en place une stratégie pour contrecarrer cette campagne nocive au projet.

c/ Le recours à la communication institutionnelle

La Banque Mondiale et Exxon avaient utilisé à fond leur capacité de communication. La Banque Mondiale avait désigné un haut responsable pour répondre à toutes les questions concernant le projet Pipeline Tchad-Cameroun. Le plaidoyer des organisations luttant contre le projet avait commencé à prendre du plomb dans l'aile. Les objectifs poursuivis par les deux groupes adverses étaient difficilement comparables. En effet, le groupe favorable au projet mettait en évidence les avantages tirés de celui-ci. Il insistait beaucoup, d'une part, sur l'augmentation substantielle des revenus des deux pays, et sur la notion de réduction de la pauvreté à l'échelle des deux pays, mais aussi, il mettait en avant le niveau de la zone CEMAC, et il présentait le projet comme étant un élément important d'intégration économique d'autre part. Quant au plaidoyer des organisations non gouvernementales, la protection de l'environnement, la bonne gouvernance, la gestion transparente des revenus et d'autres thèmes moins convaincants constituaient la base de leur mobilisation. Il faut reconnaître que ces notions ne pouvaient pas mobiliser grand monde en Afrique. On dit souvent en Afrique que « ventre affamé n'a point d'oreilles ». Il est aussi difficile de comprendre le véritable message qu'on voulait bien transmettre.

Finalement, quand la Banque Mondiale obtint l'accord de son conseil d'administration pour financer le projet, les organisations membres du plaidoyer changèrent rapidement de stratégie en disant qu'elles militaient aussi pour la réalisation du projet, mais souhaitaient qu'il y eût suffisamment de pression pour mettre les garde-fous nécessaires et trouver des solutions aux problèmes évoqués plus haut. Ce changement de stratégie allait certainement avoir des échos favorables dans l'opinion nationale et internationale.

S'il fallait choisir entre le refus catégorique de la construction du pipeline et les emplois créés ou les revenus versés aux travailleurs, il n'y aurait pas de doute que les populations et les employés choisiraient de travailler dans ce vaste chantier. Même si dans leur plaidoyer les opposants au projet développaient des arguments sensibles telle la qualité de l'eau, les soins médicaux, l'assainissement des villes, etc. le choix de la population était sans équivoque. Le niveau de pauvreté était tel que l'on n'hésitait pas à se faire embaucher pour garantir ainsi un revenu minimum et faire face aux multiples besoins vitaux. Il faut aussi noter que ceux qui étaient à l'avant-garde de cette opposition, notamment les organisations et les groupes de pression étrangers, n'étaient pas en phase avec les organisations nationales. L'acharnement et la pression avec lesquels certains groupes avaient attaqué le projet laissaient planer des doutes dans l'esprit des populations, des chefs traditionnels, des hommes politiques, et même de l'opinion internationale sur leur neutralité quant aux considérations politiques. Il s'agit de madame Korinna Horta de l'ONG Environnemental Défense, d'Irène Mandeau d'Amnesty International, d'Hélène Ballande, responsable de la campagne auprès des Amis de la Terre ainsi que de Hans Determeyer, coordinateur de l'ONG Eirene au Tchad. Il faut ajouter à cette liste qui n'est pas exhaustive les relais locaux les plus actifs, les noms de Delphine Kemnéloum, responsable du réseau plaidoyer local ; et bien sûr du député tchadien natif de la région pétrolifère, Yorongar N'garléjy Lemoiban.

Les opposants au projet reprochaient entre autres au Gouvernement d'avoir négocié dans la stricte confidentialité les différents accords avec le Cameroun d'une part, entre le consortium et les institutions de financement d'autre part. Ma foi, les affaires de cette nature ne pouvaient pas être traitées et négociées sur la voie publique. Dès les premiers contacts, tous les membres des équipes engagées dans cette rude épreuve avaient mesuré le poids de leur responsabilité en cas d'échec.

Aussi, la moindre maladresse ou une petite indiscrétion aurait-elle pu créer des conséquences préjudiciables pour la poursuite et le succès des négociations. Il est impensable de négocier sur le tarif de passage du brut, sur les conditions fiscales ou sur les taux d'intérêt des prêts avec un point de presse à chaque étape. Il serait également irréalisable de répondre à tous ceux qui vous taquinent pour avoir quelques bribes d'informations qui seraient commentées dans les cercles de thé, dans les bars ou dans les réunions des partis politiques. À chaque étape importante franchie, des comptes rendus très détaillés étaient faits au Président de la République, au Premier ministre et au Parlement. La presse nationale était également informée de l'état d'avancement des négociations.

Avec du recul, on pouvait s'interroger si les intérêts du pays étaient correctement défendus et préservés. Le contexte dans lequel les négociations avaient eu lieu, tenant compte de tous les handicaps auxquels le Tchad faisait face, notamment la continentalité du pays, l'instabilité politique, l'insécurité et la modestie des réserves prouvées, pouvait nous laisser dire que ce qui avait été obtenu était raisonnable. Ce qui n'exclut pas que l'on revienne un jour sur certains aspects si les hypothèses de base évoluaient favorablement.

d/ La fin de la guerre de propagande

Justement dix ans après la mise en exploitation du pipeline Tchad-Cameroun, les deux gouvernements ont renégocié le droit de transit qui était arrêté à l'époque à 0,41 dollar US. Ce besoin de renégociation a été probablement exprimé par le Cameroun. Après cinq ou six années d'exploitation, le prix du brut sur le marché international se situe aux alentours de 100 dollars US contre 16 dollars US le baril, base des négociations en 1996.

Par contre, les quantités du brut exportées des trois champs sont en diminution, de 228 000 barils par jour pendant une bonne période, elles ont chuté à 188 000 barils/jour, et même moins en 2014. Dans un communiqué publié le 29 octobre 2013, les deux parties ont arrêté le nouveau tarif à 1,30 dollars US par baril. Cette augmentation est compréhensible, car, avec la baisse des quantités, le Cameroun voit diminuer ses revenus. Ce qui est nouveau dans cet accord, c'est que désormais ce taux sera actualisé tous les cinq ans sur la base de la moyenne des taux d'inflation annuels publiés par la Banque des États de l'Afrique centrale pendant les cinq années précédentes. Ce taux est applicable à tous les expéditeurs de brut sans discrimination provenant des pays tiers utilisant le pipeline Tchad-Cameroun. Ici, du coup, le Cameroun a déjà fixé à l'avance le tarif par baril au Niger et aux nouvelles compagnies opérant au Tchad.

Il faut, au demeurant, préciser que toutes les composantes de la société tchadienne n'étaient pas contre le projet. D'autres voix se sont élevées pour soutenir le projet au grand dam des opposants à celui-ci.

F/ Les courants favorables à la réalisation du projet

Les autorités tchadiennes, suite à une campagne assez dure menée par les organisations non gouvernementales installées pour la plupart dans le Sud du pays, et par certains partis politiques, avaient pris conscience de ce que le mutisme observé jusqu'alors risquait de créer de sérieux problèmes et des malentendus dommageables pour l'avenir du projet, voire, pour l'unité du pays. Le Gouvernement prit dès lors conscience de son déficit de communication. Il décida de contrer cette campagne nuisible. C'est ainsi qu'il organisa plusieurs rencontres avec la presse, des meetings dans la capitale et conduisit de longues tournées à l'intérieur du pays pour mieux expliquer, de vive voix, et pour sensibiliser les populations sur le bien-fondé de ce projet.

Quelques mois après le début des travaux, le climat devint plus serein. On commençait à vivre les réalités. Les populations tchadiennes avaient toutes, dans leur majorité, compris l'intérêt de la réalisation du projet. Tous ceux qui y travaillaient commençaient à percevoir des salaires substantiellement plus significatifs que ceux versés par l'administration ou par les entreprises ordinaires évoluant dans la même catégorie de tâches (employés de bureau, ouvriers, chauffeurs, maçons, gardiens, etc.).

Les campagnes d'explication organisées par les courants opposés à la réalisation du projet n'ont plus fait courir la foule comme au début. On entend souvent dire « Ah ! C'est la même chose et ce sont les mêmes ». On commence par comprendre au fur et à mesure que les enjeux sont plus politiques qu'environnementaux ou sociaux. Certaines ONG avaient très vite compris. Pour ne pas se retrouver dans une impasse, elles avaient signé des contrats avec les sous-traitants pour la vulgarisation des thèmes comme la préservation de l'environnement, la scolarisation des adultes, les campagnes d'explication et la lutte contre le VIH sida et les autres maladies sexuellement transmissibles.

Celles qui disposaient des qualifications techniques et d'une expérience pratique se sont reconverties dans l'exécution des programmes de forage des Puits, de la construction des centres de santé ou de l'entretien des pistes rurales. Ce sont des tâches qui leur donnaient encore une certaine crédibilité vis-à-vis des populations, en attendant de trouver des failles dans le processus de construction ou d'exploitation du pipeline pour mieux cibler leurs critiques.

En fait, ces organisations comprirent que pour avoir une présence durable, il faut s'impliquer dans les différents maillons de l'activité du projet et se procurer ainsi les moyens de financement de leur existence.

G/ Les opérateurs économiques

Les opportunités offertes par la construction du pipeline Tchad-Cameroun ne sont pas identiques dans les deux pays. Au Cameroun, les hommes d'affaires ou les opérateurs économiques bénéficiaient d'un savoir-faire et d'une expérience avérée. Ils disposaient également de moyens financiers importants et de facilités bancaires, ce qui n'est pas le cas au Tchad. Les entreprises camerounaises sont souvent des succursales des firmes étrangères ou des sociétés camerounaises qui ont une vingtaine d'années d'existence. De ce fait, elles avaient anticipé sur l'avènement de l'ère pétrolière, en se dotant des moyens modernes d'exploitation, et surtout, d'accès aux facilités bancaires garanties par les sociétés mères. Sur toutes les branches d'activités, les entreprises camerounaises sont présentes non seulement sur le tronçon camerounais, mais aussi au Tchad. Elles suppléèrent aux insuffisances en nombre et à l'inexpérience des entreprises tchadiennes.

Pour mieux expliquer les opportunités futures, plusieurs séances de travail avaient été organisées entre les responsables tchadiens du projet, les membres du consortium, les sous-traitants et les hommes d'affaires tchadiens ou opérateurs économiques, pour exposer les besoins du projet en matière de transport, de restauration, de main-d'œuvre qualifiée et de tâcherons de toutes sortes. La dimension de ce projet et ses besoins dépassaient largement les disponibilités locales. Les sous-traitants et les membres du consortium avaient dû faire appel à l'expertise extérieure pour réaliser les travaux, notamment l'assemblage et les soudures des tuyaux et bien d'autres tâches complexes qui appellent des qualifications spécifiques. Les retombées économiques auraient été plus importantes au Tchad pendant la phase de construction du pipeline si les entreprises tchadiennes et les hommes d'affaires ou les opérateurs économiques étaient mieux préparés et nantis.

Les hommes d'affaires tchadiens ou les opérateurs économiques reprochaient au Gouvernement et aux membres du consortium d'avoir manqué d'encadrement. Beaucoup d'entre eux ignoraient l'immensité des besoins. Malgré tout, ce projet avait donné un ballon d'oxygène à l'économie tchadienne.

En effet une observation attentive des agrégats économiques montre que les activités liées à la construction du pipeline avaient largement contribué à la croissance du PIB. L'expansion amorcée depuis 2001 s'est poursuivie en 2003 du fait principalement du démarrage effectif de la production pétrolière.

Le PIB avait augmenté de 10,5 % voire plus et se chiffrait à 1087 milliards de FCFA en termes réels, ce qui correspond à une hausse de 33 % par rapport au niveau atteint en 2000 considérée comme une année de récession.

Principales sources de la croissance en 2000

Secteur primaire	-0,2
Secteur secondaire & dons	4,3
Coton fibre	0,4
Pétrole	2,4
Secteur tertiaire & dons	5,3
Commerce	2,9
Administration	1,1
Taxes nettes sur les produits	0,7
PIB au prix du marché	**10,1**

Source : Comptes et agrégats de la nation, 1995-2004 (INSEED)

Comme on peut le constater, le secteur agricole amorçait déjà une baisse au profit des autres secteurs. Ce phénomène est classique dans la structure du PIB des pays pétroliers. Il est extrêmement important de surveiller ce comportement économique et d'apporter des corrections à cette tendance, car, à terme, les conséquences peuvent être désastreuses. Cette embellie économique ne pouvait pas être occultée par les ONG et les partis politiques qui s'étaient dressés contre le projet, car le pays tout entier en bénéficiait et les revenus des populations commençaient à augmenter sensiblement.

Malgré les divers handicaps rencontrés, les opérateurs économiques s'organisèrent pour prendre quelques pans d'activités selon leurs capacités et leur savoir-faire. On avait constaté durant la phase de construction du pipeline, la création de plusieurs petites agences de distribution, de petites et moyennes entreprises, de centrales d'achats, de sociétés de location des véhicules de tous genres, des sociétés de gardiennage privé, de restauration, etc. L'emploi créé par tous ces services et les revenus versés avaient donné un nouvel élan à l'économie tchadienne et le pays rentra véritablement dans l'ère pétrolière. Les petits métiers et les vendeurs à la sauvette des articles de toutes sortes occupaient une large place dans le périmètre du projet à Komé et même un peu partout à l'intérieur du pays. Les populations locales et celles venues d'autres régions du pays étaient toutes mises au diapason des activités liées à la construction du pipeline grâce auxquelles elles tiraient leurs revenus.

À mon humble avis, il était suicidaire sur le plan politique de faire croire à ces populations que ce projet n'apporterait rien au pays et à la région. Démonstration en avait été faite lors des sorties massives des populations de toutes les régions confondues pendant les campagnes d'explication pour soutenir les démarches des autorités tchadiennes pour la réalisation de ce projet.

Ce soutien populaire avait été un atout supplémentaire pour les autorités tchadiennes à œuvrer inlassablement pour faire aboutir le projet quelles que soient les difficultés. L'annulation de ce projet aurait été interprétée comme un désaveu politique pour le Gouvernement. Il voulait à tout prix réussir là où les précédents régimes avaient échoué. Or, l'aide publique au développement dont jadis les pays pauvres bénéficiaient devenait de plus en plus rare et les conditions d'octroi de celle-ci sont tributaires des engagements politiques qui mettent à mal la souveraineté des États. La recherche des ressources propres est la seule issue pour les pays en développement qui voudraient s'affirmer au plan international et asseoir leur autorité sur leur territoire.

En ce qui concerne le Tchad, un pays fragilisé par une histoire tumultueuse, dont les stigmates sont encore visibles, cette aspiration n'est que légitime et aucune autre possibilité dans un court terme ne pourra lui permettre de concrétiser cette volonté et de réaliser cet objectif noble. Cette analyse est partagée aussi par les institutions internationales et les agences bilatérales de coopération. Au regard du niveau de pauvreté du pays et de ses immenses besoins comparés à ses ressources propres, on était en droit de dire que le Tchad est gagné par une fatalité et que le pays est condamné à vivre dans la misère.

Comment les futurs revenus pétroliers pourraient-ils changer cette « fatalité » ? Il devenait possible de donner au pays un nouveau visage grâce aux revenus pétroliers. Aussi, l'opinion nationale, les agences de coopération bilatérales et multilatérales étaient-elles très attentives à l'engagement du Gouvernement à gérer les revenus pétroliers avec rigueur et transparence. Les efforts consentis par le consortium pour exploiter les ressources pétrolières du Tchad étaient considérables. Le consortium était encouragé et soutenu par les partenaires au développement. Le Fonds Monétaire International et l'Union européenne avaient fortement appuyé la Banque Mondiale à soutenir le projet.

La Banque Européenne d'Investissement, organisme financier de l'Union européenne, faisait partie des bailleurs de fonds du projet pipeline Tchad-Cameroun. La campagne menée par les associations des droits de l'homme et les partis écologistes en Europe n'avait pas eu l'écho souhaité au niveau des instances de décision malgré les manifestations soutenues par une forte médiatisation.

En définitive, les réactions en faveur du projet de construction du pipeline furent nettement plus importantes que celles des activistes qui luttaient contre ce projet. Fort de cet appui, le consortium avait établi un calendrier d'exécution du projet comme suit. Il prévoyait l'opérationnalisation des infrastructures en 42 mois environ (trois ans et demi) après l'approbation du projet par le comité de Direction de la Banque Mondiale, laquelle opérationnalisation est présentée dans le tableau ci-après.

Remobilisation des contractants	3e trimestre 2000
Ingénierie	2e trimestre 2000 au 4e trimestre 2001
Routes/Aires de stockage	3e trimestre 2000 au 2e trimestre 2002
Tubes (Fabrication et livraison)	2e trimestre 2000 au 2e trimestre 2002
Pose pipeline	3e trimestre 2000 au 4e trimestre 2003
Installation et production	3e trimestre 2000 au 4e trimestre 2003
Début du pompage	4e trimestre 2003

Il faut noter que pour gagner du temps, beaucoup d'activités avaient commencé simultanément pour les deux tronçons du pipeline. La commande des tuyaux, les contrats pour la construction des plateformes avaient été anticipés pour attendre la décision du comité de Direction de la Banque Mondiale.

Ce parcours difficile étant franchi, le projet de construction du pipeline était sur la bonne voie au moment où survinrent quelques fausses notes ou imprévus majeurs en cours de chemin.

H/ Le départ de Shell et d'Elf du projet du pipeline

Les compagnies pétrolières sont des monstres à gérer avec beaucoup de précautions. Pour cela, il faut assurer une surveillance continue de leurs activités. En effet, elles se considèrent concurrentes dans un même pays, même si elles sont attributaires de permis différents et en même temps associées sur un même permis de recherche dans un autre pays, comme c'est le cas au Tchad. Elles ont les mêmes intérêts à défendre au moment où elles signent leur accord d'association appelée communément Joint Operating Agreement (JOA) en anglais. À l'intérieur de chaque association, les compagnies pétrolières établissent leur bilan global en fin d'exercice, examinent les résultats de chacune de leurs opérations à travers le monde pour la consolidation des résultats. Celles qui dégagent des résultats positifs sont conservées dans leur portefeuille et celles qui sont déficitaires ou qui ne leur procurent pas suffisamment de gain éliminé.

Pour des besoins de recentrage de leurs activités et de stratégie de développement, les conseils d'administration des compagnies Elf et Shell avaient décidé de leur retrait du Tchad. Pour ces compagnies, il s'agissait de simple question de management et de recentrage de leurs activités. Mais pour le Tchad, cette décision, étant donné le moment choisi pour son annonce, fut qualifiée de complot pour faire échouer le projet. Le pays se considéra comme victime d'une machination internationale.

I/ Le départ de Shell

En ce qui concerne la compagnie Shell, sa décision était plus motivée par une accumulation d'incidents au Nigeria qui l'ont beaucoup fragilisée du point de vue médiatique ? Et qu'elle ne souhaitait pas les retrouver ailleurs. Surtout pas au Tchad, pays voisin du Nigeria. La campagne médiatique des opposants au projet commençait à mordre. Les populations nigérianes de la région pétrolière réclamaient, de leur côté, un partage équitable des revenus. Celles-ci manifestaient souvent en commettant des actes de sabotage sur les installations pétrolières. Les intérêts de la compagnie Shell sont relativement importants dans ce pays. Seulement, elle était attirée aussi par les nouvelles opportunités offertes par les nouvelles Républiques issues de l'ex-URSS en matière de recherche pétrolière. La programmation de ces activités nécessitait un recentrage des moyens financiers et une révision de leur stratégie. Au regard des nouvelles perspectives, le nouveau Code pétrolier du Nigeria offrait plus d'avantages que celui du Tchad, et Shell est opérateur dans ce pays. La présence de la compagnie Shell au Tchad aux côtés de CONOCO et d'Esso datait déjà de plus de 30 ans sans qu'elle eût encaissé le moindre profit dans ce pays. Les perspectives n'étaient pas non plus rassurantes à leurs yeux du point de vue de la stabilité politique du pays et de sa participation dans le coût total du projet.

Tout ceci commençait à peser et à inquiéter ses actionnaires. Les ajustements étaient donc devenus incontournables. Dans le cadre de cette restructuration, le retrait de Shell du projet du Tchad était le moindre mal aux yeux des actionnaires. Mais, malgré ces explications, le gouvernement du Tchad considérait que les raisons étaient ailleurs. Du point de vue politique et de l'avis de l'homme de la rue, on n'accorde pas beaucoup d'importance au départ de Shell, et ce, pour des raisons historiques. L'Angleterre et les pays nordiques ont eu peu de relations avec le Tchad, la présence de Shell au Tchad était une pure coïncidence, et du point de vue politique, ce fut un non-évènement.

J/ La particularité de la situation pour Elf

Fin 1999 et début 2000 tout était prêt pour la prise de décision pour la construction du pipeline Tchad-Cameroun. Mais alors, le moment choisi par Elf fut-ce une simple coïncidence malheureuse pour annoncer son désengagement du projet de construction du pipeline Tchad-Cameroun ? La nouvelle fut perçue au Tchad comme un coup de massue sur un projet à partir duquel tous les Tchadiens espéraient enfin trouver leur bonheur. C'était également le point de vue de toute la Communauté internationale, des agences de coopération bilatérale et multilatérale qui intégraient dans leur stratégie d'assistance au Tchad les ressources financières additionnelles provenant de la vente du pétrole brut. Les réactions furent multiples. La stupéfaction, la colère et les sentiments anti-français gagnèrent tous les milieux tchadiens.

Des manifestations monstres contre la France eurent lieu dans tout le pays. Le drapeau français fut brûlé sur les places publiques. La France était montrée du doigt une fois encore comme étant à l'origine de tous les maux du Tchad. Les réactions officielles du Gouvernement tchadien n'étaient pas non plus tendres à l'endroit de la France. Dans un communiqué rendu public, le Gouvernement tchadien avait qualifié cet acte « d'inamical, d'inopportun et qui n'est pas de nature à augurer de bonnes relations entre les deux pays ». Le Gouvernement voyait dans cet acte, les sorties tonitruantes habituelles de la France à l'égard du Tchad. Le Gouvernement français était bien dans l'embarras. Les esprits étaient déjà bien surchauffés au Tchad quand l'ambassadeur de France sans être mandaté officiellement par ses autorités, informa le Gouvernement tchadien du retrait d'Elf.

Dire que cette décision était purement économique relevait de la compétence de l'entreprise, et non du Gouvernement français. Qui l'aurait cru ? Cette communication de l'ambassadeur ajouta de l'huile au feu. Ce fut une maladresse diplomatique à compiler dans la longue liste des écueils dans les rapports de coopération entre le Tchad et la France. Les autorités tchadiennes considéraient donc, à juste titre, que c'était une décision du Gouvernement français puisque c'est l'ambassadeur qui l'annonçait aux autorités et non l'entreprise. Les justifications de l'ambassadeur ne purent pas convaincre les autorités tchadiennes. Plusieurs émissaires furent dépêchés à N'Djamena pour expliquer que le Gouvernement français n'était pas associé à cette décision et qu'Elf avait pris cette décision sur des bases strictement commerciales et industrielles, et qu'en aucun cas, la politique ne s'y était mêlée. Cet argument n'était pas non plus convaincant, car Elf était entrée dans le consortium sur injonction du Gouvernent français, et dire que son départ serait une décision industrielle et commerciale n'était pas crédible. Pouvoir dissocier les décisions d'Elf de celles du Gouvernement français ne me semble pas justifiable quand on se souvient des rôles et des intrigues éminemment importants qu'avaient joués Elf dans la politique française en Afrique francophone, par exemple au Congo-Brazzaville du temps du Président Lissouba.

La société Elf était jusqu'au moment de sa privatisation, le moyen par lequel la France agissait pour s'impliquer politiquement dans les pays africains de langue française, à commencer par son pré carré.

Ce n'est plus un secret pour personne : le départ d'Elf était la conséquence de sa fusion avec Total-Fina. En effet, après la fusion, toutes les activités des trois sociétés avaient été revues pour redéfinir une nouvelle et unique stratégie d'opérations. Les activités définies par Elf comme étant prioritaires et stratégiques ne le furent plus dans la nouvelle configuration. Elf n'était plus opérateur dans cette nouvelle association. Par conséquent, toute sa stratégie de développement n'avait pas été retenue, et sa présence au Tchad était jugée non rentable. Elf ne pouvait plus jouer le rôle qu'elle avait. Elle était devenue marginale dans le cercle de décision de la nouvelle association. Ainsi, la société Essences et Lubrifiants de France (ELF) perdit son influence politique et sa crédibilité d'antan et s'effaça du paysage pétrolier au grand dam des milieux mafieux aux visées néocolonialistes.

Le fait que les deux sociétés européennes, Elf et Shell, aient annoncé presque au même moment leur départ du projet aurait pu être interprété comme un lâchage du Gouvernement tchadien décidé au niveau européen. L'activisme des organisations non gouvernementales européennes avait peut-être fini par avoir le dessus. Les organisations non gouvernementales, les associations de défense des droits de l'homme et les environnementalistes avaient applaudi la décision des deux sociétés, et elles considéraient que c'était leur victoire. Les autorités tchadiennes avaient bien mesuré la gravité de la situation.

Au regard de ce qui précède, elles décidèrent au plus haut niveau avec la seule compagnie qui restait (Esso) de monter une stratégie de recherche de nouveaux partenaires pour contrecarrer toutes velléités négatives au projet.

K/ La recherche de nouveaux partenaires

La compagnie Esso se trouvait désormais seule à poursuivre les opérations et à superviser les activités des sous-traitants à une période extrêmement critique de la vie du projet. Il était aussi impensable qu'une seule compagnie pût supporter tout le risque et mobiliser le financement nécessaire. Esso n'était pas du tout préparée à cette décision, et elle était prise un peu de court. Mais elle avait tout de suite rassuré le Gouvernement tchadien de sa décision de rester au Tchad, malgré la défaillance des deux compagnies et de continuer, en accord avec le Gouvernement, à rechercher de nouveaux partenaires. Cette annonce avait été accueillie avec beaucoup de soulagement dans les milieux officiels. La kyrielle de spécialistes d'Esso s'était mise au travail pour préparer la documentation contenant toutes les informations nécessaires à la prise de décision par les compagnies intéressées au projet. Des salles d'information avaient été ouvertes à Washington, Houston, Londres, Paris, N'Djamena et dans certaines ambassades du Tchad à l'étranger. Le site internet du projet fut activé pour permettre à plusieurs sociétés pétrolières de le visiter afin de compléter leur documentation sur le projet.

Le Gouvernement, de son côté, avait multiplié les contacts avec les pays qui possédaient des sociétés ayant une expérience et des compétences confirmées dans l'industrie pétrolière. Cette phase de recherche de nouveaux partenaires avait duré près de trois mois. Elle paraissait très longue pour le Tchad, pleine d'inquiétudes et d'angoisse, face à une issue incertaine. C'était le découragement et la démobilisation totale.

Les informations fournies aux compagnies intéressées étaient-elles complètes pour leur permettre de prendre la bonne décision ? Les garanties offertes face aux risques à prendre seraient-elles suffisantes pour s'engager ? Les autorités des pays tiers permettraient-elles à leurs compagnies pétrolières d'investir dans un pays à risques comme le Tchad ? Un projet abandonné par les deux sociétés précédentes serait-il rentable ?

Pourquoi sont-elles parties ? Beaucoup d'interrogations sans réponses restaient à élucider pendant cette phase.

Les rares informations recueillies pendant cette période laissaient entrevoir une lueur d'espoir. Esso informait régulièrement le gouvernement de la visite de toutes les compagnies pétrolières et des informations sollicitées par celles-ci. Plusieurs compagnies américaines, asiatiques, européennes étaient passées recueillir les informations techniques et financières nécessaires à la prise de décision. Le lobbying mené par Esso auprès des compagnies pétrolières avait donné des résultats tangibles. Aussi, faut-il louer la détermination et le savoir-faire d'Esso qui n'avait ménagé aucun effort pour sortir le projet de cette impasse.

Le fait qu'Esso, une compagnie pétrolière de renommée internationale, possédant des capacités techniques et financières avérées ait décidé de rester après le départ des deux autres constituait en soi une garantie suffisante pour les compagnies visiteuses. Ce sentiment était largement partagé par les officiels Tchadiens, les compagnies pétrolières et les partenaires au développement. Cette période d'étude de documents, de consultations et de concertations au niveau le plus élevé des compagnies visiteuses étant achevée, il ne restait plus que les décisions à prendre.

Avant la prise de décision, il faut rappeler que les futurs membres du consortium étaient tenus d'étudier l'environnement économique et politique du pays et les perspectives à long et moyen terme. La stabilité politique et la crédibilité de la monnaie locale sont des paramètres clés pour tout investisseur dans un pays. Plus aucune question ne restera sans réponse. Pour la plupart des compagnies pétrolières, le Tchad était synonyme de guerre, de sécheresse, de famine, de rébellion, d'instabilité, de prise d'otages, de corruption. Investir dans ce pays signifiait qu'il fallait prendre en compte tous ces risques et calamités. Un tel environnement est naturellement peu encourageant pour les investisseurs. Mais il faut évidemment trouver des éléments rassurants qui aideraient à prendre une décision et un engagement à long terme. Aussi le tableau sombre présenté par les partis d'opposition, les ONG, et les environnementalistes n'était pas partagé par toutes les compagnies visiteuses. Il fallait aussi mettre en évidence le fait que les gains attendus de ce projet en si peu de temps valaient peut-être une prise de risque.

Dans cette attente, deux compagnies avaient décidé de rejoindre Esso pour intégrer le consortium.

Il s'agissait de Petronas une compagnie malaisienne, de Chevron, une compagnie américaine qui avait quitté le consortium en 1991 et qui avait décidé d'y revenir. Les autorités tchadiennes avaient accepté l'arrivée des deux nouvelles compagnies. Comme il est de coutume, les deux compagnies avaient commencé à discuter de leur accord d'association avec Esso afin de définir les droits et les obligations de chaque partie. La répartition des actions dans l'association avait été arrêtée ainsi qu'il suit :

Esso	40%
Petronas	35%
Chevron	25%

Chevron retrouva exactement le même pourcentage d'actions que dans la précédente association. On se demandera pour quelle raison elle avait quitté le consortium dix ans plus tôt. Les activités dont elle espérait tirer profit ailleurs n'étaient peut-être pas suffisamment rentables. D'autre part, dix ans plus tard, beaucoup de choses avaient évolué au Tchad. Le pétrole était presque à fleur de sol puisque la décision de la construction du pipeline était déjà prise, son financement presque acquis et bouclé au moment où les deux compagnies quittaient le permis. Le consortium ainsi constitué sous la supervision d'Esso, le développement du champ pétrolifère de Komé. La responsabilité de construire, d'opérer, d'entretenir et d'exporter du pétrole brut par le pipeline a été assurée par deux sociétés créées à cet effet :

la Société Tchadienne de Transport du Pétrole (TOTCO) et la Société Camerounaise de Transport de Pétrole (COTCO.

La mise en valeur des puits de pétrole au Tchad a été confiée à EEPCI pour le compte du consortium (Esso Exploration & Productipon Company Inc), filiale d'Exxon Mobil.

Le tableau ci-après détaille les éléments constitutifs du projet Tchad-Cameroun au moment de la prise de décision :

Champs
3 champs près de Doba au sud du Tchad : Komé, Bolobo, Miandoum 250 puits d'exploitation Lift artificiel, pompes submersibles électriques
Équipements des champs
Installation centrale de traitement 2 stations de collecte Une puissance électrique de turbine pour brûler le brut (120 MW) Plateaux de charge : 225 kbd du pétrole
Infrastructures
Réparation et construction de 600 km de routes Piste d'atterrissage de komé Réhabilitation de 4 locomotives et 150 autorails (Camrail) Construction de camps de célibataires à komé et de stations de pompage Réseaux de télécommunications/données Construction de 1070 km de pipeline souterrain de 760 mm d'épaisseur 3 stations de pompage (18000 BHP par station) Station de réduction de pression sur terre à Kribi
Équipements
FSO-Thank converts (2 MBO) 12 km de pipeline en mer débouchant sur l'entrepôt flottant et le navire de déchargement

Le consortium après sa composition avait engagé les principaux contractants sur la base de la répartition des tâches suivantes :

Contractants	**Rôle principal**
Tchad-Cameroun (TCC)	Construction des installations du champ pétrolifère y compris les bases, les stations de pompage, la centrale électrique, etc.
Sogea Satom	Construction des infrastructures du support logistique
Doba Logistiques	Logistique
Wilbros-Spie Capag (WSJV)	Installation du pipeline
Pride Farasol	Forage des puits de pétrole
Schlumberger	Services de forage
Coris	Services de communication

L/ La rapide reconstitution du consortium

La Banque Mondiale et les prêteurs privés saluèrent la rapidité avec laquelle la nouvelle association fut constituée. Il est admis que les nouveaux membres du consortium disposaient d'une surface financière suffisante et d'une compétence technique avérée pour assumer leurs obligations dans l'association. La compagnie Esso avait les moyens de vérifier la capacité des nouveaux membres de l'association. En règle générale, la reconstitution d'une nouvelle association dans l'industrie pétrolière, suite à l'arrivée des nouvelles compagnies pétrolières, donne lieu au paiement au Gouvernement du pays d'accueil d'un ticket d'entrée appelé généralement bonus. Le montant du bonus fait l'objet de négociations extrêmement tendues entre le Gouvernement et les membres de l'association.

Ce bonus est considéré généralement comme un crédit d'impôt, sauf dans des cas rares où il est pris dans les comptes en pertes et profits.

Le Gouvernement tchadien avait négocié avec les membres du consortium le montant du bonus à 25 millions de dollars US. Cette somme fut versée dans le compte du Trésor public et comptabilisée comme une avance sur les futurs revenus de l'État. L'utilisation de ce bonus déclaré par le Gouvernement comme faisant partie des revenus pétroliers avait donné l'occasion aux partis politiques et ONG opposés au projet d'ajuster leur critique et de mobiliser une fois de plus l'opinion nationale et internationale sur la gestion prétendument scabreuse des revenus pétroliers. En effet, le versement de cette somme intervenait à un moment où les esprits étaient encore surchauffés après le départ d'Elf, et les critiques très sévères contre le projet. La moindre information qui discréditait le Gouvernement ou mettait en relief les failles du projet était suivie de très près. Le Gouvernement, la Banque Mondiale et le consortium n'avaient pas droit à l'erreur. C'est une étape importante que le Gouvernement venait de franchir en acceptant la reconstitution du consortium avec un temps record et en encaissant un pactole non négligeable à une période où le Trésor public en avait grandement besoin.

Bon à savoir, les fonctionnaires commençaient à accumuler des arriérés de salaires avec la grogne des syndicats. Les échéances non payées de la dette extérieure s'accumulaient et l'administration tournait au ralenti par manque de motivation des agents de l'État. Pour le Gouvernement tchadien, après le départ d'Elf, le bonus qui était perçu par le Tchad lors de son entrée dans le consortium fut désormais considéré comme une indemnisation à la rupture de contrat de manière unilatérale. Pour Elf, cette avance serait comptabilisée au titre des pertes et profits. Les deux parties avaient fermé cette page sans qu'il y eût la moindre évocation d'éventuels litiges ou recours.

La déclaration faite par le Gouvernement sur l'utilisation éventuelle de cette recette exceptionnelle lors de la reconstitution du consortium avait été accueillie avec beaucoup d'enthousiasme dans les milieux des bailleurs de fonds et des Tchadiens démunis. En revanche, le Gouvernement avait, au cours d'un meeting, annoncé que le consortium était reconstitué et que le bonus reçu servirait à financer les projets dans les secteurs prioritaires, à savoir : l'éducation, la santé, les infrastructures, etc. comme futurs revenus pétroliers. L'application de cette déclaration rencontra quelques difficultés dans la pratique quotidienne. Il était évident qu'une telle annonce ne passerait pas inaperçue aux yeux de l'opinion nationale et auprès des agences de développement : les besoins du pays s'avéraient énormes. II est pratiquement impossible de les hiérarchiser de façon rationnelle ici.

Il faut se rappeler que le pays faisait alors face à une énième rébellion dirigée par feu Youssouf Togoïmi qui devenait de plus en plus menaçante dans la partie nord du pays. Celle-là avait détruit au sol deux hélicoptères de l'armée tchadienne. Ces deux hélicoptères avaient largement contribué à diminuer la capacité offensive de la rébellion et à la contenir dans la région du Tibesti. Leur absence aurait pu donner l'illusion au mouvement armé qu'il est capable de descendre sur la capitale sans beaucoup de peine. Aussi, le Gouvernement décida-t-il de remplacer immédiatement les deux hélicoptères en utilisant une partie du montant du bonus. La sécurité était aussi prioritaire pour l'État, encore que les partenaires au développement n'y accordassent que peu d'importance.

C'est un choix politique qui ne fait pas l'unanimité, certes. Mais la sécurité est aussi une condition essentielle de développement. L'instabilité, l'insécurité, les pillages et les guerres sont aussi synonymes de pauvreté, de misère et de calamités de toutes sortes. Il est vrai que la pauvreté engendre la violence et l'insécurité. Il est aussi vrai que le manque de dialogue et l'utilisation de la force créent la précarité et augmentent les tensions sociales. C'est un engrenage et un cercle vicieux. Pour le briser, il faut beaucoup de talent et une bonne dose de tolérance et de discernement.

La décision de remplacer les deux hélicoptères avec les ressources du bonus avait donné l'occasion à tous ceux qui, pour une raison ou une autre, avaient montré leur farouche détermination à diaboliser tout ce qui touchait au projet de construction du pipeline de Doba, pour ainsi dire, à le rendre négatif à tout point de vue et à taxer ainsi le Gouvernement de tous les maux. « L'argent du pétrole ne servirait qu'à faire la guerre et enrichir le clan au pouvoir », disaient-ils. Les médias toujours à la recherche des informations sensationnelles avaient suffisamment fait écho de cette décision et emboîté le pas aux partis politiques de l'opposition et aux organisations de la société civile pour conclure que les futurs revenus pétroliers prendraient la même destination.

Les partenaires au développement étaient attentifs à cette analyse. Une polémique un peu excessive fut engagée autour de cette question entre les bailleurs de fonds et le Gouvernement d'une part, entre le Gouvernement et les partenaires sociaux d'autre part. Les départs d'Elf et de Shell ainsi que la polémique engagée sur la question de l'utilisation du bonus avaient failli interrompre, une fois encore, la réalisation du projet. La compagnie Esso, opératrice des activités pétrolières demeura imperturbable face à ce débat auquel elle ne souscrivit pas. Au contraire, elle demeura confiante quant à l'avenir du projet.

Le Gouvernement sortit très affaibli de cette épreuve. Pour soigner son image, il décida d'envoyer des missions à l'intérieur et à l'extérieur du Tchad pour mieux expliquer l'utilisation qu'il entendait faire des futurs revenus pétroliers. Il avait réussi à instaurer un dialogue fructueux et constructif avec les partenaires au développement, après plusieurs contacts et des conversations téléphoniques intenses. Les propositions faites au cours de ces missions étaient positives aux yeux des partenaires et on estima que le Tchad avait introduit une innovation fort intéressante en matière de gestion des revenus pétroliers.

Indubitablement, le Gouvernement indiqua à ses partenaires qu'il était disposé à examiner avec eux un projet de loi qui créerait une structure de contrôle de gestion des revenus pétroliers au sein de laquelle siégeraient toutes les sensibilités du pays (Parlement, gouvernement, religieux, la Cour suprême, la Banque centrale, société civile, etc.). Cette structure se chargerait de contrôler et d'approuver toutes les dépenses effectuées sur les revenus pétroliers affectées aux secteurs prioritaires définis d'un commun accord avec les partenaires.

Face aux différentes critiques et aux procès d'intention, le Gouvernement avait pris le devant pour couper court à toutes les spéculations véhiculées autour de la question de la gestion des revenus pétroliers. Certains chefs d'État africains des pays producteurs de pétrole n'avaient pas hésité à reprocher au Gouvernement tchadien d'avoir cédé facilement aux injonctions des partenaires au développement dans un domaine de souveraineté.

Ce fut une brèche ouverte qui n'aura pas fait plaisir à certains. À titre d'exemple, sous la pression de la Banque Mondiale et des agences d'aide au développement, les pays africains producteurs de pétrole seront fortement invités à suivre l'exemple du Tchad. C'est une politique qui allait certainement changer certaines pratiques de gestion des revenus pétroliers dans les pays en développement qui avaient souvent été décriées et qualifiées par les partenaires de gaspillage, de gestion opaque, peu transparente.

N'est-ce pas que la transparence est synonyme de bonne gouvernance ? La loi a été adoptée par le Parlement tchadien au début de l'année 2000. Cette nouvelle loi permet aux élus et aux sensibilités politiques du pays d'avoir un droit de regard sur la distribution équitable de la richesse nationale. Cela permettrait également de décrisper l'atmosphère politique et de libérer les énergies pour le seul combat du développement. Il appartient aux membres des différentes institutions représentées au sein du Collège de contrôle et de surveillance des revenus pétroliers de jouer pleinement leur rôle d'arbitre et de contrepoids pour assurer une gestion transparente des ressources pétrolières. Ce sera un challenge ou un défi à relever !

CHAPITRE XII

LE CHANTIER DE L'OLÉODUC TCHAD-CAMEROUN

A/ Le pipeline Tchad-Cameroun en données et en images

Carte d'Afrique et du projet pétrole Tchad-Cameroun

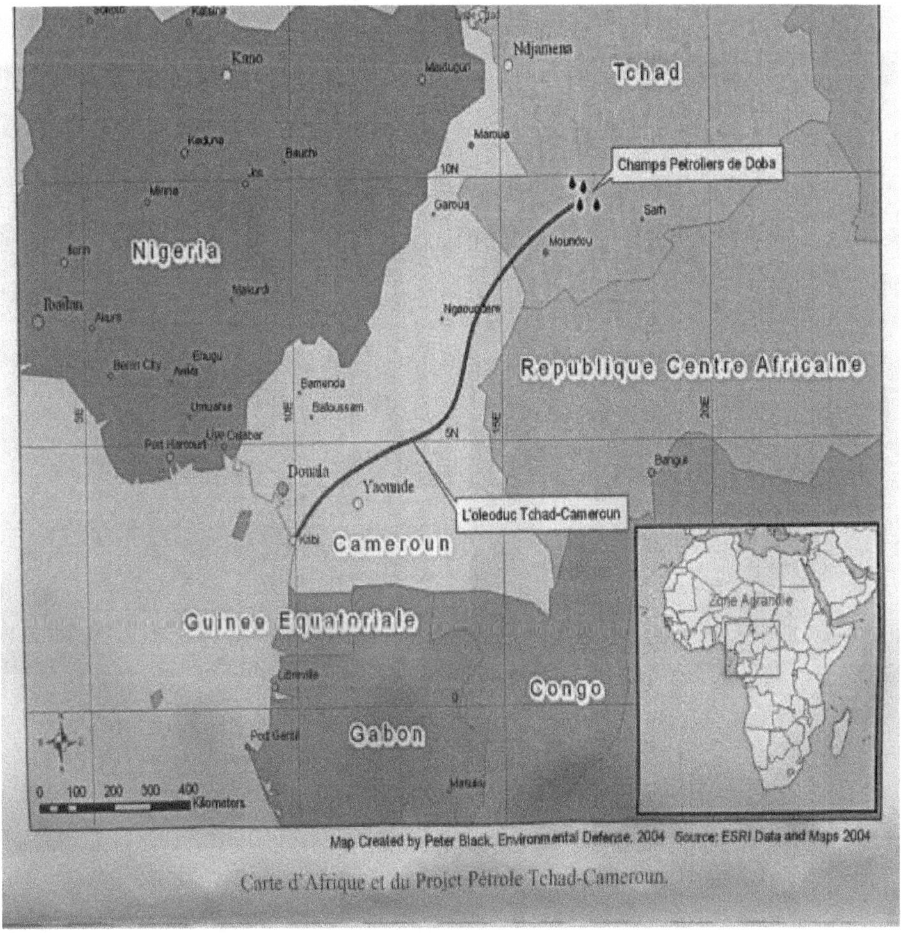

Carte d'Afrique et du Projet Pétrole Tchad-Cameroun.

Le cheminement du pétrole brut du Tchad de Doba à la station de pompage de Kribi au Cameroun

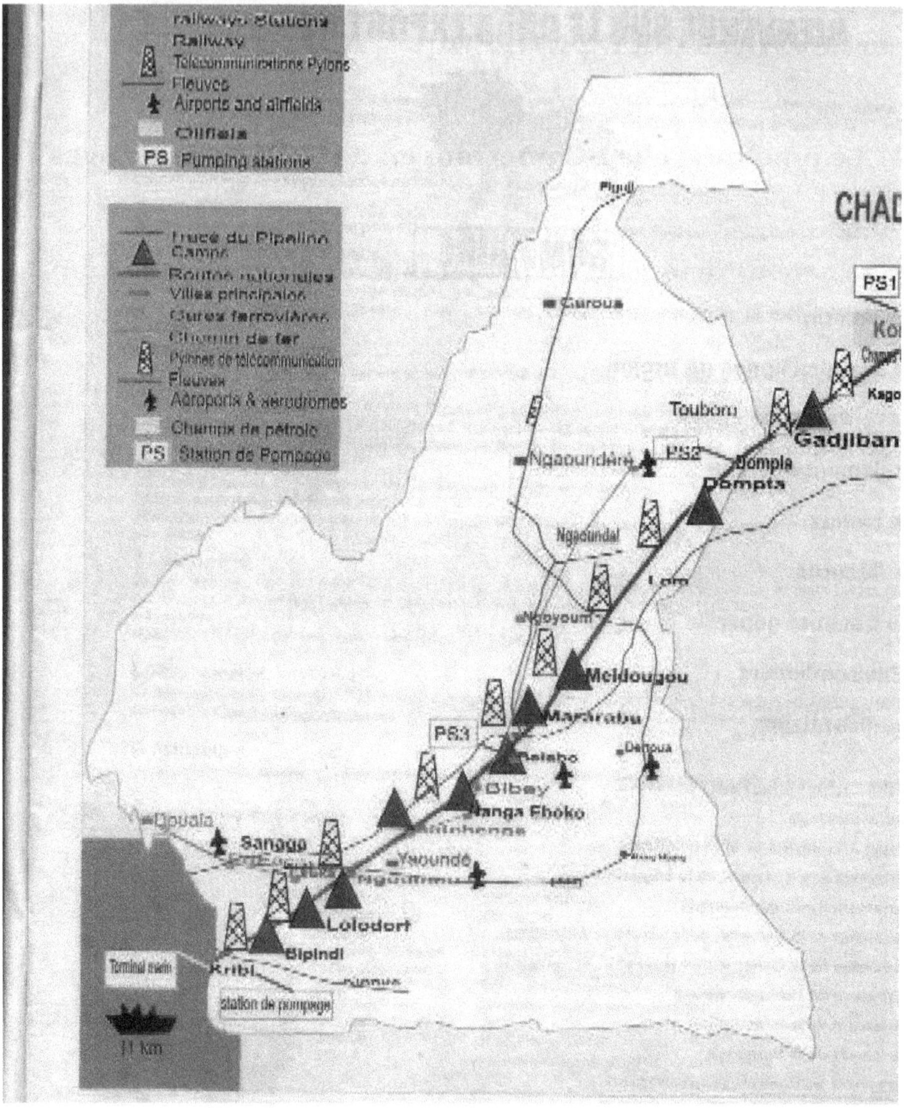

Permis actuels au Tchad

Sociétés	Type de Convention	Zones Contractuelles
Esso, Pétronas et SHT	Concession	Doba
OPIC (opérateur)	Hybride (avec une participation et royaltie)	Lac-Tchad I et Chari Ouest III et Chari Sud II
CNPCIC, CLIVIDEN et SHT	Contrat de Partage de Production (CPP)	Lac-Tchad, Bongor, Doba Ouest, Madiago et Salamat
Glencore (Griffiths Energy (Chad)) et SHT	CPP	Doseo et Borogop
Glencore (Petrochad Mangara) et SHT	CPP	DOB et DOI
Glencore (Griffiths Energy (DOH)) et SHT	CPP	DOH
United Hydrocarbon et SHT	CPP	DOC, DOD, Lac Tchad (Sedigui) et Largeau III
Global Petroleum	CPP	DOE, DOF, DOG, Largeau V et Djado III
SAS Petroleum	CPP	Erdis IV
GTI Regalis	CPP	DOA, WD2-2008 et Largeau IV
MEIGE PETROLEUM	CPP	Largeau

Les travaux de terrassement à travers la forêt camerounaise

Le passage du pipeline Tchad-Cameroun en territoire tchadien

Le transport des blocs de l'oléoduc par la voie ferrée

Prévention et information des populations par COTCO

Le complexe pétrolier de Doba

Une vue aérienne du port de Kribi

Le terminal pétrolier KK1 à Kribi

Cérémonie d'inauguration de la station de réduction de pression du pipeline Tchad-Cameroun

B/ Présentation technique de l'oléoduc

Le Pipeline Tchad/Cameroun est un système de transport des hydrocarbures par pipeline, utilisé pour évacuer à travers le territoire camerounais, le brut extrait des champs de pétrole du Sud tchadien, jusqu'au terminal ancré dans l'Océan Atlantique, au large de Kribi au Cameroun.

Il a été construit et est opéré au Cameroun par la Cameroon Oil Transportation Company (COTCO).

Ce système comprend, en territoire camerounais :

- un oléoduc terrestre long de 890 km sur un total 1070 km ;
- deux stations de pompage (Dompta et Bélabo) ;
- une station de réduction de pression (Kribi) ; et
- un terminal flottant de stockage et de déchargement (Terminal Komé-Kribi 1).

L'oléoduc est constitué de tubes métalliques de 760 mm de diamètre, soudés les uns aux autres, et enfouis sur toute la longueur du tracé, à une profondeur minimale de 1 mètre, dans une emprise foncière d'une largeur variant entre 10 et 15 mètres constituant un périmètre de protection.

L'oléoduc est protégé contre la corrosion pour empêcher les fuites de pétrole. Quarante-huit vannes de sectionnement dont quarante en territoire camerounais, sont installées le long de l'oléoduc pour réguler l'écoulement du brut et en cas d'incident de l'arrêter. Ces vannes sont installées à des intervalles de 35 km et près de chaque côté des traversées des grandes rivières.

Les stations de pompage sont implantées au Cameroun respectivement à Dompta, dans l'Arrondissement de Touboro (région du Nord) et à Belabo (région de l'Est). Ces stations de pompage servent à donner au brut l'énergie nécessaire pour couler dans l'oléoduc, jusqu'au terminal flottant de stockage de déchargement.

Pour faciliter le pompage, le brut est réchauffé jusqu'à une température de 70 °C dans chacune des stations de pompage ; ce qui réduit sa viscosité. La température du brut réchauffé baisse sur une courte distance de façon qu'elle ne puisse avoir aucun impact négatif sur le sol et la végétation.

Chacune des stations de pompage est équipée d'une capacité de stockage pour la décompression du système en cas d'urgence. En outre des gares de lancement et de réception des racleurs y sont installées pour l'introduction dans l'oléoduc des racleurs assurant le contrôle de l'état interne des tubes.

La station de réduction de pression du Pipeline Tchad/Cameroun située à Kribi (région du Sud), au bord de l'Océan Atlantique, permet d'abaisser la pression du flux de brut avant son entrée dans le Terminal flottant de stockage et déchargement du Brut. Cette station est également équipée de capacités de stockage pour la décompression du système en cas d'arrêt d'urgence.

Le Terminal flottant de stockage et de déchargement du Pipeline Tchad/Cameroun est un tanker converti en barge de 2,4 millions de barils de capacité de stockage et ancré en permanence à 12 km au large de Kribi, à l'aide d'un système d'amarrage à point unique.

Cette barge dénommée Komé-Kribi 1 comporte des ballasts séparés ; ce qui prévient tout mélange entre l'eau et le pétrole brut stocké. Elle est équipée d'un système de comptage automatique doté d'une boucle d'étalonnage pour assurer l'exactitude des quantités de brut déchargé dans les tankers enleveurs. En outre, une unité de traitement des eaux de production est installée sur le pont de cette barge

C/Les travaux infrastructurels

Le Pipeline Tchad/Cameroun, fruit d'une réelle volonté politique de leurs Excellences Paul BIYA, Président de la République du Cameroun, et Idriss DEBY, Président de la République du Tchad, en faveur de l'intégration régionale.

18 et 20 octobre 2000 : Le Président de la République du Cameroun, S.E. Paul BIYA, et son homologue du Tchad, S.E. Idriss DEBY, lancent officiellement les travaux de cet important Projet, respectivement à Komé (Tchad) et à Kribi (Cameroun).

Ces travaux ont effectivement commencé en novembre 2001 et se sont achevés en juillet 2003, soit six mois avant l'échéance initialement prévue.

La construction de l'ensemble du système de transport camerounais n'aura donc duré que 20 mois.

Cette célérité est à mettre sur le compte de la bonne organisation du chantier et de la maîtrise technologique des sociétés impliquées dans la phase de construction du Projet.

Elle a aussi été rendue possible grâce à l'étroite implication des autorités camerounaises qui ont veillé strictement à la sécurité des biens et des personnes, dans leur mission de facilitation de l'exécution du Projet ; ainsi qu'à l'adhésion des populations, lesquelles ont su tirer profit de cet important investissement privé.

Octobre 2000 — Octobre 2003

Tenue de réaliser les travaux de construction du Pipeline Tchad/Cameroun dans le strict respect des normes environnementales en vigueur, conformément à la législation camerounaise en la matière, et aux prescriptions de la Banque Mondiale, la Cameroon Oil Transportation Company (COTCO), promoteur du Projet, a élaboré une Étude d'Impact Environnementale du couloir du tracé du Pipeline.

Cette Étude dresse l'état de la zone du projet, et propose les mesures d'atténuation des impacts identifiés.

Ces mesures d'atténuation constituent les activités du Plan de Gestion de l'Environnement du Projet, dont la mise en œuvre incombe à COTCO, sous le contrôle de l'Administration camerounaise et la coordination du Comité de Pilotage et de Suivi des Pipelines (CPSP).

a/ Construction des infrastructures terrestres

20 décembre 2000 : Arrivée des premiers tubes à Douala

Juillet 2001 : Début du nettoyage de l'emprise foncière

Novembre 2001 : Début des opérations de pose du pipeline en plusieurs étapes :

1. Creusement de la tranchée
2. Soudure du pipeline
3. Pose du pipeline dans la tranchée
4. Pose du câble à fibres optiques
5. Remblai et remise en état de l'emprise foncière

Janvier 2002 : Début de la construction des stations de pompage et de réduction de pression

Les stations de pompage implantées à Dompta et à Belabo sont identiques, à la seule différence qu'un by-pass est installé dans celle de Belabo. Chacune d'elles comprend : trois groupes de pompage, un réchauffeur de brut, une colonne de distillation atmosphérique, un système de génération autonome d'électricité des installations de traitement des eaux et huiles usées, et enfin des équipements de télécommunications et de télé contrôle.

b/Aménagement de la partie maritime du Pipeline

Décembre 2001 : Début à Singapour, des travaux de conversion du navire destiné à servir de terminal maritime de stockage et de déchargement

21 mai 2003 : entrée du navire converti, Komé-Kribi 1, dans les eaux territoriales camerounaises

Mai 2003 : Amarrage de la barge de stockage au large de Kribi. Converti en barge de stockage, le Kome-Kribi 1 est un tanker de 2,4 millions de tonnes, ancré à 12 km de la côte, au large de Kribi, à l'aide d'un système d'amarrage à point unique. Ce Terminal offshore est relié au pipeline on shore par un pipeline sous-marin enterré dans une tranchée creusée au fond de l'océan sur 400 mètres environ à partir de la côte, et simplement posé sur le fond de la mer sur le reste de sa longueur.

D/ Les opérateurs économiques et la main-d'œuvre locale

a/ Au Tchad

Étant parvenu à nationaliser à 100 % le personnel du système d'exportation à terre au Cameroun en 2012, le Projet continue d'essayer d'atteindre ses objectifs de nationalisation dans les deux pays, les employés tchadiens et camerounais occupant des fonctions de plus en plus importantes chez EEPCI, TOTCO et COTCO. Les emplois qualifiés incluent des postes d'opérateurs en salle de contrôle, de techniciens sur les champs pétroliers, de techniciens en construction, en mécanique, en électricité et en instrumentation, de surveillants du PGE ou de soudeurs. Des exemples de postes de qualification intermédiaire incluent des aide-cuisiniers, des gardiens de sécurité et des assistants-soudeurs. Une nouvelle convention collective a été négociée avec succès au Tchad

Au Tchad, la convention collective d'entreprise (CCE) entre EEPCI et ses employés a été renégociée avec succès en 2013. L'accord, qui sera en vigueur pendant les quatre prochaines années, comprend des incitations basées sur les performances, une indemnité de retraite améliorée, un régime d'assurance-maladie simplifiée et la résolution des questions de rémunération en suspens.

b/ Au Cameroun

Le pic des activités de construction du Pipeline Tchad/Cameroun a été atteint en janvier 2002.

Au 30 juin 2002, le nombre de personnes employées par le Projet a été de 6 420, dont 5 659 Camerounais, toutes catégories professionnelles confondues : ingénieurs, cadres administratifs, ouvriers qualifiés et non qualifiés. Les ouvriers non qualifiés, les plus nombreux, étaient recrutés dans les localités traversées par le projet.

Cette importante main-d'œuvre a bénéficié d'un environnement de travail et d'un encadrement d'un niveau technique très élevé ; le projet ayant été conçu et s'étant réalisé selon les normes internationalement reconnues dans l'industrie pétrolière.

L'on note ainsi la création de nouveaux corps de métiers tels que les soudeurs de pipeline, les conducteurs de grues latérales ou les moniteurs environnementaux ; l'acquisition de nouvelles connaissances théoriques et pratiques (sessions de formation et stages dans les entreprises du groupe Exxon Mobil, formation à la télécommunication par câble à fibres optiques, formation à la gestion des déchets, etc.) ; l'acquisition ou le renforcement de l'expérience (développement des réflexes de sécurité au travail, recherche archéologique, etc.) ; une meilleure connaissance du milieu naturel et humain d'une vaste zone du territoire camerounais.

Un ensemble de formations ont été mises en œuvre pour renforcer les capacités des cadres des administrations camerounaises chargées d'assurer le suivi environnemental, social et technique du secteur des hydrocarbures.

Sous la coordination du CPSP, les formations sur les thèmes ci-après ont été réalisées au bénéfice de cadres des administrations concernées :

Lutte contre les déversements accidentels d'hydrocarbures du 26 juin au 2 juillet 2006 en Afrique du Sud, à l'intention de cinq cadres et responsables provenant des ministères chargés des mines, de l'environnement, de la défense, de l'administration territoriale (direction de la protection civile), ainsi que de la SNH.

- Suivi du Plan pour les Peuples Autochtones Vulnérables (PPAV) animé par le consultant ERE Développement du 21 au 22 juin 2006 à l'hôtel Palm Beach à Kribi.

- Gestion et contrôle d'une entreprise pétrolière qui s'est déroulée du 09 au 18 mai 2006 au centre de formation de l'IFP à Paris. Quatre cadres et responsables provenant des ministères chargés des mines, des finances ainsi que du CPSP ont pris part à cette formation, dont le but est d'améliorer les connaissances des participants dans la gestion administrative et financière des projets pétroliers notamment dans les domaines de la fiscalité, de comptabilité internationale et de méthodologie de gestion.

Élaboration d'une carte sanitaire le long du tracé du Pipeline Tchad/Cameroun animé par le consultant du Centre d'Études et d'Assistance à l'Industrie du 10 au 11 mai 2006 à l'hôtel Hilton à Yaoundé à l'intention de 25 cadres et responsables des ministères chargés de la santé et de l'environnement. Utilisation du matériel topographique de type Global Positionning System du 16 au 25 janvier 2006 à Yaoundé, à l'intention de vingt-cinq cadres et responsables du ministère des domaines et des affaires foncières. Passation des marchés du 11 novembre au 2 décembre 2005 à Dakar à l'intention de 04 cadres et responsables provenant du CPSP et du ministère chargé de la santé publique.

Gestion du temps et les techniques de communication du 28 février au 4 mars 2005 et du 28 mars au 1er avril 2005 à l'hôtel Hilton à Yaoundé à l'intention de trente cadres et responsables provenant des ministères chargés de l'environnement, des domaines, des mines, de l'agriculture ainsi que de la SNH et du CPSP.

Contentieux environnemental du 24 janvier au 4 février 2005 à Washington à l'intention de quatre juristes/magistrats.

Suivi environnemental et des risques industriels pour responsables terrain. Cette formation s'est déroulée au centre de formation de l'IFP à Paris et à Martigues du 10 au 21 juillet 2006, et concerne treize cadres et responsables provenant des ministères chargés de l'environnement, des mines, de l'agriculture, du transport ainsi que de l'Université de Yaoundé 1 et du CPSP.

Méthodes de gestion environnementale et des risques industriels pour responsables au niveau central. Cette formation s'est déroulée au centre de formation de l'IFP à Paris et à Martigues du 24 juillet au 4 août 2006, et a concerné douze cadres et responsables provenant des ministères chargés de la défense, des mines, du transport (Direction des Affaires Maritimes et des Voies Navigables), des domaines, de l'administration Territoriale (Direction de la Protection Civile) ainsi que du CPSP.

Une mission d'Études a été réalisée à l'Institut Français du Pétrole du 02 au 16 juillet 2005 à Paris et à Martigues, sur la gestion des risques environnementaux en relation avec les activités d'exploitation d'un pipeline, à l'intention de quinze cadres et responsables provenant des ministères chargés de la défense, de l'environnement, de la justice, des mines, du transport, des domaines, de l'agriculture ainsi que du CPSP.

CINQUIÈME PARTIE

LA QUESTION DU DÉCOLLAGE ÉCONOMIQUE

CHAPITRE XIII

ÉVALUATION DU PROJET AU TCHAD

Les revenus pétroliers ont largement contribué à changer le mode de vie des Tchadiens. Nous verrons dans ce huitième chapitre, à partir des indicateurs, la révolution qui s'est opérée dans les secteurs primaire, secondaire et tertiaire.

A/ Impact économique de la phase de construction

Un projet aussi complexe que celui de la construction du pipeline Tchad-Cameroun et du développement du champ pétrolier de Doba aura beaucoup d'impacts sur l'économie du Tchad. Certains d'entre eux vont se produire à court et moyen terme, et sont relativement faciles à analyser. D'autres sont plus complexes dans leurs effets de transmission parce qu'ils surviendront à long terme. Ils ont besoin d'être analysés séparément. Dans la phase de la construction, les dépenses directes du projet engendreront des réactions en chaîne qui, à leur tour, multiplieront des bénéfices directs. Dans la phase de la production, les dépenses en cours auront un éventail plus large d'effets étant donné que les activités locales répondront pour une longue période aux besoins en cours du projet. Il s'agit ici de quantifier la contribution économique du projet à l'économie tchadienne.

Le tableau ci-dessous présente les dépenses réalisées avec les hommes d'affaires ou les opérateurs économiques tchadiens pendant la phase de construction.

Période	Dépenses en milliards de francs CFA
4e trimestre	2081
1er trimestre	5155
2e trimestre	6579
3e trimestre	11 025
4e trimestre	14 122
1er trimestre	24 585
2e trimestre	27 532
3e trimestre	32 874
4e trimestre	27 163
1er trimestre	27 200
2e trimestre	21 490
3e trimestre	17 030
4e trimestre	14 880
TOTAL	**231 714**

Source : rapports trimestriels du projet Esso

Les impacts directs sont définis comme étant les activités directement associées aux phases de construction et de production du projet. Il s'agit des salaires payés aux employés du projet, des dépenses directes du projet portant sur l'acquisition des biens et des services au Tchad, du paiement de la compensation ; des paiements directs effectués au bénéfice de l'État tchadien (impôts, taxes ; et divers services fournis, téléphone, électricité, eau) à présent aux revenus de l'État engagés.

Revenus de l'État

Années	Estimation des paiements du projet versés au gouvernement (en milliards de francs CFA)
2001	5260
2002	15 140
2003	13 487
Total	33 887

Source : Esso-Tchad Juin 2003

Cette analyse intègre également les impacts indirects qui proviennent des dépenses sur les biens et services effectuées par des hommes d'affaires qui étaient directement associés au projet. Ces dépenses reflètent l'emploi et les revenus générés dans l'économie par la dépense des ménages employés directement ou indirectement par le projet. Les impacts directs du projet en termes de sommes dépensées au Tchad pendant la phase de construction étaient significatifs. En fin 2003, ces sommes étaient évaluées de la façon suivante :

- 28 milliards de FCFA soit 42,6 millions de dollars US seraient dépensés pour les salaires locaux ;

- Les compensations individuelles s'élèvent à 2,5 milliards de FCFA soit 3,8 de dollars US ;

- 230 milliards de FCFA auront été dépensés pour l'acquisition des biens et services auprès des hommes d'affaires locaux ;

- Les revenus de l'État à travers les impôts, les taxes, les contributions de sécurité sociale et autres frais seraient estimés à 34 milliards de FCFA soit 52,1 millions de dollars US ;

- Environ 3 milliards de FCFA soit 5 millions de dollars US seraient dépensés au Tchad par les employés expatriés.

Les coûts totaux de construction du projet étaient estimés à 2,418 milliards de FCFA soit 3,7 milliards de dollars US. Sur ces sommes, 299 milliards de FCFA soit 460 millions de dollars US devaient être dépensés au Tchad. Ce qui représente 12 % des coûts totaux de construction du projet. L'approvisionnement sur le marché local était de loin l'élément le plus important des dépenses du projet au Tchad, ce qui représente 80 % du total. Les salaires payés aux employés tchadiens et les revenus de l'État constituaient les autres éléments importants de ces coûts qui représentent environ chacun 9 % du total. Les dépenses des expatriés et les paiements des compensations individuelles représentent chacun environ 1 %.

Estimation des dépenses faites par les expatriés au Tchad (phase construction)

Années des expatriés	Estimation des dépenses des expatriés (en milliards de FCFA)
2001	348 1636
2002	2002
2003	1257
Total	**3241**

Les dépenses totales du projet en 2000 furent estimées à environ 143 milliards de FCFA soit 220 millions de dollars US et à environ 108 milliards de FCFA soit 166 millions de dollars US en 2003. Ces chiffres représentent plus de 10 % du PIB du Tchad pour l'année 2000.

Une proportion substantielle de l'économie du pays avait bénéficié de ces dépenses avant même que les impacts indirects et provoqués ne soient pris en compte.

Les résultats de la phase de construction montrent qu'en 2001, l'accroissement du rendement total de l'économie directement imputable au projet était estimé à 309 milliards de FCFA soit 47,5 millions de dollars US équivalent à environ 2 % du rendement total brut de l'économie par rapport en l'an 2000, année de référence de calcul des estimations. Lorsqu'on tient compte des effets indirects, provoqués et induits, ce chiffre est plus important, et il représente près de 4,3 % de la production initiale de l'économie. Le multiplicateur qui lie les effets totaux aux effets directs est de 2,18 pour cette année particulière.

Emplois pendant la phase de construction : salaires versés aux travailleurs tchadiens.

Période	**Paiements (en milliards de FCFA)**
1er Trimestre 2001	60
2e trimestre 2001	182
3e trimestre 2001	803
4e trimestre 2001	1635
1er Trimestre 2002	2568
2e trimestre 2002	3095
3e trimestre 2002	3583
4e trimestre 2002	4073
1er trimestre 2003	3900
2e trimestre 2003	3250
3e trimestre 2003	2600
4e trimestre 2003	1950
Total	**27 689**

Source : rapports trimestriels du projet Tchad-Cameroun

B/ Impact économique de la phase de production

Les dépenses prévisionnelles de la phase de production du projet peuvent être estimées en moyenne à 65 milliards de FCFA soit 100 millions de dollars US par an à compter de 2004 jusqu'à 2006 inclus et de 56 milliards environ soit 86 millions de dollars US par an après 2007. Il va sans dire que les impacts directs et indirects provoqués seraient de moindre importance comparés aux phases de construction. La phase de construction du projet qui nécessitait de gros investissements étant relativement achevée, les dépenses liées au projet seraient aussi relativement limitées. Cependant, une composante plus importante de l'ensemble des retombées du projet proviendrait des effets indirects et découlant des dépenses des premiers revenus pétroliers. Les multiplicateurs de la production et du revenu seraient tous élevés pendant la période de cinq ans pris en considération (les trois années de la phase de construction et les deux années de la phase de production).

Avec une bonne gestion, les effets supplémentaires indirects et provoqués par les dépenses liées à la phase de production seraient substantiels et offriraient à l'économie des opportunités considérables. En liaison avec la production sectorielle, les bénéfices tirés des impacts indirects et provoqués seraient estimés à environ 15 % pour l'an 2002 pour les secteurs de l'agriculture et les industries manufacturières. Quant aux revenus de la population, les changements provoqués par le projet étaient estimés à un bénéfice d'environ 17,5 % en moyenne par rapport à l'année 2000 au moment où le projet devait atteindre une certaine stabilité de sa contribution dans le budget de l'État à partir de 2005.

L'importance de la politique du Gouvernement serait, de ce fait, d'assurer une répartition équitable des bénéfices en ciblant bien les secteurs qui sont susceptibles de créer une valeur ajoutée et de contribuer ainsi efficacement à la réduction de la pauvreté. Avec le déclin des activités liées à la construction du pipeline, les fournisseurs locaux cherchaient d'autres voies pour maintenir le développement de leurs affaires. Ils envisageaient d'investir dans de nouveaux secteurs ou de se concentrer sur d'autres marchés tels le négoce, la construction des bâtiments et l'entretien des routes. De nombreux impacts, les plus durables et les plus importants du projet, étaient difficiles à quantifier. L'héritage à long terme constitué par la formation et les qualifications acquises des travailleurs aurait certainement un impact important, non seulement sur la question de leur emploi après leur démobilisation, mais aussi sur leur productivité lors de leur futur emploi. Des personnes parmi les plus qualifiées, celles qui n'ont pas été retenues par le projet, ont tenté de démarrer leurs propres affaires ou, pour le cas du personnel de gestion, d'envisager d'intégrer la fonction publique (et probablement de travailler dans les activités liées au pétrole). L'expérience acquise en travaillant dans un projet de si grande envergure prouvera son utilité dans tout futur emploi.

Avec le démarrage de la phase de construction, le Tchad courait le risque de connaître les conséquences de la « maladie hollandaise. C'est un phénomène qui affecte en général les pays nouvellement dotés d'une richesse provenant des ressources naturelles. Le risque est que les exportations des ressources naturelles et les revenus qui en résultent débouchent sur la surévaluation de la monnaie du pays, poussant ainsi les secteurs non pétroliers de l'économie à devenir progressivement peu concurrents.

Faire du pétrole le centre d'intérêt de l'économie équivaudrait à ne pas encourager les investissements dans d'autres secteurs, avec les conséquences potentiellement préjudiciables à la croissance économique. L'appartenance du Tchad à la zone monétaire CFA devrait aider l'économie à amoindrir les problèmes d'appréciation de la monnaie. L'utilisation efficace des revenus du pétrole dans le cadre de l'allègement de la pauvreté et de la promotion d'un secteur privé dynamique internationalement concurrent aiderait le pays à surmonter ces menaces.

La capacité du Tchad à traduire les bénéfices du secteur pétrolier en une croissance économique forte et grande, et une prospérité équitable pour son peuple dépendrait, en fin de compte, de la bonne gestion économique, du renforcement des capacités, de l'augmentation et de la réalisation des projets de haute qualité et efficaces afin de réduire la pauvreté et promouvoir une croissance économique durable. La tentation de bâtir des « éléphants blancs » et d'engager les dépenses de prestige était alors à éviter. Ces « éléphants blancs » sont des immeubles extrêmement chers construits avec des fonds empruntés par l'État tchadien aux bailleurs de fonds : ces luxueux immeubles à la longue ne rapporteront pas grand-chose à la caisse de l'État en termes de loyer.

C/ Évolution des indicateurs économiques (1996-2012)

Mis en exploitation à partir d'octobre 2003, le pétrole a aussitôt apporté des transformations remarquables à l'ensemble de l'économie du Tchad. L'agriculture, l'élevage et le commerce, qui constituaient les activités dominantes jusqu'au début des années 2000 ont été relégués en second plan par l'exploitation des gisements pétroliers des trois champs de Doba. Le pétrole représente en moyenne (sur la période 2003-2012) 20 % du PIB, 80 % des exportations et 60 % des recettes budgétaires. Ainsi, depuis 2003, le pétrole constitue ainsi un secteur dominant de l'économie et impose son rythme à tous les autres secteurs.

L'évolution de l'Indice de développement humain (IDH) témoigne de l'amélioration des indicateurs socio-économiques du Tchad grâce à la bonne gestion de la manne pétrolière.

C'est ce qu'attestent les chiffres ci-après de 2000 à 2012 :

Année	**IDH**
2000	0,301
2005	0,324
2008	0,338
2010	0,349
2011	0,365
2012	0,370

Source : PNUD

L'activité pétrolière a aussi généré des recettes importantes pour l'État qui ont, en grande partie, servi à construire les infrastructures de base et sont investies dans différents projets et programmes. Ce qui a permis de booster l'économie principalement, à travers le secteur des BTP (bâtiments et travaux publics) et des différentes branches de production et d'activités concernées. Avant la phase d'exploitation, d'importants investissements ont été également consentis entre 2000 et 2003 pour les travaux de développement pétrolier (infrastructures et équipements) et ont permis de stimuler autant que faire se peut l'économie. S'il est question d'examiner les changements subis par l'économie tchadienne à la suite de l'exploitation du pétrole, les effets nets du secteur pétrolier étant difficiles à évaluer, cette analyse va se focaliser sur les évolutions des différents secteurs de l'économie, à savoir : les secteurs réels, l'extérieur — les finances publiques et le secteur monétaire —. Ainsi, pendant la période 1996-2012 qui comprend la période antérieure à l'exploitation pétrolière, laquelle s'étend de 1996 à

2000, et celle des travaux de développement et d'exploitation du secteur pétrolier (à partir de 2000), nous avons les résultats (par secteur) suivants :

a/ Secteur réel

Les effets d'entraînement du secteur pétrolier au secteur réel sont démontrables : avant l'avènement du pétrole (1996-2000), l'évolution du PIB tchadien est largement dominée par l'agriculture, l'élevage et le commerce qui représentaient respectivement 21 %, 12 % et 29 % du total du PIB.

Années	**Secteur primaire**	**Secteur secondaire**	**Secteur tertiaire**
1996-1999	20 %	8,0 %	5,0 %
2000-2012	40 %	9,0 %	32,0 %

Structure du PIB
(Phase pré pétrolière et phase de développement)

L'exploitation pétrolière est venue donner un nouveau souffle à l'économie tchadienne dans son ensemble en boostant la production des autres secteurs de l'économie nationale à travers ses effets d'entraînement.

L'économie tchadienne a d'abord bénéficié des effets d'entraînement des investissements pétroliers réalisés entre 2000 et 2003 par le consortium, préalablement à la mise en exploitation des champs de Komé, Miandoum et Bolobo. Ces investissements ont porté sur les travaux d'aménagement du site pétrolier et de pose du pipeline jusqu'à la frontière du Cameroun pour un montant estimé à 1,6 milliard de dollars US soit 45 % environ du coût du projet ; le restant étant réalisé en territoire camerounais (système d'exportation, pose de la plus grande partie du pipeline et stations de pompage) et des installations offshore (plateforme mobile au large de Kribi)).

Cela a permis de stimuler l'économie à travers la distribution de la masse salariale dans le secteur privé et certains contrats de sous-traitance obtenus par les entreprises locales opérant principalement dans le secteur des BTP et du tertiaire, notamment les transports. Cependant, les investissements étant de haute technologie et imposant des normes spécifiques (notamment technologiques, techniques et environnementales), et compte tenu du faible développement du tissu industriel et du caractère informel du commerce tchadien, l'essentiel des dépenses relatives aux importations de biens d'équipement importés (Pipeline, stations de pompage et réchauffement du pétrole, véhicules et machines, etc.). Ce qui a eu des effets relativement limités sur l'économie et montre ainsi à suffisance que les autorités tchadiennes et les opérateurs économiques ne se sont pas bien préparés à entrer dans l'ère pétrolière en dépit du fait que dans les négociations avec le consortium, l'État tchadien a expressément demandé qu'il y ait des mesures de faveur, notamment la préférence locale au profit des entreprises tchadiennes.

À partir de 2003, l'activité pétrolière a généré des recettes importantes pour l'État, qui ont, en grande partie, servi à construire les infrastructures de communication, des infrastructures socio-sanitaires éducatives et des édifices publics. L'économie tchadienne a reçu un véritable coup de pouce principalement à travers le secteur des BTP.

Les ressources générées par l'exploitation pétrolière ont également été investies dans différents projets et programmes et ont permis d'impacter d'autres branches d'activités, notamment le petit commerce et les petites exploitations agricoles. Avant l'avènement de l'ère pétrolière, N'Djamena, la capitale du Tchad, était très mal ravitaillée en légumes frais et en divers produits maraîchers. La situation a complètement changé à telle enseigne que la classe moyenne des consommateurs a presque changé les habitudes culinaires.

Par ailleurs, une étude réalisée par la Direction des études et de la prévision du ministère des Finances du Tchad a souligné que les différentes branches d'activités ayant perçu des opportunités de profit ont investi afin d'accroître leurs offres de biens consommables. Ce qui a eu pour effet de relever le niveau de production de ces branches, et par ricochet, un accroissement de la richesse suite à un relèvement de la valeur ajoutée desdites branches. De même, l'investissement direct étranger a été boosté sur la période du fait de l'accroissement des revenus tant publics que privés générés par le pétrole. En particulier, pendant cette période, d'importants investissements privés dans les secteurs bancaires et de la téléphonie ont été réalisés. Au total, le secteur pétrolier a permis de redynamiser l'ensemble de l'économie réelle ainsi que les finances publiques, les secteurs extérieur et monétaire. Qu'en est-il des autres secteurs ?

b/ L'évolution des différents secteurs

Années	Secteur primaire	Secteur secondaire	Secteur tertiaire
1996-1999	4,0 %	7,0 %	2,0 %
2000-2012	9,0 %	13,0 %	9,0 %

Croissance réelle des secteurs
(Phase pré pétrole et phase de développement)

Années	Secteur primaire	Secteur secondaire	Secteur tertiaire
1996-1999	2,0 %	0,8 %	2,0 %
2000-2012	4,2 %	0,9 %	3,2 %

Croissance réelle des secteurs
(Phase pré pétrole et phase de développement)

La phase de développement et d'exploitation du pétrole s'est traduite par une croissance rapide et forte pour tous les secteurs. Ce sont principalement les secteurs primaire et tertiaire qui contribuent, pour l'essentiel, à la formation du PIB.

- **L'agriculture**

Le secteur primaire constitue le principal secteur de l'économie et a bénéficié le plus des effets du secteur pétrolier grâce, notamment, à l'agriculture et à l'exploitation pétrolière.

L'agriculture reste toujours le poumon de l'économie en raison notamment, du nombre d'emplois qu'elle crée et de son impact sur le reste de l'économie, tant en termes de stabilité des prix que d'activités liées au secteur secondaire et tertiaire. Elle demeure un Sous-secteur porteur d'espoir d'une croissance durable du fait que le pays regorge de potentialités certaines que saisit le Gouvernement en mettant à profit les ressources pétrolières pour asseoir les bases solides du développement. Elle a contribué, de manière substantielle, à la croissance globale, malgré les conditions climatiques peu favorables grâce à une injection massive des revenus pétroliers. Les chantiers d'aménagement des terres cultivables que développent le Programme national de sécurité alimentaire (PNSA), la vulgarisation, la promotion et l'accessibilité aux cultures mécanisées promues par le Gouvernement constituent des raisons d'espérer un avenir meilleur pour l'agriculture au Tchad.

Pour éviter le syndrome hollandais, le Gouvernement doit continuer à investir dans ce secteur et assurer un encadrement adéquat.

L'exploitation pétrolière connaît une progression continue depuis le lancement de la production en 2003. À contrario, l'élevage peine encore à sortir de son état sentimental et de prestige bien que le pays demeure un important réservoir en ressources pastorales. Cette branche n'a pas bénéficié des mêmes efforts que ceux déployés pour l'agriculture. Toutefois, la branche élevage représente en moyenne environ 1096 du PIB.

Avec l'espoir de la construction des abattoirs modernes de Djermaya (localité située dans la banlieue nord de N'Djamena), ce secteur connaîtra dans les années à venir un Essor qualitatif, et le pays peut nourrir l'espoir de couvrir la demande en produits carnés de l'Afrique centrale et du Moyen-Orient. La viande congelée en provenance de l'Argentine satisfait jusqu'à nos jours la demande de ces contrées.

S'agissant du secteur secondaire, son poids dans la richesse globale s'est rétréci. Il est passé de 13 % en 1996-1999 à 11 % en 2000-2012. La branche BTP, bénéficiant des investissements publics massifs grâce aux revenus pétroliers, a été un des principaux moteurs de la croissance pour ce secteur. La branche eau et électricité a une contribution relativement stable dans le secteur, et ceci, en raison des crises énergétiques liées aux difficultés structurelles de l'ex-STEE, en dépit des subventions massives accordées par l'État. L'industrie cotonnière a considérablement régressé du fait de la crise à laquelle les pays africains producteurs du coton font face depuis quelques années.

La branche artisanat, constituée pour l'essentiel par les activités informelles, contribue le moins à la formation de la valeur ajoutée du secteur tout au long de la période. La branche pétrole, comprenant les travaux de développement (recherches) et le raffinage, voit sa contribution s'amoindrir progressivement du fait que les investissements dans la recherche tendent à diminuer en volume. Depuis presque trois ans, le consortium a arrêté les recherches et les investissements à l'intérieur des superficies qu'il conserve. L'entrée en production de la raffinerie et de la cimenterie en 2011 est venue « donner un nouveau coup de pouce » au secteur. Mais l'impact reste insignifiant puisque les investissements chinois se font toujours en circuit fermé, c'est-à-dire que très peu d'entreprises locales bénéficient des contrats substantiels.

Concernant le secteur tertiaire, le commerce a été la branche la plus dynamique et a beaucoup bénéficié des retombées du secteur pétrolier. II a contribué en moyenne à 1,2 % à la croissance globale. L'administration prend de plus en plus d'importance par sa contribution dans ce secteur grâce à l'accroissement de la masse salariale du fait des recrutements notamment dans les secteurs prioritaires grâce aux ressources pétrolières. Ainsi, cette branche a vu sa contribution à la croissance du PIB passer de 0,2 point en 1996-1999 à 1,1 point en 2000-2012. La part du transport et des télécommunications stagne à une moyenne relativement faible de 5 % sur la période.

- **Finances publiques**

L'exploitation du pétrole à partir d'octobre 2003 a profondément modifié la structure des recettes et des dépenses de l'État ainsi que le mode de financement du budget de l'État.

Les recettes

Si la phase de développement a eu un impact positif sur l'économie, son Impact direct sur les finances publiques était quasiment nul en raison des exonérations de droits et taxes de toutes les importations liées au Projet Doba. Ces exonérations ont constitué un manque à gagner important pour l'État tchadien de l'ordre de plusieurs centaines de milliards.

C'est à partir de la fin de l'année 2003 que l'État a connu une nette amélioration de ses recettes. Les recettes budgétaires de l'État hors dons étaient passées d'environ 72 milliards de FCFA par an pendant la période 19961999, à 226 milliards en 2004, première année pleine d'exploitation du pétrole, puis progressivement en augmentation pour atteindre 1375 milliards de FCFA en 2012 soit 19 fois le niveau de 1998. Cela traduit l'importance de l'apport des recettes pétrolières dans la structure des recettes totales du budget de l'État tchadien. Sur la période allant de 2003 jusqu'à fin 2012, près de 5 000 milliards de FCFA ont été encaissés par le Trésor public. L'essentiel de ces revenus se compose principalement de l'impôt sur les sociétés (IS consortium) et de la redevance sur la production avec respectivement 65 96 et 33 0/0. Le reste des recettes étant composé de l'impôt sur sociétés de TOTCO, de la prime d'émission (TOTCO et COTW), de la taxe superficiaire, de la redevance statistique et du bonus pétrolier.

Année	IS du Consortium	Redevance pétrolière	Autres recettes pétrolières
2000-2012	65%	33%	2,0%

Répartition des recettes pétrolières cumulées (2000-2012)

Évolution des recettes pétrolières en milliards de FCFA (2003-2012)

Recettes (en milliards de FCFA)	Année
100	2003
150	2004
200	2005
400	2006
800	2007
400	2008
200	2009
800	2010
1000	2011
1200	2012

En termes de contribution au PIB, les recettes pétrolières ont fluctué en fonction des cours du brut sur le marché mondial. Entre 2003 et fin 2012, elles ont représenté près de 14,5 % du PIB hors pétrole avec un pic en 2011 de près de 26,1 96. En 2009, par contre, les recettes pétrolières ont baissé et ne représentaient que 8,6 % du PIB hors pétrole du fait de la crise financière mondiale qui se transformait en crise économique en 2010 et 2011. Ces évolutions en dents de scie des recettes pétrolières montrent leur caractère imprévisible et parfois volatile. En 2014, les recettes pétrolières sont réduites au plus bas niveau depuis la mise en exploitation des gisements. Cette baisse est liée à la chute des cours mondiaux et à la réduction drastique de la production.

Les recettes non pétrolières n'ont, quant à elles, pas connu des fluctuations importantes et se stabilisent depuis 2003 sous la barre de 10 % du PIB hors pétrole. Ce faible taux de recouvrement des recettes fiscales non pétrolières pose le problème du recouvrement des recettes fiscales par les régies financières de l'État. En effet, étant donné que l'exploitation pétrolière a redynamisé les autres branches d'activités de l'économie tchadienne, ceci devrait normalement se traduire par un accroissement des recettes fiscales non pétrolières. Toutefois, des efforts importants ont été déployés ces dernières années pour relever le niveau des recettes non pétrolières, en dotant les services des moyens matériels et financiers conséquents ; mais le niveau escompté est loin d'être atteint.

Il y a énormément des déperditions et des pans entiers de l'économie qui échappent encore à la fiscalisation.

C/ Les dépenses

L'avènement de l'exploitation pétrolière a également modifié la structure des dépenses de l'État. On assiste pendant la même période à une augmentation des dépenses de fonctionnement de l'État ainsi que des dépenses d'investissement à grande échelle.

Les dépenses courantes se décomposent en dépenses de traitements et des salaires. Des dépenses de matériels et fournitures ainsi que des subventions et transferts ont connu une hausse importante, passant de 40 % des dépenses totales en 2003 pour atteindre un pic de 65 96 en 2008-2009, avant de s'établir à plus de 50 % entre 2010-2012. Plusieurs facteurs expliquent la hausse des dépenses courantes. Il s'agit, entre autres, de l'augmentation de la masse salariale dont le niveau de 2012 représente près de 4 fois le niveau de 2003. Cette hausse de la masse salariale provient d'une part, des augmentations de salaire consenties par le Gouvernement et, d'autre part, des recrutements massifs dans la fonction publique, en particulier, dans les secteurs prioritaires comme la sécurité, la santé, l'éducation.

De même, le volume des subventions et transferts a augmenté de manière exponentielle passant de moins de 13,5 milliards de FCFA en 2003 à près de 400 milliards de FCFA en 2012 alors qu'il n'était que de 8 milliards de FCFA en moyenne pendant la période 1996-1999. Cette évolution est certes liée à l'augmentation significative des dépenses exceptionnelles de sécurité réalisées pour renforcer la sécurité, mais, elle traduit aussi l'importance des subventions accordées par l'État pour soutenir les activités des entreprises publiques à caractère stratégique telles que la société d'électricité et d'eau ainsi que la société cotonnière,

Dans la même période, les dépenses d'investissement sur ressources intérieures ont bénéficié d'allocations budgétaires de plus en plus importantes, et cela, dans la droite ligne du quinquennat social et des stratégies nationales de développement. En effet, les dépenses d'investissement sur ressources intérieures ont représenté, depuis 2003, des parts de plus en plus importantes des dépenses totales d'investissement dépassant pour la première fois les dépenses d'investissement sur ressources extérieures en 2007. Elles sont passées de 7,8 % en 2003 à 51,5 % pour les dépenses sur financement extérieur pour atteindre 40 % en 2012 contre 15 % pour celles sur ressources extérieures. Cette situation s'explique d'une part, par l'augmentation du volume des investissements par rapport à la période avant de l'exploitation pétrolière et d'autre part, par la baisse de la participation des partenaires au développement dans les projets d'investissement.

D/ Le financement du budget

L'exploitation pétrolière a aussi changé radicalement la structure de financement de l'administration publique tchadienne et la structure d'endettement de l'État. En effet, avant le début de l'exploitation pétrolière, le financement extérieur constituait le plus grand apport du financement de l'administration publique. Grâce aux recettes générées par l'exploitation pétrolière, la proportion du financement extérieur a baissé progressivement, et notamment, dans les dépenses d'investissements. Compte tenu de sa capacité à rembourser, l'État recourt aux marchés financiers national et sous-régional pour mobiliser des ressources à l'effet de financer son déficit et des projets structurants.

Dans un bulletin de mars 2014, le FMI note les progrès importants enregistrés par le Tchad dans la construction des infrastructures grâce aux bénéfices engrangés du fait de la commercialisation des produits pétroliers. Il précise : « le FMI a noté les progrès tangibles réalisés dans le développement des infrastructures notamment la construction d'écoles, d'hôpitaux et de routes et dans la diversification de l'économie. Le revenu par habitant du Tchad a plus que doublé depuis le démarrage de la production pétrolière en 2003. Parmi les principaux jalons industriels, il convient de citer l'ouverture d'une raffinerie de pétrole en juin 2011, l'augmentation de la capacité de production d'électricité et l'inauguration d'une cimenterie en février 2012 ».

Le même rapport relève des progrès dans la croissance du secteur non pétrolier dans l'économie globale du pays, en ce qui concerne notamment le secteur agricole. Il révèle : « Impulsée par une mécanisation grandissante de l'agriculture et les subventions aux intrants, l'expansion du secteur non pétrolier donnera un coup de fouet à la croissance du PIB à moyen terme, tandis que la croissance du PIB pétrolier devrait atteindre un maxima en 2016 ».

- **Secteur extérieur**

Le secteur pétrolier a également imposé son rythme à l'évolution des échanges extérieurs. Forcément, le solde commercial était encore déficitaire en l'année où l'exportation de l'or noir n'a commencé qu'au dernier trimestre. Il s'est rapidement amélioré et demeure positif depuis 2004. Les exportations ont connu une forte croissance entre 2003 et 2004, soit 228 % alors que les importations ont augmenté de seulement 2 % pour la même période traduisant la baisse du rythme des investissements pétroliers. Alors que les exportations représentaient en 2003 moins de trois quarts des importations, elles sont devenues en moyenne plus que le double des importations sur toute la période. En particulier depuis le début de l'exploitation pétrolière jusqu'en fin 2012, le Tchad a réalisé un volume de production de 465 millions de barils de pétrole brut exportés.

Le solde du compte courant affiche aussi la même tendance que la balance des biens et services sur toute la période. Cela est la conséquence d'une forte propension à importer des services non facturés. À y regarder de près, les importations de ces services restent largement au-dessus des services exportés ; ce qui a pour conséquence une situation déficitaire de la balance des services (non-facteurs) sur toute la période.

- **Secteur monétaire**

L'exploitation pétrolière a généré des ressources financières importantes pour le pays et a drainé d'innombrables opportunités d'affaires. C'est ainsi que le secteur privé a particulièrement saisi ces opportunités, en faisant recours au secteur bancaire pour le financement de ses activités. Les avoirs extérieurs nets ont connu une forte expansion, passant de 45 milliards de FCFA en moyenne sur la période 1996-2003 à plus de 558 milliards – de FCFA en 2012 grâce à d'importantes ressources financières que rapporte l'exportation de l'or noir.

Quant au crédit intérieur, il a également fortement augmenté, passant de 120 milliards de FCFA en moyenne pour la période de 1996-2003, à 274 milliards de FCFA à fin 2012. La masse monétaire a considérablement augmenté sur toute la période passant de 135 milliards de FCFA en moyenne sur la période 1996-1999 à 775 milliards de FCFA à fin 2012.

Au total, l'économie tchadienne se porte mieux qu'auparavant grâce aux ressources pétrolières qui ont permis d'équilibrer en recettes et en dépenses le budget de l'État jusqu'en 2013. Depuis la fin de l'année 2014, la baisse drastique des cours mondiaux du baril de pétrole a considérablement affecté négativement les recettes de l'État. À telle enseigne que le déficit prévisionnel paraît important et le Gouvernement s'est vu obligé de préparer un collectif pour ajuster les prévisions émanant des recettes et des dépenses à la baisse. Les services de la manne pétrolière ont certes favorisé à la fois la croissance et les investissements. Mais le syndrome hollandais y demeure, car le secteur pétrolier prédomine tandis que les secteurs de l'agriculture et de l'élevage évoluent timidement. Un réel effort s'impose à ces niveaux. Toutefois, tous les indicateurs démontrent à souhait que le décollage économique est possible.

Cependant, l'économie prospère du Tchad ne peut être stable que si les enjeux géopolitique et géostratégique et les défis politiques à relever ne viennent pas la perturber. Pour ce faire, à l'effet de soutenir la croissance, les investissements et l'emploi, et dans l'optique de juguler les effets pervers de l'économie, l'État tchadien doit évaluer la gestion des revenus pétroliers des trois champs (Komé, Bolobo, Miandoum).

CHAPITRE XIV

ÉVOLUTION ET GESTION DES REVENUS PÉTROLIERS DE KOMÉ, BOLOBO, MIANDOUM

Avant d'aborder cette question importante, il est aussi utile pour la compréhension de ce sujet de faire une analyse des conditions du compte offshore conclues avec la City Bank Londres. Il faut rappeler que les agences de développement qui avaient accordé des prêts au Tchad, essentiellement la Banque Mondiale et la Banque Européenne d'Investissement (BEI), avaient exigé de loger les revenus pétroliers dans une banque de premier ordre à l'extérieur du Tchad pour sécuriser le remboursement. À cet effet, le Tchad a signé un contrat avec la City Bank Londres pour y loger tous les revenus pétroliers.

A/ Le contrat avec City Bank

D'une manière générale, l'analyse du contrat dans ses aspects portant sur l'ouverture des comptes pour le règlement des créances dues à la Banque Mondiale et à la Banque Européenne d'Investissement (BEI) n'appelle pas d'observations majeures. Les dispositions conclues à cet effet avec ces institutions résultent de leurs procédures et font partie des accords globaux les liant avec le Tchad, notamment ceux relatifs au dépôt fiduciaire. Cependant, la mise en réserve d'importantes sommes destinées au paiement des échéances réduit les ressources revenant au Tchad au cours de la période donnée. Pour ce faire, la prudence exprimée par les créanciers ne se justifie pas dans le contexte de l'affectation préalable des revenus pétroliers directs au paiement de la dette due à ces institutions à partir d'un compte offshore.

Quant aux dispositions concernant la City Bank, elles sont défavorables au Tchad eu égard aux pratiques usuelles en la matière. Ces dispositions contractuelles pourraient être reprises dans un style beaucoup plus équilibré afin d'améliorer la transparence et d'accroître le bénéfice le Tchad. Bien que la City Bank soit liée par les directives permanentes de gestion des différents comptes au bénéfice du Tchad, le schéma est atypique et le déposant (le Tchad) s'acquitte, à chaque étape, d'un certain nombre de commissions. Dans le même temps, la City Bank soustraite de toute responsabilité ainsi que d'une quelconque obligation de performance pour les investissements des soldes en compte.

Devant ce dilemme que connaît le Gouvernement tchadien, celui de verser des commissions et des rémunérations au compte de la City Bank et celui de verser ces sommes dans un compte ouvert à la BEAC se dessine à l'horizon l'objet des commissions et des rémunérations.

a/ Les commissions et les rémunérations

L'analyse de ce contrat fait ressortir que les commissions et les rémunérations rattachées aux ressources des comptes offshore sont asymétriques et ne répondent pas aux conditions optimales de relations contractuelles entre une banque et un investisseur. En effet, il est prévu que la City Bank perçoive 2,5 % au titre de gestion des valeurs pour le solde en compte quels que soient le montant et la durée alors qu'elle doit rémunérer ce même solde à un taux d'intérêt de Libid (taux au jour le jour sur la place de Londres) moins 0,75 % de commissions ($ US Libid qui tourne autour de 1 % et EuroLibid à 20/0 environ). La monnaie de référence n'étant pas déterminée d'avance, il est difficile de reconnaître à temps, le taux qui sera retenu pour le paiement de la commission due. C'est la City Bank qui détermine la monnaie pour le paiement de sa commission. Toutefois, si l'on retient le Libid en $ US tel qu'il en est fait mention à certains endroits du contrat, le taux de rémunération actuel du Tchad est de 0,25 % par an, soit une différence entre le dollar US Libid et le taux de commission prévu (1 % — 0,75 %).

Si l'on rapproche ce taux de 0,25 % au taux de commission de 2,50 % qui devrait être prélevé par la City Bank pour sa gestion, le Tchad reçoit un taux global négatif de rémunération de 2,25 % par an, soit la différence entre 0,25 % et 2,50 %. En sus de cette rémunération négative, la City Bank retranche directement à sa propre discrétion d'autres commissions administratives et légales qui se chiffrent à environ 100 000 dollars US par an, et ce, aussi bien en euro qu'en livre sterling. En ce qui concerne les commissions administratives et légales, elles ne semblent pas avoir un seuil ou une estimation raisonnables laissant ainsi le choix à la City Bank de déduire le montant dans ce cas précis.

Il serait préférable de les plafonner, ou tout au moins, de les estimer annuellement et de les faire payer sur la base d'un avis ou d'une facturation donnant lieu à un reçu. Compte tenu de la pratique des marchés financiers, la plupart des commissions administratives attachées à cet accord devraient être aisément absorbées par la City Bank et non imputées au Tchad.

Toutefois, le Tchad est tenu de faire face à ces charges tant que ces conventions ne seraient pas révisées et qu'il ne serait pas fait appel à la concurrence. Aussi, compte tenu des ressources importantes encaissées par le Trésor public, a-t-on tendance à négliger les déperditions constituées par l'addition des petites sommes du côté de la City Bank. Un gros client d'une banque de renommée internationale ne regarde presque jamais les chiffres après la virgule. « Les rivières sont alimentées par les petits ruisseaux ». Les négociations avec la City Bank ont été menées sans une implication suffisante du Tchad. Le pays ne s'est pas non plus suffisamment entouré des cabinets-conseils financiers. Les contrats ou les transactions financières avec les grandes banques internationales sont souvent source de conflits et de contestations, et les parties se rendent seulement compte d'anomalies après la signature des contrats.

Pour ce qui est du délai dans l'acceptation ou non des charges, une clause stipule que le Tchad dispose de 14 jours pour réfuter les commissions tandis qu'une autre disposition lui accorde un délai de 120 jours pour payer ces mêmes commissions. Étant donné le délai de vérification, voire celui du courrier, il serait correct d'harmoniser ces deux dispositions en matière de durée à 120 jours aussi bien pour l'avis que pour le paiement.

Qu'en est-il de la différence des devises d'obligations à payer ?

b/ La différence des devises d'obligations à payer

La différence des devises dans ce contrat apparaît en raison des obligations dues à la fois à la Banque Mondiale exigibles en US dollars et à la Banque Européenne d'Investissement (BEI) en euro. Cette différence peut avoir un impact défavorable sur les revenus du Tchad par les seuls faits des fluctuations du taux de change entre ces monnaies. Il convient de rappeler que la devise américaine a considérablement chuté en valeur contre l'euro ces dernières années jusqu'en 2014. Ainsi tout paiement, toute dépense et toute commission payables en euro pourraient affecter négativement le compte du Tchad libellé en dollars US. Il serait donc souhaitable que le risque soit porté par la Banque Mondiale ou la BEI en libellant les montants dus dans la monnaie de perception des revenus pétroliers, à savoir, le dollar US. Dans le cas contraire, il faudrait prévoir des techniques de couverture de change pour neutraliser la fluctuation négative à laquelle les revenus pétroliers du Tchad sont exposés, préservant ainsi le contenu du compte et, par voie de conséquence, les revenus du pays. Comment se passent les investissements et le placement des ressources en compte ?

c/ Les investissements et les placements des ressources

Sous cet arrangement, le Tchad n'est pas considéré comme un opérateur principal sur l'investissement des fonds lorsque ceux-ci sont conservés en compte. Par conséquent, il ne peut exercer aucun contrôle sur les investissements, les placements et les revenus qui peuvent être générés. Ceci s'apparente à un cas classique de conflit d'intérêts de la part de la City Bank. Celle-ci garde les fonds, les investit et les place à sa convenance et ne rend compte à personne.

De plus, les directives d'investissement et les instruments à utiliser ne donnent aucune précision sur la stratégie à mettre en œuvre, sinon sur le taux au jour le jour de placement, et vaguement, sur l'indice City Bank.

Aucune restriction n'est faite dans l'utilisation des ressources déposées en compte par la City Bank. L'absence de cette mention peut faire bénéficier à celle-ci, dans le cadre des arbitrages financiers, notamment intra journaliers entre la réception et la période de déclaration des avantages considérables (le 15 de chaque mois dans le contrat). S'agissant de la transparence, il y a peu de références sur les détails des rapports financiers à adresser au Tchad, alors que dans les dispositifs de gestion des ressources pétrolières mis en place, l'importance de cette obligation est bien établie en ce qui concerne le Tchad.

Peut-on conclure que la City Bank ne triche pas ? Quelle est la garantie du Tchad, sinon la bonne foi de City Bank ? Est-elle suffisante dans cet espace financier à gros sous ? Honnêtement parlant, la crise financière de 2008 aux États-Unis et en Europe est un cas d'école. Rien que par cet exemple, le pays peut perdre toutes ses réserves. Par ailleurs, aucune spécification n'est précisée sur les liens pouvant exister entre la composante investissement et celle portant sur la gestion des comptes de paiement de la dette. Dans le cas où il ne se dégagerait aucun lien irrévocable entre ces deux composantes, un accord séparé de gestion financière pourrait être conclu entre le Tchad et une autre institution. Cette option permettrait au Tchad de mettre en place une structure d'investissement ou de placement efficiente qui paierait dans le compte de remboursement de la dette des sommes dues à la Banque Mondiale et à la BEI selon une fréquence convenue d'un commun accord. Cette structure ne rendrait compte exclusivement qu'au Tchad, et probablement générerait en même temps des revenus adéquats qui pourraient alléger le service de la dette. Elle contribuerait aussi à accroître, de manière significative, le contrôle de gestion des avoirs pour le Tchad avec plus de transparence en amont.

Les faiblesses constatées ci-dessus reposent sur le manque d'observation des pratiques compétitives connues sur les marchés financiers et du montage inhabituel de ces procédures. Il apparaît, de ce fait, clairement que le Tchad peut bénéficier de meilleures conditions de contrats comparées aux dispositions régissant actuellement le compte offshore tenu par la City Bank.

B/ L'évaluation des revenus

Les revenus du Gouvernement sont principalement basés sur les quantités des réserves du brut et aussi sur le prix du brut qui varie. Ainsi, la durée du projet est estimée à 28 voire 30 ans environ si on tient compte de la récupération des dernières « patates ». Le total des réserves récupérables serait de 917 (chiffre à prendre avec réserve, car le consortium est très prudent dans ce domaine) millions de barils à partir des trois champs de Komé, Miandoum et Bolobo. Les prévisions de la production du pétrole brut pour les dix premières années ont été estimées comme reprises dans le tableau ci-après.

Le tableau suivant montre bien le profil de production qui est en baisse.

Années	Taux de Production du pétrole brut (1000 barils/ j)	Total de production (1000 barils/j)
2004	178,0	64 970
2005	225,0	82 125
2006	225,0	82 125
2007	225,0	82 125
2008	225,0	82 125
2009	18,3	68 730
2010	157,1	57 561
2011	125,1	45 662
2012	100,6	36 719
2013	87,1	31 792

Entrée en production en 2011 des champs exploités par la CNPC avec une production de 10 000/jours

Production pétrolière en baril/J

Barils	Année
20 000	2003
180 000	2004
160 000	2005
160 000	2006
140 000	2007
120 000	2008
120 000	2009
120 000	2010
120 000	2011
110 000	2012
100 000	2013

En procédant à une brève analyse de ce tableau, nous nous apercevons que les prévisions étaient basées sur un prix de baril du brut estimé à 15,25 dollars US (prix de 1999) au moment du montage financier du projet. Ce qui représente un escompte de 3,5 dollars US par baril, par rapport au Brent qui avait été agréé dans le cadre des arrangements juridiques signés entre les partenaires. Ces estimations tiennent compte de la qualité du brut, des coûts de transport et des fluctuations éventuelles du marché. Sur la base des accords en vigueur, le Gouvernement aurait droit aux revenus directs estimés suivants :

- Les paiements des royalties

- Les taxes en amont des revenus sur les sociétés du consortium

- Les taxes de revenus sur les sociétés payées par TOTCO

- Les dividendes dus par TOTCO et COTCO

Selon le scénario de base retenu, les revenus de l'État atteindraient un total de 1677 milliards de FCFA pendant la durée du projet. On estime que les royalties et les taxes sur les revenus en amont représenteraient environ 56 % et 30 % respectivement du total des revenus du Tchad. Les taxes sur les revenus des sociétés payées par TOTCO représenteraient environ 9 % et la part des dividendes du Tchad chez TOTCO et COTCO serait d'environ 5 % des revenus totaux. Toutes ces estimations sont calculées sur le volume des réserves prouvées des trois champs et le prix du baril à 15,25 dollars US.

Revenus	**Montant en milliards (FCFA)**	**Montant en millions ($ US)**
Royalties	938	610
Taxes en amont sur les revenus	510	332
Taxes sur les revenus des sociétés payées par TOTCO	153	99
Part en dividendes du Tchad chez TOTCO et COTCO	75	49
TOTAL	**1677**	**1090**

Les revenus annuels attendus du projet qui sont estimés de 39 à 45 milliards de FCFA selon le cours du dollar et les quantités produites soit 60 à 80 millions de dollars US sont sensiblement équivalents à 50 % voire un peu plus des revenus de l'État en 2000 et représentent environ 4 % du PIB du Tchad pour la même année. En d'autres termes, les revenus du projet rehausseraient les revenus de l'État d'environ 50 %. La découverte du pétrole dans un pays pauvre comme le Tchad a des effets positifs certains : le revenu par tête d'habitant augmente, les finances publiques affichent des excédents, l'essor de l'industrie pétrolière crée des emplois, notamment dans la construction des infrastructures de communication et de bâtiments.

Mais l'euphorie engendrée par les pétrodollars cède rapidement le pas à la lamentation. Les économies riches en pétrole deviennent rapidement prisonnières de cette manne qui, paradoxalement, empêche le développement d'autres activités indispensables à une croissance économique soutenue et à un progrès social harmonieux. Lorsque la production augmente ou que les prix s'envolent, les Gouvernements ont une fâcheuse tendance à engager des projets gigantesques et coûteux. Les exemples ne manquent pas : le fleuve artificiel en Libye, la construction du chemin de fer Transgabonais au Gabon, la construction de la nouvelle capitale au Nigeria, etc. Ces grands travaux n'ont, le plus souvent, aucun effet d'entraînement sur l'économie du pays. Mais, ils génèrent des pratiques peu orthodoxes au moment de la passation des marchés qui deviennent un passage obligé pour faire des « affaires ». À quelques rares exceptions près, les pays producteurs de pétrole figurent tous en tête de liste des pays les plus corrompus si l'on en croit le classement annuel de Transparency International. Pourquoi cela ? Une sorte de malédiction semble coller à cette matière qu'est le pétrole qui fait tourner le monde depuis des siècles. Le mal développement est un trait commun à la très grande majorité des pays producteurs de pétrole. Les économistes appellent cela « le paradoxe de l'abondance ». On le désigne aussi vulgairement d'excrément du Diable ». La formule prémonitoire remonte au début des années 70.

Elle est de Juan Pablo Perez Alfonso, ancien ministre vénézuélien du Pétrole et membre fondateur de l'Organisation des pays producteurs de pétrole (OPEP) qui faisait cette remarque : « II faut briser la malédiction de l'or noir. La manne pétrolière mine les institutions, ruine les avancées démocratiques et maintient au pouvoir des groupes peu soucieux de la pauvreté ambiante de la grande majorité des populations.

Le pétrole a aussi des effets pernicieux sur les institutions de la République et le jeu politique ».

C/ La gestion des revenus pétroliers

Schéma de la traçabilité des revenus du Tchad (selon la loi n° 1 répartissant les revenus pétroliers)

a/ La codification des revenus pétroliers

Cette loi détermine les modalités de gestion des revenus pétroliers provenant de l'exploitation des trois champs (Komé, Miandoum, et Bolobo).

Il faut distinguer deux types de ressources pétrolières :

- Les ressources directes constituées par les dividendes et les redevances qui sont déposés sur les comptes spéciaux d'une institution financière internationale spécialement ouvert pour l'État tchadien et appelé compte séquestre offshore « City Bank » pour le cas du Tchad. Elles sont reparties selon les modalités ci-après : 90 % de ces ressources sont versées sur des comptes spéciaux logés dans une ou deux banques de la place à N'Djamena. Ces ressources sont affectées au financement des projets de développement dans les secteurs prioritaires. Sont considérées comme secteurs prioritaires la santé et les affaires sociales ; l'enseignement ; les infrastructures ; l'environnement et le développement rural (agriculture et élevage) et les ressources en eaux. Après la modification de la loi, d'autres secteurs été ajoutés à la liste, notamment la sécurité et la justice.

- Les ressources directes, constituées des dividendes et des redevances, déposées sur les comptes spéciaux sont réparties de la façon suivante :

- 80 % sont destinés aux dépenses relatives aux secteurs prioritaires ;

- 15 % sont destinés à couvrir les dépenses de fonctionnement d'investissements courants de l'État pour une période de cinq ans à compter de la date de production ;

- 5 % des redevances sont destinés aux collectivités décentralisées de la région productrice, conformément à la Constitution de la République — le reliquat de 10 % est déposé dans un compte d'épargne ouvert dans une institution financière internationale au profit des générations ;

- Les ressources indirectes comprennent les impôts, taxes et droits de douane liés à l'exploitation pétrolière. Ces ressources indirectes sont déposées directement sur les comptes du Trésor public pour le fonctionnement courant des dépenses publiques de l'État.

En plus de la loi n° 1 du 11 janvier 1999 qui énonce les grands principes de la répartition des revenus au profit des différents secteurs de l'administration, de la région productrice et de l'épargne pour les générations futures, le Gouvernement avait pris quatre décrets pour préciser davantage les modalités de gestion des comptes offshore et on shore :

- Décret n° 238/PR/MEF/03 du 1er juillet 2003 portant mise en place du mécanisme de stabilisation des revenus pétroliers provenant de l'exploitation des trois champs de Komé, Miandoum, et Bolobo. Ce décret est à la base de la création du compte de répartition ;

- Décret n° 239/PR/MEF/03 du 1er juillet 2003 portant mise en place du mécanisme de stabilisation des dépenses financées au moyen des pétroliers directs ;

- Décret n° 095/PR/MEF/04 du 18 mars 2004 portant modalités de gestion des redevances pétrolières affectées à la région productrice ;

- Décret n° 096/PR/MEF/04 du 18 mars 2004 portant modalités de gestion du Fonds pour les générations futures (FGF).

- Procédure et champs d'application

Le point de départ des transferts de fonds est le compte n° 11010113077 ouvert au nom du Tchad à la City Bank dans sa filiale à Londres. Ce compte reçoit tous les revenus pétroliers dits directs destinés au Tchad après provision des comptes ouverts, pour assurer le remboursement prêt de la Banque Mondiale et de la Banque Européenne d'Investissement ainsi que le paiement des commissions dues à la City Bank. Le premier transfert du compte n° 10113077 est ordonné par l'ordonnateur du budget général de l'État ou par toute autre personne habilitée par lui. Ce transfert sera effectué en direction du compte FGF visé par le décret n° 096 du 18 mars 2004. Il porte sur les 10 % de l'ensemble des revenus directs. Le compte du Fonds des générations futures (FGF) est ouvert, conformément aux dispositions légales et réglementaires, dans une institution financière locale de premier ordre choisie à la suite d'un appel d'offres conduit par la Banque des États de l'Afrique Centrale (BEAC), sous le contrôle du Comité d'investissement créé dans le cadre du décret 096 mentionné ci-dessus.

Les ressources de ce compte sont prévues pour être placées dans des valeurs mobilières à long terme. Lorsque l'utilisation du compte sera rendue possible, des transferts pourront être ordonnés, en suivant le même mécanisme de rapatriement des ressources vers les comptes spéciaux du Trésor public. Pour permettre le fonctionnement de ce compte, un « compte-miroir » dénommé compte Fonds des générations futures (FGF) est ouvert dans les livres de la BEAC. En attendant la désignation d'une institution financière internationale pour la gestion de ces ressources, celle-ci sera confiée à la BEAC selon des modalités arrêtées d'un commun accord avec les partenaires.

Le deuxième transfert réalisé à partir du compte n° 10113077 à la City Bank, dans les mêmes conditions que précédemment, est destiné à alimenter le compte de répartition des revenus directs ouvert au nom de l'État. Dans le respect des termes de la loi n° 1/PR/99 et des règles de gestion de la monnaie dans la Zone franc, ce transfert arrive à la BEAC à travers le compte d'opérations auprès du Trésor français. Ce transfert vient créditer les comptes spéciaux du Trésor ouverts dans les deux banques commerciales choisies après appel d'offres conformément aux conventions signées avec ces deux établissements bancaires, ceux-ci sont tenus de libérer aussitôt les fonds à la BEAC qui procédera à leur répartition.

Le compte de répartition, ouvert dans les livres de la BEAC, était conçu essentiellement pour récupérer les fonds ayant transité par les banques commerciales avant leur ventilation entre le compte courant du Trésor le compte de la région productrice et le compte de stabilisation. Compte tenu de sa fonction de compte transit, il ne donne lieu à aucun prélèvement de commission au profit de la BEAC ni à aucun Versement d'intérêts au Trésor. La BEAC est tenue de procéder sans délai à la répartition de la somme existant sur ce compte. À la fin de la journée, ce compte est censé avoir un solde nul.

Le compte courant du Trésor reçoit, jusqu'au 31 décembre 2007, 15 % des revenus directs pétroliers déposés sur le compte de répartition. Rappelons que ce compte reçoit également les revenus indirects.

Le compte intitulé compte de la région productrice reçoit 5 % des redevances. Il est géré sans commissions, étant donné sa nature particulière de promotion de développement des collectivités décentralisées. Mais il est rémunéré au taux servi pour les dépôts spéciaux des organismes publics. Actuellement, ce taux est de 1,95 %. Les utilisations des ressources placées sur ce compte sont ordonnées par l'ordonnateur désigné par les collectivités territoriales décentralisées ou, en attendant l'adoption des textes sur la décentralisation, par un organisme approprié mis en place à cet effet. Les décaissements sont effectués après le visa du Collège de contrôle et surveillance des revenus pétroliers, visa à délivrer dans un délai de cinq jours ouvrés.

Le compte de stabilisation ouvert à la BEAC reçoit jusqu'au 31 décembre 2007, les 80 % des redevances et les 95 % des dividendes ; et à partir du 1er janvier 2008, 95 % des redevances et 100 % des dividendes. Contrairement au compte de la région productrice, la BEAC prélève 0,25 % de commission de gestion fixée d'un commun accord avec le Gouvernement. C'est à partir de ce compte que les comptes spéciaux du trésor ouverts dans les deux banques commerciales vont être alimentés trimestriellement pour servir aux opérations de l'État dans les secteurs prioritaires. L'approvisionnement des comptes spéciaux, selon une égalitaire, sera exécuté sur ordre de l'ordonnateur du budget ou de toute autre personne désignée par lui. Seuls ces transferts autorisés à partir du compte de stabilisation.

Enfin, il faut souligner que sur l'ensemble des textes conclus avec la BEAC et approuvés par le Collège de contrôle et de surveillance des revenus pétroliers qui avait participé à leur élaboration, les dispositions concernant les commissions et les rémunérations sont révisables d'accord parties.

En outre, la BEAC est soumise à une obligation d'information régulière du Gouvernement, notamment, par la publication des relevés mensuels et de rapports trimestriels. Le Gouvernement est tenu d'adresser ces documents au Collège (article 25 du décret 240/PR/MEF du 1er juillet 2003). Tous ces comptes peuvent être audités par le Gouvernement ou toute personne désignée par lui.

b/ Exécution du budget

- **Les structures juridiques en charge du contrôle de la Gestion des revenus pétroliers**

Le contrôle de la mobilisation et de l'utilisation des revenus pétroliers est effectué séparément ou conjointement par le Collège de contrôle et de surveillance des revenus pétroliers, par le Parlement et la Cour des comptes et par le contrôleur financier du ministère en charge des Finances. La Chambre des comptes de la Cour suprême est depuis la modification de la Constitution en 2013 devenue la Cour des comptes.

Le Collège de contrôle assume les missions suivantes :

- Vérifier la conformité des engagements sur les comptes spéciaux avec la loi des finances ;

- Autoriser et contrôler les décaissements des comptes spéciaux et l'affectation des fonds.

Le parlement effectue un contrôle des affectations des revenus pétroliers à travers l'adoption et le suivi de l'exécution du budget général de l'État.

La Cour des comptes exerce un contrôle de légalité des dépenses de l'État par l'arrêt officiel des comptes des recettes et par le contrôle des dispositions légales sur la répartition des ressources entre le budget général de l'État et les collectivités décentralisées ainsi qu'un contrôle des dispositions régissant la constitution des réserves ou le placement à l'étranger des ressources excédentaires. La Cour des comptes est tenue de déposer un rapport portant sur le contrôle de légalité des dépenses de l'État avant examen et l'adoption du budget par le Parlement. Ce rapport porte sur l'exercice budgétaire de l'année précédente. Ce rapport est appelé « loi de règlement dans le jargon » consacré. Le suivi de la mobilisation, de l'affectation et de l'utilisation des revenus pétroliers est assuré grâce à des audits et rapports produits périodiquement à l'attention du Gouvernement.

Il s'agit notamment des :

- Audits annuels des comptes spéciaux et du compte d'épargne au profit des générations futures ;

- Rapports périodiques de gestion du compte d'épargne pour les générations futures et des éventuels surplus de financement ;

- Rapports périodiques du Collège ;

- Rapports et audits de la COBAC (Commission Bancaire de l'Afrique Centrale) sur les banques primaires assurant la gestion des comptes spéciaux spécifiques ;

- Audits annuels des comptes d'exécution du budget général de l'État établi par la Cour des comptes.

Le contrôleur financier vérifie la régularité des dépenses en tenant compte de la disponibilité des ressources dans le budget. Il vérifie également la conformité de la passation des marchés publics rapport aux procédures en vigueur.

Ces différents rapports et audits font l'objet d'une publication annuelle par le Gouvernement. Ce sont des documents destinés à l'information du grand public par souci de transparence. Tout ce dispositif juridique est mis en place pour jouer la transparence et établir une crédibilité vis-à-vis de l'opinion nationale et des partenaires au développement. Malgré ces apparences rassurantes, il reste encore un long chemin à parcourir pour que les mécanismes mis en place soient suffisamment dissuasifs et efficaces. Les complications ou les conflits d'intérêts peuvent surgir dans certains cas dans l'application des textes au niveau local. Le cas le plus éloquent est la définition de la région productrice qui pourrait bénéficier des 5 % des revenus pétroliers. Le Gouvernement et les partenaires au développement avaient suscité une étude pour mieux cerner la dimension géographique, sociale et spatiale de la région productrice. Force est de constater que les rivalités interethniques exacerbées par une mauvaise assimilation de la décentralisation n'avaient pas permis de cerner, de manière objective, le contour exact de la région productrice.

La politisation d'une donne à caractère économique et social laisse entrevoir déjà les difficultés réelles auxquelles le Gouvernement doit faire face pour gérer au mieux cette richesse nationale tant attendue. Déjà à l'échelle régionale, il est difficile d'obtenir un consensus sur cette infime partie de la manne pétrolière.

- **Des textes inadaptés**

La principale préoccupation du Gouvernement était de définir dans le cadre de l'application de la loi n° 01/99 du 11 janvier 1999 et conformément aux dispositions de l'article 212 de la Constitution et les aliénas 8 et 2, les structures juridiques chargées de gérer au nom des collectivités décentralisées les 5 % des revenus pétroliers. À cette fin, il faut naturellement avoir quelques éléments de base. Il s'agit ici de la délimitation de la région productrice, d'une esquisse de la décentralisation, en précisant les organes représentant les collectivités et les modes d'élection possibles et enfin il s'agit des types de pouvoirs qui seraient délégués aux collectivités décentralisées.

La Constitution de la République autorise l'exécutif à mettre en place les structures décentralisées pour rapprocher l'administration des administrés. C'est une tâche éminemment complexe dans un pays comme le Tchad où l'administration centrale avait conservé le monopole de tous les pouvoirs depuis l'indépendance et avait administré tout le territoire vaste de 1 284 000 km2 à partir de la capitale située à quelque 1500 km de certaines localités. Au Tchad, la sous-administration du pays a toujours été une des causes de l'instabilité et de l'insécurité endémique.

Dans le cas d'espèce, l'étendue exacte de la région productrice pourrait être confondue à la délimitation administrative qui avait été annexée à l'accord de crédit signé avec la Banque Mondiale et qui sera considérée comme telle pour établir le plan de gestion de l'environnement, des infrastructures sociales et des équipements collectifs. Cette zone recouvre l'ancien « Grand Logone » qui incluait les anciennes préfectures du Logone occidental, du Logone oriental, de la Tandjilé et, en débordant sur la préfecture, du Moyen Chari.

Cette aire géographique étendue pourrait être retenue pour la région productrice, mais la création récente des nouvelles unités administratives a modifié les contours géographiques de cet ensemble administratif qui jadis correspondait au Grand Sud.

Pour éviter d'éventuels écueils et le saupoudrage des ressources, il faut naturellement avoir à l'esprit de bien cerner les besoins importants des populations : l'eau potable, la scolarisation des enfants, l'amélioration de la santé, les routes, etc. Pour ce faire, il faut considérer les cinq régions administratives actuelles. Mais il est clair que les trois départements qui constituent la région du Logone oriental souhaitent jalousement utiliser ces ressources pour la seule entité géographique du Logone oriental, ce qui rendrait difficiles la définition d'une région et le partage tel qu'énoncé.

À l'Accord de crédit signé entre la Banque Mondiale et le Gouvernement, il est joint une annexe supposée être la carte de la région productrice. Cette carte sans coordonnées précises délimite une aire géographique extrêmement étendue sans tenir compte du découpage administratif ni des opportunités, des atouts et des contraintes que pourrait offrir cette aire géographique. Cette carte ne constitue pas une base sur laquelle on pourrait asseoir un véritable plan de développement régional.

Ce sentiment est largement partagé par les ressortissants de la région administrative du Logone oriental ainsi que la plupart des associations locales et les populations des diverses couches, puisque les trois puits de pétrole cités dans la loi sont précisément situés dans l'ancienne préfecture du Logone oriental. Quel serait l'impact attendu de l'utilisation des 5 % des revenus à des fins de développement sur l'amélioration des conditions de vie des populations de la région concernée.

En effet, selon les estimations de diverses sources, la population concernée est évaluée à près de 1 500 000 habitants répartis dans 5000 villages environ ; 5 % des 90 % des redevances ne constituent pas une somme considérable pour fonder l'espoir de satisfaire les besoins vitaux d'une région étendue et peuplée comme c'est le cas. Les promesses annoncées parfois pour les besoins électoraux, les attentes légitimes d'une population démunie devant l'immensité des besoins risquent de créer une déception qui se traduirait par une amertume dont les conséquences déborderaient, à coup sûr, les limites de la région productrice.

Il s'agit ici de concilier les exigences d'une population pauvre et impatiente et le pragmatisme d'une gestion rigoureuse d'une ressource extrêmement sensible aux aléas politiques parfois incontrôlables. 11 serait plus sage de revoir la définition de la région productrice en tenant compte de l'aire géographique des découvertes nouvelles. Ainsi, on pourrait optimiser l'utilisation des ressources en ciblant des objectifs bien précis dans le cadre d'une stratégie de développement qui intégrerait l'ensemble de la zone pétrolière du Tchad.

c/ La question du fonds de réserve pour les générations futures

Autant la gestion des 5 % des revenus affectés à la région productrice pose la délicate question du partage équitable de la richesse nationale aux plans national et régional, autant les 10 % des revenus réservés pour les générations futures posent un problème d'éthique. À mon humble avis, du point de vue de la morale populaire, il est incompréhensible de vivre dans une misère extrême, d'autant plus qu'on dispose des ressources générées par l'exploitation du pétrole pour alléger cette pauvreté et qu'on réserverait une partie de ces ressources pour les générations dites futures.

Il s'agit ici selon un raisonnement simpliste des personnes qui ne sont pas encore nées ou qui sont encore jeunes et qui vivent donc avec leurs parents dans la misère. Ces jeunes partagent aujourd'hui avec leurs parents et aînés, l'impact de l'investissement des ressources générées par le pétrole. Indéniablement, ils seraient doublement bénéficiaires puisque les 10 % des revenus réservés aux générations futures les concernent également.

Alors que les générations actuelles continuent de vivre dans une indescriptible misère, un simple tour fait à la caisse nationale des retraités du Tchad (CNRT) permet de constater l'ingratitude de la République vis-à-vis des personnes ayant tout donné pour ce pays qu'elles étaient encore valides. Celles-ci squattent une bonne place de l'avenue du général Joseph Désiré Mobutu où les bureaux de cet organisme sont situés, et ce, pendant toute la journée de ce mois de juillet, en pleine saison de pluies ou le mois de mai ou juin en pleine chaleur, pour espérer obtenir le coupon du premier trimestre de l'année. Il n'est pas rare de constater qu'on paie un seul coupon par an. Ces anciens instituteurs, préfets, officiers de l'armée nationale, ambassadeurs et autres de la République n'ont-ils pas le droit de percevoir régulièrement leur pension de retraite pour vivre décemment le dernier virage de leur vie grâce aux revenus pétroliers ?

Ce qui est intolérable et moralement injuste c'est que l'on constate sur les bulletins de paie de ces anciens serviteurs de l'État qu'il y avait une ligne de retenue sur les salaires soi-disant « cotisation à la Caisse de retraite » sur laquelle 5 % du salaire indiciaire est prélevé sans les reverser à ladite Caisse.

Ne serait-il pas correct de rendre justice à ces personnes, en utilisant une partie des ressources réservées aux générations futures pour payer les arriérés de pensions des retraités et éponger tout le passif de la caisse de retraite, à l'effet de permettre à cette dernière de continuer régulièrement à assurer sa mission ? Ce n'est pas le vieil instituteur à la retraite ni le général de l'armée nationale en fin de carrière qui dira non à cette solution. La situation des retraités est devenue préoccupante à tel enseigne que le Premier ministre, chef du Gouvernement de l'époque, avait effectué une visite à la Caisse de retraite pour constater personnellement la précarité dans laquelle vivent les retraités du Tchad. À l'issue de cette visite, le Premier ministre avait déclaré que « les pensions de retraite sont un droit au même titre que les salaires. Il est impensable et intolérable qu'à la date du 22 novembre 2005 aucun coupon de l'année 2005 ne soit encore réglé. C'est inimaginable. Cette situation n'est pas nouvelle, elle est récurrente dans la gestion globale des finances publiques ou chaque agent de l'État est un retraité potentiel.

Il faut une équité dans la distribution de la richesse du pays. Les générations actuelles encore en activité à qui la gestion des revenus pétroliers incombe et la République ont une dette morale vis-à-vis de ces personnes retraitées. Ils ont le devoir de leur rendre justice avant qu'elles ne s'éteignent. La morale africaine n'accepte pas l'abandon des personnes âgées, et surtout, lorsque la République reste redevable de leurs droits de retraite.

La situation est analogue, à la Caisse nationale de prévoyance sociale (CNPS). En effet, l'État, le principal employeur ne verse pas à ladite caisse ses cotisations patronales pourtant prélevées sur les salaires de ses employés contractuels. Ainsi, les fonctionnaires tchadiens ne bénéficiaient plus des allocations familiales ni de l'assurance-maladie depuis plus de quarante ans. Les employés du secteur privé sont correctement servis, car la loi fait obligation à tous les employeurs y compris l'État de payer les charges patronales à la CNPS. Depuis 2010 la situation s'est légèrement améliorée.

Dans la pratique, cette législation n'est pas appliquée par l'État en ce qui concerne les salariés du secteur public. Il y a là, deux poids, deux mesures. Il est possible de réparer cette injustice en payant le déficit structurel de la CNPS et de la Caisse nationale des retraités du Tchad. (CNRT), en utilisant une partie des revenus pétroliers.

De toute évidence, l'équilibre structurel de ces deux caisses est vivement souhaité si l'on veut réellement affirmer que la politique qui sous-tend l'utilisation des revenus pétroliers soit traduite par des actes concrets destinés à réduire la pauvreté. Dans ce cas, on pourrait alors affecter pour ces deux caisses des ressources pérennes indexées sur les revenus pétroliers selon une clé de répartition à définir. La réduction de la pauvreté passe aussi par la restructuration de ces deux caisses en les dotant des moyens financiers suffisants pour qu'elles jouent véritablement leur rôle.

D/ L'incontournable révision de la loi répartissant les revenus pétroliers

En somme, en regardant de près la loi qui répartit les revenus pétroliers, on constate que dans la pratique, non seulement il y a une distorsion dans la répartition des ressources, mais cette loi a été rédigée un peu précipitamment sans scruter les besoins immenses du pays, et à un moment où les partenaires pressaient le Gouvernement et le Parlement d'approuver cette loi, au risque de ne pas bénéficier du crédit de la Banque Mondiale et de son approbation par son conseil d'administration.

Au Tchad, chaque secteur de la vie sociale appelle des actions d'urgence. Les 80 % des revenus affectés aux secteurs prioritaires me semblent disproportionnés. Il est pratiquement impossible d'employer ces ressources au cours d'un exercice budgétaire. La capacité d'absorption de l'administration tchadienne est limitée.

Que deviendrait le surplus des ressources non engagées à la fin de budgétaire ? Les placer auprès des banques locales créerait une surliquidité inflationniste insupportable pour les ménages et pour l'ensemble des branches de l'économie. Les placer en offshore contribuerait à financer des économies externes qui n'apportent pas de valeur ajoutée au pays. Pourtant, il existe des pans entiers de l'économie nationale qui nécessitent un soutien. Les exemples ne manquent pas.

La dette interne de l'État au secteur privé qui se chiffre à plus de 40 milliards de FCFA à environ en 2004, est un bon levier non-paiement pour donner un coup de fouet à l'économie nationale. Le non-paiement et l'accumulation de la dette interne constituent un frein à l'Essor économique. La création d'un fonds de garantie d'investissement, instrument indispensable pour la promotion du secteur privé, pourrait absorber une partie de l'excédent budgétaire non engagé. Bien d'autres scénarii pourraient aussi être imaginés et retenus en vue d'une programmation optimale des revenus pétroliers si un minimum de temps avait été consacré à la réflexion sur l'utilisation rationnelle de ces ressources additionnelles avant l'adoption de cette loi qui commence à poser de sérieux problèmes.

Cette loi a été négociée dans un contexte extrêmement difficile pour le Tchad. La Banque Mondiale, bailleur de fonds du Tchad et du Cameroun, pour leur contribution au projet, avait exigé du Gouvernement tchadien un engagement sur la future utilisation des ressources pétrolières. Un projet de loi avait été proposé comme étant une condition de la Banque Mondiale pour sa participation au projet. Rejeter ce projet de loi aurait signifié pour la Banque, pour le consortium et pour la Communauté internationale un refus du Tchad de réaliser le projet.

En 1998, le Tchad avait-il le choix ? Ce fut un choix politique que le Gouvernement n'était pas en mesure d'assumer. Les populations tchadiennes et les partenaires au développement n'auraient pas compris le sens d'une décision qui aurait abandonné le projet pétrole. Le principe d'acceptation de cette condition était sage. Le Gouvernement, dans sa logique, estima que la loi répartissant les revenus pétroliers serait réexaminée le moment venu. Il n'aurait servi à rien de croiser le fer avec des géants aux bras longs.

Il aurait suffi d'attendre et de constater que cette loi allait réellement être décriée avant de prendre la tête de la contestation. Dans ce cas, la Banque Mondiale et les autres partenaires au développement ne pouvaient pas aller à contre-courant de la volonté populaire. Du côté du Gouvernement tout semblait laisser penser que ce n'était que partie remise.

Aussi, la culture africaine admet-elle avec beaucoup de peine que le Gouvernement et les Tchadiens aient été empêchés de faire usage des ressources du pays. Le raisonnement péremptoire ci-après est bien révélateur : « Le chef a toujours raison ; si le chef le veut, Dieu le veut aussi ». C'est le raisonnement de l'Africain moyen ; cela semble aussi simple que ça.

Le Gouvernement jugea qu'il n'était pas opportun d'insister sur une question sur laquelle la Banque Mondiale a bâti toute sa stratégie d'assistance au Tchad et qu'elle estime avoir fait un bon choix. Celle-ci sera certainement amendée ultérieurement puisque, deux années après son application, on a constaté un dysfonctionnement anachronique du budget de l'État. Il semble que, selon les discussions préliminaires engagées entre le Gouvernement et ses partenaires, au mois d'octobre 2005, sur l'intention du Gouvernement de réviser la loi, un consensus était loin d'être obtenu. Les parties se renvoyaient mutuellement la balle et chacune trouvait les arguments de l'autre insuffisants et mal fondés. Pour la Banque Mondiale, les difficultés que rencontrait le Gouvernement étaient liées à des déperditions des recettes et à la mauvaise gestion des ressources publiques. Le Gouvernement, quant à lui, estimait que l'évaluation de ses besoins en matière de ressources pour répondre à ses obligations en 1999 n'était pas la même qu'en 2005. La clé de répartition incluse dans la loi n01 consacrée à la gestion des revenus pétroliers devait donc être revue pour tenir compte de ses besoins nouveaux. La révision de la loi est du domaine de la souveraineté nationale.

Dans ce dialogue de sourds, il y avait lieu d'observer attentivement les réalités du pays. Aussi fallait-il mettre suffisamment des garde-fous pour éviter les abus dans la gestion des revenus pétroliers si les partenaires acceptent la demande du Gouvernement. Ce qui est sûr c'est que ladite loi nécessitait et nécessite encore des amendements.

L'intransigeance de la Banque Mondiale ne s'expliquait pas, et elle n'était pas non plus comprise par l'opinion tchadienne. La Banque Mondiale et les partenaires au développement d'une part et d'autre part l'État tchadien avaient tous intérêt à instaurer un dialogue franc sur la question. Il ne servait à rien d'étaler sur la place publique leurs divergences. Sur cette question cruciale à tout point de vue.

L'opinion tchadienne comprenait difficilement les enjeux et les réelles de chaque partie. Le Gouvernement expliquera alors qu'avec l'argent du pétrole, ils voulaient éponger les arriérés de salaires, payer les pensions des retraités, assurer la sécurité du pays, forer des puits pastoraux, construire des routes, etc. Quant à la Banque Mondiale, elle voulait orienter 80 % des ressources pour réduire la pauvreté. L'objectif est bien sûr, noble. Mais ce qui intéresse les Tchadiens dans leur grande majorité c'est l'immédiat, l'amélioration du pain quotidien. En outre, pour mieux contrôler le mouvement des revenus pétroliers, il fallait auditer les comptes « dormants » bien gonflés profitables aux banques d'un côté, et pour serrer davantage la gestion d'un autre côté, la Banque Mondiale et le Fonds Monétaire International avaient demandé au Gouvernement de prendre une série de mesures, entre autres, un décret pour soi-disant « sécuriser » les ressources non employées au cours de l'exercice en cours. C'est un texte complémentaire à la loi 001/PR/99.

C'est une approche « FMISTE » peu convaincante puisque le surplus tel qu'imaginé était conçu dans un contexte inflationniste. Les deux institutions estimaient que le surplus des ressources non employées risquait d'alimenter l'inflation si elles étaient injectées dans l'économie. L'approche des deux institutions pouvait trouver une explication dans l'optique de la gestion monétaire. Mais, dans le cas d'espèce, il n'y a pas de logique dans la stérilisation des revenus quand on accumule des arriérés de salaires des agents de l'État pour plus de trois à quatre mois et quand on doit plus de 40 milliards de FCFA au titre de la dette privée intérieure.

Dans ce contexte, conserver plus d'une douzaine de milliards de FCFA dans un compte de « stérilisation » semble être une aberration. D'ailleurs, à partir de la fin de l'exercice budgétaire 2005, on constatait déjà une diminution des prévisions des recettes pétrolières due, semble-t-il, à un excès d'eau dans les puits, et bien d'autres raisons difficilement appréhendables.

Ces surprises désagréables auraient pu avoir des conséquences graves et risquer à moyen terme d'avoir un impact négatif sur de nombreux secteurs de l'économie.

Le budget de l'État fut ainsi remis en question quand on sait que le tiers des prévisions sont d'origine pétrolière. Les donations budgétaires prévues par la loi des finances initiale aux différents chapitres n'y figuraient que pour mémoire.

Les errements dans l'exécution du budget n'étaient que les conséquences de cet anachronisme. Ce constat était partagé par tous les acteurs de la vie publique y compris les partenaires développement. La tension de la trésorerie était telle que le ministre des Finances était contraint de proposer au Conseil des ministres un certain nombre de mesures restrictives pour contenir le déficit budgétaire, dans des proportions acceptables.

En octobre 2005, à l'occasion d'un séminaire consacré à l'achèvement du projet pétrolier de Doba, le Gouvernement avait réitéré son intention de modifier la loi répartissant les revenus pétroliers.

Par la voix de son ministre du pétrole, il indiquait : « Au moment où le Tchad entame la troisième année d'exportation de son brut, nous vivons aujourd'hui des difficultés pour faire face aux besoins des générations actuelles. En effet, notre opinion ne comprend pas l'Opportunité d'épargner une partie des revenus pétroliers pour les générations futures alors que nous vivons, au jour le jour, des difficultés pour faire face aux besoins des générations actuelles. Certes, le concept de garantir l'avenir des générations futures est, en soi, louable, mais de notre point de vue, cet avenir pourrait être garanti à travers les investissements qui se réalisent dans le cadre des revenus pétroliers. C'est dans cet esprit que le Gouvernement envisage, de concert avec ses partenaires, d'amender certaines dispositions de la loi 001/PR/99, portant gestion des revenus ».

Le directeur de la Banque Mondiale chargé des Industries extractives, invité à ce colloque répondit : « Les revenus pétroliers perçus par le Tchad sont largement supérieurs à ce qui avait été prévu, malgré une production sensiblement inférieure par rapport aux prévisions initiales. En dépit de cette situation particulièrement favorable, l'État tchadien se trouve aujourd'hui dans des difficultés de trésorerie. Le groupe de la Banque Mondiale estime qu'il est indispensable de mieux comprendre les raisons de ces difficultés et de renforcer la gestion des finances publiques, en respectant la discipline budgétaire.

S'instaura alors un dialogue de sourds. Les organisations de la société civile estimaient, selon leurs propres dires, que « les problèmes identifiés jusqu'ici » n'étaient pas (directement liés à la mise en œuvre de la loi 001, mais plutôt aux dysfonctionnements de l'administration, à la mauvaise gestion des finances publiques et à l'inertie de la justice qui perpétue l'impunité. Et elles rappelaient aussi au Gouvernement que l'accord de prêt qu'il avait signé avec la Banque Mondiale le 29 mars 2001, il est écrit : « Dans le cadre du programme, l'emprunteur (donc l'État tchadien) convient de ne pas modifier la loi 001/PR/99 en date du 11 janvier 1999, portant gestion des recettes pétrolières, ni d'y faire dérogation d'une manière qui risque d'affecter sensiblement et négativement l'exécution du programme ».

Malgré ces arguments, il a fallu envisager cette modification.

E/ La modification de la loi n° 001/Pr/99

a/ Le contexte

Les raisons essentielles qui ont motivé le Gouvernement à décider de la modification de cette loi et le choix du moment sont peut-être liées à conjonction d'éléments auxquels le Gouvernement devait faire face.

En effet, le pays avait accueilli sur son territoire depuis près de trois ans des réfugiés soudanais venus massivement du Darfour, évalués à plus de 200 000 personnes. Selon le Gouvernement, la gestion de ces personnes déplacées du point de vue alimentaire, sanitaire et sécuritaire posait de sérieux problèmes au Gouvernement, malgré une assistance humanitaire considérable. Les mouvements rebelles soudanais luttant contre le Gouvernement de Khartoum avaient utilisé comme base arrière la longue frontière commune difficile à contrôler par les deux pays. On relevait des incursions en territoire tchadien des milices soudanaises appelées les Djendjawits qui tuaient les populations et emportaient leur bétail. Les mutineries et les désertions des militaires tchadiens, les regroupements en territoire soudanais des mouvements politico-militaires hostiles au Gouvernement central, les grèves fréquentes des syndicats qui revendiquaient le paiement régulier des salaires ainsi que l'apurement des arriérés, les barricades dressées par les retraités sur la voie publique qui réclamaient leur coupon de pension et, enfin, la diminution drastique des recettes ordinaires de l'État, tous ces faits se sont conjugués et ont largement contribué à paralyser pratiquement l'administration.

D'importants moyens financiers étaient nécessaires pour faire face à tous ces problèmes. Les bailleurs de fonds qui s'appuyaient jadis sur le Programme de facilité et de réduction de la pauvreté supervisé par le Fonds Monétaire International et la Banque Mondiale avaient diminué leur assistance financière au pays, faute d'efforts conséquents estimaient-ils de la part du Gouvernement pour prendre les nécessaires en vue d'assainir les finances publiques (impôts, douanes régies administratives d'une part, et le contrôle des dépenses d'autre part). Le coton, seul produit d'exportation susceptible de procurer au pays des devises, était plongé dans une crise profonde depuis plus de dix ans. Les diverses tentatives de sauvetage de ce secteur furent annihilées par l'abondance du coton subventionné sur le marché international. L'élevage, une richesse mal exploitée, était toujours commercialisé suivant les circuits informels. Il ne contribuait pas à créer une valeur ajoutée à l'économie nationale qui aurait pu stimuler la croissance. La gomme arabique très appréciée dans le cosmétique et dans la fabrication des produits pharmaceutiques n'était exploitée qu'à un stade encore limité. En cette fin de l'année 2005, le pays fut véritablement asphyxié politiquement, économiquement et socialement.

Sur le plan politique, en raison du climat de suspicion et des tensions créées à la suite de la révision de la Constitution sur l'article concernant la limitation de la durée du mandat du

Président de la République et la demande refusée des partis politiques de l'opposition concernant le réaménagement de la loi électorale, la démocratie tchadienne prit un coup et le débat politique était presque bloqué. Sur un autre volet, l'économie tournait au ralenti et les recettes de l'État étaient insignifiantes par rapport aux années précédentes du fait des grèves répétées et de la léthargie de l'administration. Sur le plan social, les partenaires accusaient le Gouvernement de ne pas être sensible aux cris de misère et de désolation des travailleurs.

Comment pourrait-on sortir de cette crise qui affectait ainsi pratiquement tous les secteurs de la vie ? Tout naturellement, le Gouvernement ne faisait que regarder du côté des ressources « dormantes », c'est-à-dire le compte des générations futures et le compte des secteurs prioritaires qui, sur le plan théorique, disposaient des ressources importantes, selon la loi relative à la gestion des revenus pétroliers, mais non utilisés. Les 15 % des revenus pétroliers réservés au Trésor pour le fonctionnement de l'administration étaient en deçà de ses besoins. En ce qui concerne les ressources réservées pour le financement des projets des secteurs prioritaires, la capacité d'absorption de l'administration était très faible par rapport aux ressources disponibles. Pour y accéder et pour utiliser ces ressources pour le financement d'autres secteurs également considérés comme prioritaires par le Gouvernement, il fallait nécessairement modifier la loi no1 du 11 janvier 1999.

Cette loi qui faisait la fierté de la Banque Mondiale et était présentée comme un modèle pour les pays pauvres disposant de ressources non renouvelables pour financer les programmes de réduction de la pauvreté ; était en quelque sorte une boîte de pandore où l'on craignait de rediscuter et d'y ajouter des secteurs de dépenses qui aux yeux des partenaires, ne seraient pas éligibles selon les accords de prêts.

Le gouvernement, pour sa part, estima que les dépenses liées aux questions de sécurité et celles consacrées à la souveraineté de l'État étaient aussi éligibles, car il s'agissait ici de l'affirmation des attributs de République, de la stabilité et de la sécurisation de ses institutions. Cette approche est aussi compréhensible, car il n'y a pas de développement sans sécurité et stabilité. L'essentiel est de s'entendre sur les ressources à affecter selon la priorité à accorder à tel ou tel secteur.

Il faut le reconnaître, le Gouvernement tchadien n'avait pas pris les taureaux par les cornes pour résoudre ce problème financier ponctuel à temps. Il s'est laissé endormir par le raisonnement factice de la Banque Mondiale.

Devant cette attitude considérée comme peu coopérative de la part de la Banquc Mondiale, le Gouvernement décida de modifier la loi n° 1 du 11 janvier 1999 selon sa convenance puisqu'il n'eut pas de concertation ni dialogue entre les deux partenaires. En date du 29 décembre 2005, la nouvelle loi fut adoptée par une écrasante majorité des députés et a été promulguée par le Président de la République le 5 janvier 2006. Ce fut la colère et la stupéfaction à la Banque Mondiale.

En effet, depuis 2003, le dialogue était très difficile entre cette institution et le Gouvernement tchadien. Ce dernier estimait que les prêts du guichet IDA (Association Internationale de Développement) de la Banque Mondiale accordés avec beaucoup de conditionnalités et de contraintes de gestion ne produisaient pas les effets positifs escomptés. Le service de la dette pesait de plus en plus sur les maigres ressources du pays. Les véhicules 4 x 4 achetés sur les ressources des projets passaient mal aux yeux des responsables de l'administration publique qui étaient moins nantis en termes de rémunération et d'équipements assurés par le budget ordinaire de l'État.

Il était un fait qu'il y avait une administration à deux vitesses. Celle qui fonctionnait avec les ressources des projets et celle qui végétait, dépérissait et languissait avec les ressources ordinaires de l'État.

La critique était devenue telle que le Gouvernement et la Banque Mondiale avaient convenu d'organiser un audit du portefeuille de l'IDA pour diagnostiquer les motifs de cet acharnement du Gouvernement sur les projets de l'IDA. Les conclusions de cette étude avaient conclu au fait que les contributions du Gouvernement aux fonds de contrepartie de ces projets étaient insignifiantes par rapport aux engagements. Les services de décaissements de l'IDA accusaient beaucoup de retards pour alimenter les comptes spéciaux des projets. Il a été constaté parfois des engagements peu conformes aux procédures adoptées initialement. C'est-à-dire l'acquisition des biens et services avec des surcoûts et, de surcroît, qui n'étaient pas prévus au moment de l'évaluation du projet. Tenant compte de tous ces constats, des recommandations avaient été adoptées pour corriger les déficiences et améliorer la gestion afin d'atteindre les objectifs assignés à chaque projet.

Il n'y eut pas de décision qui de nature à remettre en cause fondamentalement la coopération entre le Tchad et la Banque Mondiale. Les deux parties s'étaient séparées avec le souhait de renforcer le dialogue. Cette atmosphère de crise planait déjà sur les relations entre le Tchad et la Banque Mondiale au moment où le Gouvernement suscitait la modification de la loi à « problèmes ». Le Gouvernement estimait qu'il était en droit de modifier sa loi. Ce bras de fer n'était pas de nature à améliorer l'image du pays ni celle de la Banque Mondiale qui pratiquait un droit de regard sans concession et un diktat dans un domaine de souveraineté sur lequel les États africains veillent jalousement. L'emploi des ressources nationales est sans conteste un acte de souveraineté. Une codification des ressources du pays sous l'injonction d'un tiers est une ingérence difficilement acceptable sauf si le pays ne jouit plus de sa souveraineté et se trouve sous une occupation ou une tutelle décidée par l'Organisation des Nations unies.

Dans le cas d'espèce, la Banque Mondiale s'estima être abusée par un gouvernement qui s'était engagé à respecter les clauses d'un accord sur la base duquel elle avait octroyé un crédit pour financer un projet. Entériner la décision du Gouvernement tchadien signifierait pour la Banque Mondiale de créer un précédent qui risquait de faire jurisprudence dans ses futures relations avec les pays en développement. Le Gouvernement du Tchad était tenu de respecter sa signature. C'était la position de la Banque Mondiale. Pour le Gouvernement tchadien, un accord « n'est pas la Bible ni le Saint Coran », il peut être révisé si l'une des parties signataires le juge nécessaire. C'est la substance de l'argumentaire du Gouvernement. Face à cette situation de blocage, le Gouvernement se dit qu'il prendrait toutes ses responsabilités et en assumerait les conséquences.

La promulgation de la nouvelle loi par le Président de la République fut considérée comme un acte discourtois vis-à-vis de la Banque Mondiale, mais aussi à l'endroit de la communauté des bailleurs de fonds qui a apporté tout le soutien nécessaire pour l'approbation du prêt par les membres du conseil d'administration de l'IDA. La crédibilité du Gouvernement sur le plan international fut mise à rude épreuve. Le respect des engagements internationaux entérinés par l'Assemblée nationale est un principe inviolable. Les accords, traités, conventions et autres actes internationaux sont au-dessus des lois nationales. C'est un principe du droit international.

Pour convaincre et obtenir l'accord des partenaires sur la révision de la loi, le Gouvernement aurait dû privilégier le dialogue et mettre l'accent sur la modernisation de l'administration pour améliorer sa performance en liaison avec la décentralisation. Pour mieux rassurer ses partenaires et éviter la confrontation, le Gouvernement, aurait dû, de même, proposer une approche plus globale qui unifierait la législation consacrée à la gestion des revenus pétroliers.

En effet, deux ans après que le pays eut exporté du pétrole, il était nécessaire de tirer les leçons et rectifier les erreurs sans frustrer ses partenaires, en leur demandant de contribuer à mettre en place une loi unique consacrée à la gestion des revenus pétroliers qui tienne compte aussi de ses priorités. Il est difficile de consacrer une loi pour chaque découverte.

Depuis la mise en exploitation des trois puits (Komé, Bolobo et Miandoum), le consortium a découvert d'autres gisements qui seront mis en exploitation bientôt. Aussi, d'autres compagnies pétrolières non-signataires de la convention de 1988 ont signé des contrats de recherche, soit sur les superficies rendues, soit sur de nouveaux blocs qui viendraient à augmenter substantiellement la production du pétrole brut du Tchad. Les prospections continuent et laissent projeter l'espoir que l'avenir n'est pas sombre. Les Conventions de recherche, d'exploitation, de transport et de commercialisation seront négociées et signées avec chaque compagnie ou consortium selon les arrangements convenus avec le Gouvernement. Dans ce cas, il est plus pratique du point de vue du suivi, d'avoir une seule et unique législation en matière de gestion des revenus pétroliers comme le Code pétrolier.

Le Gouvernement a corrigé cette lacune et la loi révisée désormais concernera les revenus pétroliers de toutes les conventions. Avec cette approche globale, les partenaires au développement auraient pu être attentifs aux arguments du Gouvernement, car les problèmes que rencontre le pays ne peuvent pas être occultés ni rejetés en bloc d'un revers de la main. Même si le Gouvernement obtient l'accord de ses partenaires ou décide unilatéralement de réviser la loi, le fond des problèmes du Tchad n'est pas de disposer de ressources suffisantes. Il s'agit ici d'un problème éthique très profond de la gestion des ressources publiques. Il faut absolument procéder à une reconversion des mentalités des responsables chargés de la collecte et de la gestion des ressources publiques. Les auteurs des détournements et des malversations des deniers publics doivent être punis selon les lois en vigueur. Personne ne doit être au-dessus de la loi. L'impunité tant décriée par la société civilité et les partenaires au développement doit être prise au sérieux. Il est regrettable que le rapport de Tranparency International classe le Tchad parmi les pays les plus corrompus au monde en fin d'année 2005. La corruption est en somme une gangrène et si le Gouvernement ne prend pas de mesures énergiques pour l'extirper, elle risque d'annihiler tous les efforts de développement.

À la faveur de la révision de la loi no 1, les ONG, les syndicats, les associations de la société civile et les partis politiques de l'opposition n'ont pas hésité à monter au créneau de nouveau pour s'opposer à cette décision et réitérer les critiques qui semblaient être oubliées avec l'exportation de l'or noir. C'était une occasion idoine pour eux de rappeler à l'opinion que leur opposition initiale à ce projet et les suspicions sur les intentions réelles du Gouvernement étaient bien fondées. Quels étaient les amendements apportés à la loi n° 001/PR 99 du 11 janvier 1999 ? Rappelons que cette loi initiale avait été modifiée le 18 août 2000 pour élargir les membres du Collège de contrôle et de surveillance des revenus pétroliers. En tout, sept (7) articles ont été modifiés.

b/ Les articles modifiés

L'article 1 est modifié pour inclure les revenus de tous les champs pétroliers au Tchad. Auparavant, cet article ne concernait que les revenus des trois champs pétroliers de Doba (Komé, Miandoum, Bolobo).

L'article 3 est modifié comme suit : « les ressources directes citées à l'article 2 sont déposées sur le compte d'une institution financière internationale spécialement pour l'État tchadien et appelé compte offshore. Elles sont transférées conformément à la réglementation de change des États membres de la communauté économique et monétaire de l'Afrique centrale (CEMAC) et versés dans les comptes spéciaux logés dans une ou plusieurs banques primaires de la place ».

Il faut lire le deuxième alinéa et le comparer avec celui de l'ancien article 3 suivant. Elles sont réparties selon les modalités ci-après :

90 sont versés sur des comptes spéciaux du Trésor logés dans une deux banques primaires de la place ;

Le reliquat de 10 % est déposé dans un compte d'épargne ouvert dans les conditions prévues à l'article 9 de la présente loi ;

Les 10 % concernant les fonds des générations futures disparaissent dans les dispositions de la nouvelle loi. Les détails des 9096 seront précisés dans les articles 7 et 8 nouveaux.

L'article 7 ancien : Les ressources directes sont principalement affectées aux secteurs prioritaires. Sont considérés comme prioritaires :

- Les secteurs de la Santé publique et des Affaires sociales ;

- De l'Enseignement ;

- Des Infrastructures ;

- Du Développement rural (Agriculture, Élevage) ;

- De l'Environnement et des ressources en eau.

Article 7 nouveau : Les ressources directes sont principalement affectées aux secteurs prioritaires. Sont considérés comme prioritaires les secteurs suivants :

- La Santé publique et les Affaires sociales ;

- L'Éducation nationale ;

- Les Infrastructures (transports, travaux publics, Urbanisme et Habitat, Télécommunications) ;

- Le Développement rural (Agriculture, Élevage, Environnement et ressources en eau ;

- L'Énergie et le Pétrole ;

- La Justice, la Sécurité et l'Administration du Territoire.

Cette Loi modifiée indique aussi que cette liste des secteurs prioritaires peut être actualisée en cas de besoin par un décret pris en Conseil des ministres.

La divergence de fond entre la Banque Mondiale et le Gouvernement résidait dans la nouvelle rédaction de l'article 8 en plus de la suppression des 10 % des revenus réservés aux générations futures.

Article 8 nouveau : Les ressources directes, constituées des dividendes et des redevances, déposées sur les comptes spéciaux prévus à l'article 3 ci-dessus sont réparties de la façon suivante :

Soixante-cinq pour cent (65 %) des redevances et soixante-dix pour cent (70 %) des dividendes sont destinés aux dépenses relatives aux secteurs prioritaires énumérés à l'article 7 ;

Trente pour cent (30 %) des redevances et trente pour cent (30 %) des dividendes sont destinés à couvrir les dépenses de fonctionnement et d'investissement courant de l'État. Cette affectation en faveur du Trésor est maintenue jusqu'à la période où le versement de l'impôt sur les sociétés correspondant à l'exploitation concernée atteint les 30 % des redevances et des dividendes ;

Cinq pour cent (5 %) des redevances sont destinés aux collectivités décentralisées de la région productrice conformément aux dispositions de l'article 212 de la Constitution.

La gestion de ce fonds ainsi que les modalités de contrôle se feront conformément aux textes en vigueur en matière de comptabilité publique.

La liste des membres du Collège de contrôle et de surveillance des ressources pétrolières est révisée de la manière suivante :

Article 16 nouveau : Le Collège de contrôle et de surveillance des ressources pétrolières est un organe indépendant composé de la manière suivante :

- Un magistrat, membre de la Cour suprême ;

- Un député ;

- Un membre du Conseil économique, social et culturel ;

- Le directeur national de la Banque des États de l'Afrique centrale ;

- Le directeur général du Trésor ;

- Un représentant des confessions religieuses ;

- Un représentant des organisations non gouvernementales (ONG) nationales ;

- Un représentant des syndicats ;

- Un représentant des associations de défense des droits de l'homme.

Article 17 nouveau : Les membres du Collège de contrôle et de surveillance des ressources pétrolières représentant l'Assemblée nationale, la Cour suprême, le Conseil économique, social et culturel les organisations non gouvernementales nationales, les organisations religieuses, les associations de défense de droit de l'homme et les syndicats sont désignés et nommés pour un mandat de neuf (9) ans renouvelables par tiers tirés au sort dès la mise en place du CCRSP.

L'Article 9 de l'ancienne loi est supprimé. En Afrique noire, on a tendance à considérer que tout ce que les gouvernements proposent est critiquable, voire inacceptable par l'opposition et les organisations de la société civile. On n'a pas peut-être, mais a-t-on réellement cerné les objectifs assignés à cette révision ? Dans ce cas précis, le Gouvernement serait peut-être plus réceptif à examiner une contre-proposition constructive qui viendrait des partenaires tchadiens ou des partenaires au développement que d'opposer un refus catégorique.

Le Gouvernement aurait davantage gagné à ouvrir le débat sur cette question qui, somme toute, est capitale. La gestion des revenus pétroliers est un exercice qui n'est pas très commode pour le Gouvernement, car les arbitrages sont difficiles à opérer dans un pays pauvre comme le Tchad où tout le monde entend améliorer les conditions de sa vie grâce aux revenus pétroliers.

F/ Les conséquences de la modification de la loi

a/ La réaction de la Banque Mondiale

Après la promulgation de la nouvelle loi par le Président de la République, la réaction de la Banque Mondiale fut immédiate. Par la voix de son Président, elle estima qu'elle a la responsabilité de s'assurer de ce que les ressources générées par le projet d'exportation pétrolière sont utilisées pour faire face aux besoins des populations pauvres du Tchad. Voici la teneur de la déclaration du Président de la Banque Mondiale : « Pendant un certain temps, nous avons essayé d'entrer en dialogue avec les autorités tchadiennes pour voir dans quelle mesure leurs préoccupations pourraient être examinées. Malheureusement, au lieu d'accepter le dialogue, elles ont plutôt procédé à une modification substantielle de la loi qui était la base de notre accord initial... Nous restons persuadés qu'ensemble nous pouvons trouver un terrain d'entente qui prenne en compte les préoccupations légitimes du Gouvernement tchadien et notre objectif d'assurer que les revenus pétroliers bénéficient aux populations pauvres de ce pays ».

Le 6 janvier 2006, le même Président de la Banque Mondiale, Paul Wolfowitz ajoutait : « Si ces amendements prennent force de loi (promulgués par le Président de la République), ils porteront un coup dur au bien-être des populations les plus pauvres et les plus vulnérables du Tchad et représenteront une violation matérielle des accords initiaux ».

Immédiatement après cette déclaration, la Banque Mondiale annonça une série de mesures de rétorsion contre le Gouvernement tchadien. Il s'agit de la suspension des nouveaux crédits ou dons, l'arrêt de tout décaissement pour les projets en cours et l'accélération des remboursements des prêts octroyés au Tchad. De plus, la Banque Mondiale demanda à City Bank de

Londres où sont logées les ressources pétrolières du Tchad de bloquer le transfert des fonds vers le Tchad, et ce, à compter du 6 janvier 2006. C'était une mesure conservatoire en attendant de voir plus clair sur le dénouement de ce différend. Cette mesure a surpris plus d'un.

b/ La réaction à chaud du Gouvernement tchadien

Le Gouvernement estima que cette mesure était disproportionnée et injustifiée ». Loin de chercher à apaiser la tension, le Gouvernement durcit le ton après avoir pris connaissance de la lettre de la Banque Mondiale à la City Bank.

Dans un communiqué laconique de presse du 12 janvier 2006, le ministre des Finances demanda à l'opinion s'il est « besoin de rappeler aux responsables de la Banque Mondiale que, déductions faites des échéances de remboursement des crédits, le reste des revenus pétroliers y compris ceux logés dans le compte du Fonds des générations futures sont la propriété du Tchad et non celle de la Banque Mondiale. Il est inadmissible qu'un pays se voie interdire l'accès aux revenus générés par la vente de ses propres ressources naturelles » et il conclut que Gouvernement prendra toutes les dispositions appropriées pour recouvrer les droits légitimes du peuple tchadien ».

Suite à la décision de la Banque Mondiale de bloquer les comptes du Gouvernement à la City Bank, le gouvernement du Tchad demanda au consortium pétrolier de ne plus alimenter le compte séquestre (compte de garanties bloqué) ouvert à la City Bank pour recevoir les revenus du pétrole du Tchad. Il ordonna en même temps au consortium de procéder au virement des fonds dans ses comptes à la Banque des États de l'Afrique centrale à N'Djamena.

Le consortium indiqua au Gouvernement qu'il était tenu par un accord moral vis-à-vis de la Banque Mondiale par lequel les trois parties avaient accepté que les revenus du Tchad soient logés à la City Bank dans un compte séquestre (compte de garanties bloqué). Sur le plan juridique, il était nécessaire que les trois parties s'entendissent pour changer les dispositions du compte séquestre entre la Banque Mondiale et le BEI (Banque Européenne d'Investissement), rappela en substance le consortium au Gouvernement.

Il faut rappeler que le consortium n'était pas signataire de l'accord sur le compte séquestre. Le Gouvernement indiqua au consortium qu'il était le propriétaire de ces ressources et que le consortium était tenu de s'exécuter et de respecter les instructions du Gouvernement avec qui il avait signé la convention de 1988, laquelle fut renouvelée en 2004 et qui reste le document de base de toutes ses opérations pétrolières au Tchad.

C'est un autre tour de passe juridique qui commençait avec le consortium. Il faut rappeler aussi que le consortium avait sollicité l'implication de la Banque Mondiale dans le projet de construction du pipeline Tchad-Cameroun en guise de caution morale pour les autres prêteurs. Sans l'implication de la Banque Mondiale, la mobilisation des ressources pour le financement du pipeline aurait été hypothétique.

Le consortium se dit donc être lié à la Banque Mondiale par cet engagement moral, et, par conséquent, il ne pouvait pas se mettre en porte-à-faux ni prendre la moindre décision qui puisse contredire les actions de celle-ci.

c/ Rupture du dialogue entre les deux parties

À la suite de ce blocage, la Banque Mondiale dépêcha sa vice-Présidente à N'Djamena pour un hypothétique compromis. La vice-présidente de la Banque Mondiale chargée des Opérations pour l'Afrique, d'origine nigériane, arriva à N'Djamena dans un climat délétère. Au cours d'une audience que le Président de la République lui accorda, elle fit état des relations fructueuses que le Tchad et la Banque Mondiale avaient toujours entretenues depuis fort longtemps et ajouta que son institution était disposée à conserver et à consolider cette coopération. Aussi estima-t-elle primordial, afin de pérenniser cette relation, que chaque partie respectât ses engagements. Pour cela, la Banque Mondiale demanda au Gouvernement tchadien de revenir sur sa décision de la modification de la loi régissant la gestion des revenus pétroliers. Dans le cas contraire, la Banque Mondiale serait en droit de demander le remboursement des crédits liés au projet pétrole par anticipation. Un silence de mort gagna la salle. Le Président de la République demanda alors si elle avait fini ses propos. La vice-présidente répondit : « oui Monsieur le Président ». Le Président de la République coupa court à tout espoir d'instaurer un dialogue avec la vice-présidente et dit ceci : ***« Madame la Vice-Présidente, la question de la loi régissant les revenus pétroliers est derrière nous et nous avons clos ce débat ».*** Il se tourna vers le ministre des Finances et lui ordonna de lui remettre le chèque correspondant au montant des crédits consommés dans le cadre du projet pétrole et déclara la séance levée. Ce fut une grande stupéfaction dans la salle et le Président de la République se retira.

Madame la vice-présidente eut le souffle coupé pour quelques secondes. Elle ne s'attendait pas du tout à la tournure que prit l'audience avec le chef de l'État. Ce fut une très mauvaise passe pour elle. Le ministre des Finances lui demanda à son tour de le suivre à son bureau. Elle s'excusa auprès de lui pour avoir un peu de temps dans le dessein de joindre sa hiérarchie à Washington.

Le Tchad paya donc par anticipation le crédit contracté auprès de la Banque Mondiale. La Banque Européenne d'Investissement et les autres prêteurs ne suivirent pas l'exemple de la Banque Mondiale.

Gel des activités de la Banque Mondiale au Tchad

Après cette rencontre, la réaction de la Banque Mondiale ne se fait pas attendre : elle gèle ses activités au Tchad et décide de transférer tout le personnel technique de son bureau de N'Djamena à Yaoundé pour ne laisser qu'une ou deux personnes chargées du suivi du courrier. Les projections économiques faites par les soi-disant experts des grandes institutions ne sont pas neutres. Elles obéissent à leurs doctrines et à leurs stratégies quelquefois contradictoires avec les politiques des pays récipiendaires. Dans le montage financier de ce projet, la Banque Mondiale avait mis beaucoup de garde-fous et des conditionnalités à telle enseigne que la souveraineté de l'État fut mise à rude épreuve. Sans doute, la Banque Mondiale voulait prendre toutes les précautions pour éviter les critiques et les velléités entretenues par ONG et la société civile. Mais la marge de manœuvre du pays était très réduite. La position intransigeante de la Banque Mondiale n'était pas de nature à permettre d'instaurer un dialogue franc entre les partenaires. La Banque Mondiale saura peut-être tirer les leçons de l'énigme de sa coopération avec les pays en développement.

Comment comprendre l'attitude du Gouvernement tchadien ?

À tous ceux qui critiquaient le Gouvernement pour avoir utilisé les ressources pétrolières pour acheter des armes, il leur rétorquait « la paix n'a pas de prix et après la paix le développement suivra ». Cette option n'était pas partagée par certains partenaires au développement. Ces derniers estimaient que c'était une décision souveraine à partir du moment où les ressources ne leur appartenaient pas. En son temps, les critiques furent nombreuses sur cette orientation de l'utilisation des ressources pétrolières. Mais le Gouvernement en a fait fi et les résultats lui ont donné raison.

Aujourd'hui, tous les observateurs s'accordent à reconnaître que le choix et la stratégie du Gouvernement étaient justes et payants, surtout après la contribution inestimable de l'armée nationale tchadienne à la libération du nord du Mali. Celle-là réussit à repousser hors des frontières tous les groupes armés qui essaimaient la frontière est. Après cette victoire remportée par l'armée tchadienne, le Gouvernement tchadien, à la surprise générale, annonça à l'opinion nationale et internationale qu'il signerait dans tous les prochains jours un accord de paix avec le Gouvernement soudanais.

Ce qui fut fait à Khartoum au cours d'une visite de travail du Président tchadien. Il fut décidé, à la suite de cette visite, la mise en place d'une brigade mixte de contrôle des frontières. Depuis cette date, le pays a retrouvé la paix et le Gouvernement a commencé à investir dans tous les domaines. Les changements en matière d'infrastructures et d'équipement au Tchad impressionnent ! Quoi qu'on dise, les ressources pétrolières ont servi à créer au Tchad les conditions de stabilité et de paix profitables à tous. Elles ont contribué aussi à la création d'une classe moyenne de bourgeoisie qui essaie de faire prospérer les affaires. Le Tchad avance, et ce, grâce à la persévérance du Président de la République sur une vision claire de la souveraineté de l'État sur l'usage de ses ressources pétrolières et c'est à dessein qu'il a toujours affirmé : « pas de développement sans la paix ».

G/ Les conséquences de la rupture du dialogue

La suspension des décaissements des crédits de la Banque Mondiale pouvait avoir des répercussions désastreuses sur l'économie tchadienne. L'aide internationale est alors plus qu'indispensable encore au Tchad. Un bon nombre de secteurs de l'économie tourne grâce à l'aide internationale. L'approvisionnement des centres de santé en médicaments, la construction des infrastructures scolaires et sanitaires, la prise en charge des malades du SIDA, l'entretien et la construction des routes la prise en charge des réfugiés soudanais et centrafricains, et toutes les activités connexes qui y sont rattachées, le financement de toutes ces opérations incombe au Tchad. Tout ceci est assuré grâce à l'aide internationale. Dans le cadre de la concertation permanente entre les bailleurs de fonds, le satisfecit de la Banque Mondiale et du Fonds Monétaire International sur les mesures de redressement économique et de leur application est d'une grande utilité pour le pays récipiendaire.

Ce satisfecit permet de mobiliser les bailleurs de fonds, de drainer ainsi une assistance considérable et créer les conditions favorables au renforcement d'une coopération dynamique, multiforme et avantageuse mutuellement. La rupture du dialogue avec les deux institutions ou même avec l'une d'entre elles serait interprétée par les autres bailleurs de fonds comme un refus d'accepter les règles de transparence dans la gestion des ressources publiques, d'opposer une résistance aux réformes structurelles en vue d'améliorer la performance de l'économie et de l'administration, en général. La communauté des bailleurs de fonds, en particulier, et celle concernée par l'aide au développement (la Banque Africaine de Développement, l'Union Européenne, la Banque Européenne d'Investissement, la Banque Islamique de Développement, le PNUD, etc.) est solidaire en général pour la coordination de leur assistance dans un pays à condition que celui-ci maintienne un dialogue permanent avec les deux institutions de Bretton Woods.

Depuis la promulgation de la nouvelle loi par le Président de la République, les autres bailleurs de fonds s'interrogent et s'inquiètent du dénouement futur du bras de fer engagé entre le Gouvernement tchadien et la Banque Mondiale. À ce stade, seules l'assistance humanitaire et la coopération bilatérale avec la France et la Chine Taiwan considérées comme partenaires importants n'étaient pas directement concernées par ce problème du moins dans l'immédiat. Si cette situation perdurait, il y aurait lieu de s'inquiéter sérieusement sur les conséquences économiques, sociales et même politiques, car le pays serait considéré comme un pays non fréquentable par la communauté des bailleurs de fonds.

L'atteinte du point d'achèvement de l'initiative PPTE compromise.

À l'issue de la réunion des pays du G 8 à l'automne 2004, il a été décidé de l'annulation et/ou de l'allègement de la dette des pays pauvres très endettés. Le Tchad fut retenu parmi les pays pauvres susceptibles de bénéficier de cette importante mesure. À cet effet, il a été demandé aux pays pauvres très endettés d'évaluer la mise en œuvre de leur stratégie de réduction de la pauvreté. Ceux qui auraient atteint le point d'achèvement de leur programme par rapport à leur stratégie de réduction de la pauvreté pourraient bénéficier de l'annulation ou de l'allègement de la dette bilatérale et multilatérale. Le Tchad était sur le point d'accéder au point d'achèvement au moment où survint le différend avec la Banque Mondiale. Le montant estimé de la dette du Tchad était d'environ 800 millions de dollars. La proportion concernée par cette décision serait de 700 millions de dollars environ.

II faut noter que chaque pays présentait un cas spécifique. Il s'agissait soit d'une annulation pure et simple ou d'une remise de 80 à 90 % de la dette, ou alors d'une reconversion de la dette pour financer les projets prioritaires ayant vocation à réduire la pauvreté.

Il y a des critères sur lesquels les créanciers se basent pour statuer sur le cas de chaque pays, notamment, la bonne gouvernance, le respect des droits de l'homme, la gestion transparente des ressources publiques, l'engagement des crédits mis à leur disposition dans les délais raisonnables, etc. La brouille avec la Banque Mondiale autour de la modification de la loi n0001/PR/99 et l'absence d'un programme avec le Fonds Monétaire International constituaient déjà un handicap sérieux pour le pays. Cela pouvait ne pas lui permettre de bénéficier de la mesure d'allègement dc la dette dans un court terme. C'était aussi une des conséquences immédiates de la modification de la loi. La résolution définitive de ce problème avec la Banque Mondiale aurait permis aux autres bailleurs de fonds de reprendre leur coopération avec le Tchad de manière significative. Toutes les agences de coopération étaient curieuses de voir le dénouement de cette crise.

Face à cette situation de blocage, les deux parties avaient décidé de se retrouver à paris, dans un premier temps, pour renouer le dialogue et pour engager les discussions, en vue de parvenir à une solution acceptable pour tous. À l'issue de cette première rencontre, les deux parties (gouvernement et Banque Mondiale) restèrent sur leurs positions, et la réunion fut reportée sine die. En somme, la Banque Mondiale suggéra au Gouvernement d'examiner la situation financière du pays afin de cerner réellement les besoins du pays. À cet effet, elle envoya des termes de références pour avoir l'avis du Gouvernement avant d'envoyer une mission au Tchad. Ces termes de références, à les regarder de près exigeaient du gouvernement, un audit des finances publiques depuis le début de l'exportation du pétrole jusqu'à la date de modification de la loi.

À la lecture des termes de références, le Gouvernement réagit en y apportant quelques modifications. Pour la Banque Mondiale, le fond de la question restait le même : analyser minutieusement la gestion des ressources pétrolières depuis le lancement de la production. La résolution de ce différend n'était pas perceptible dans un proche avenir, surtout que le Gouvernement ne semblait pas être disposé à concéder aux injonctions de la Banque Mondiale ni à accepter qu'elle s'immisçât dans son domaine de souveraineté. C'était une impasse. À moins que l'une des parties n'acceptât de faire des concessions importantes.

a/Résurgence des problèmes internes

En mars 2006, le Gouvernement faisait face à plusieurs « fronts » : primo, les élections présidentielles fixées au 3 mai 2006 demandaient naturellement des moyens financiers suffisants pour leur organisation. Les ressources financières publiques, malheureusement, avaient diminué du fait du blocage des revenus pétroliers par la Banque Mondiale ; secundo, les différents groupes armés devenaient de plus en plus menaçants avec l'appui du Soudan ; tertio, les désertions dans les rangs de l'armée se poursuivaient : le spectre d'une déstabilisation profonde du pays pointait à l'horizon. Quarto, les pays amis et les institutions internationales pressaient le Gouvernement de reporter les élections présidentielles, car une bonne partie de la société civile et les partis politiques d'opposition appelaient leurs sympathisants au boycott : plusieurs émissaires ont été dépêchés à N'Djamena pour examiner cette situation explosive avec les hautes autorités du pays.

Parmi les questions abordées, il y avait naturellement les revenus pétroliers et les relations avec la Banque Mondiale. Auparavant, le Gouvernement tchadien avait donné un ultimatum au consortium pétrolier et à la Banque Mondiale en ces termes : « ***Si au 30 avril 2006, la mesure du blocage des ressources pétrolières n'était pas levée, le Gouvernement déciderait de la fermeture des vannes d'exportation du brut*** ».

La menace était prise très au sérieux par la hiérarchie du consortium. Le Département d'État américain dépêcha à N'Djamena le sous-secrétaire d'État aux Affaires africaines pour mener une médiation. Outre les questions diplomatiques concernant les relations bilatérales entre les deux pays, l'envoyé spécial de Washington avait la lourde mission de rapprocher les positions tranchées de la Banque Mondiale et du Gouvernement tchadien sur la question de la gestion des revenus pétroliers et d'essayer d'instaurer un dialogue entre les deux parties. À l'issue de cette mission, un accord a été obtenu pour une rencontre à Washington entre le Gouvernement et la Banque Mondiale.

b/ La reprise du dialogue entre les deux parties

Cette rencontre eut lieu du 20 au 26 avril 2006 à Washington où chaque partie exprima le souhait de reprendre la coopération. Après un échange de documents, la Banque Mondiale, fidèle à ses habitudes, posa plusieurs questions sur le niveau des recettes collectées depuis le début de l'année 2006 et examina aussi dans les détails les dépenses pendant cette période. La délégation tchadienne essaya de répondre à toutes les interrogations de la Banque Mondiale, mais de nombreuses réponses paraissaient insuffisantes du point de vue de la Banque Mondiale.

À l'issue de cette rencontre, il fut décidé de maintenir le dialogue et de relancer les projets des secteurs sociaux (santé, éducation, lutte contre le sida) considérés comme prioritaires, mais gelés depuis la rupture du dialogue. Un accord intérimaire fut signé avec la Banque Mondiale le 26 avril 2006. Après la signature de l'accord intérimaire, la Banque Mondiale accepta de débloquer le

1/3 des ressources pétrolières gelées. Aussi a-t-il été demandé au Gouvernement de préparer un collectif budgétaire pour intégrer les besoins de financement des secteurs prioritaires à hauteur de 70 % des revenus globaux sur les ressources pétrolières au lieu de 85 % comme indiqué dans la précédente loi des finances. Les besoins des secteurs nouveaux que le Gouvernement estimait prioritaires et incontournables y étaient également inclus.

Ce collectif sera examiné en accord avec le Fonds Monétaire International dans le cadre de la Revue de la facilité pour la réduction de la pauvreté et la croissance (FRPC) qui inclurait, bien sûr, la contribution des autres bailleurs de fonds. Ce qui a été fait au début du mois de juillet 2006 à Washington. Cette démarche était considérée par la Banque Mondiale comme une condition préalable pour la poursuite du dialogue et le déblocage éventuel des ressources. Le collectif fut accepté par les deux institutions. Le Gouvernement le présenta à l'Assemblée nationale qui l'adopta le 19 juillet 2006.

Le différend issu de la modification de la loi no1 du 11 janvier 1999 fut réglé, du moins, en ce qui concernait le déblocage des ressources par la Banque Mondiale. Le Président de la Banque Mondiale, au cours d'une escale prolongée de plus de trois heures à N'Djamena le 20 juillet 2006 rencontra le Président de la République avec qui ils mirent un terme à leur « bras de fer ».

À cette occasion, le Président de la Banque Mondiale déclara : *« Cette visite au Tchad n'était pas programmée. Mais, nous avons considéré qu'il fallait venir parce que le Gouvernement du Tchad venait de prendre une décision importante, celle qui alloue 70/% des recettes du pays aux dépenses de réduction de la pauvreté. Nous croyons, très fortement, que c'est une importante étape dans le processus de réduction de la pauvreté »* ; et Paul Wolfowitz d'ajouter : *« le rétablissement des liens entre les deux parties est très utile, non seulement pour le Gouvernement tchadien, mais aussi pour la société civile du pays ».*

Les experts de la Banque Mondiale indiquèrent alors qu'il ne servait à rien de continuer le bras de fer avec le Gouvernement puisque les victimes étaient les populations pauvres du Tchad. Plus cette situation perdurait, plus la pauvreté gagnait du terrain.

c/ L'heureux dénouement

Avec cette décision, on espérerait que tous les partenaires pouvaient reprendre leur coopération. Aussi la Banque Mondiale décida-t-elle de débloquer les 2/3 des ressources pétrolières bloquées à la City Bank à Londres selon un calendrier à convenir en fonction de l'état d'exécution du collectif et d'autres conditions qui devaient être arrêtées et négociées d'un commun accord. Les procédures de rapatriement des ressources pétrolières reprendront leur cour normale. On pouvait alors espérer l'amorce d'un dialogue fructueux et à la fin de la crise pouvait entre le Tchad et la Banque Mondiale.

Le Tchad a besoin de la communauté internationale. Les recettes pétrolières ne suffisent pas à elles seules pour financer les programmes de développement. Le Tchad ne pourra pour ne pas se passer de l'aide internationale bien qu'il soit un pays producteur de l'or noir. Il ne pourra pas non plus vivre en autarcie dans un environnement d'économie de marché.

Cet incident était clos et un autre commençait. Cette fois-ci avec le consortium.

H/ Le différend Tchad-consortium

Au mois d'août 2006, le gouvernement du Tchad, dans un communiqué rendu public à l'issue d'un conseil des ministres, avait réclamé aux deux sociétés membres du consortium (Petronas et Chevron) le paiement de l'impôt sur le bénéfice qui, selon les estimations du Gouvernement, s'élèverait à quelque 250 milliards de francs CFA. Rappelons que les deux compagnies étaient arrivées au Tchad après la défection d'Elf et de Shell. La réalisation du projet d'exportation de Doba était donc sérieusement compromise avec le départ de ces deux compagnies. Il faut rappeler que le gouvernement du Tchad et

Esso étaient convenus de mettre en œuvre tous les moyens pour combler le vide créé par les deux compagnies. C'est ainsi qu'Esso, avec l'accord du Gouvernement, avait contacté un certain nombre de compagnies pétrolières susceptibles de faire partie du consortium pour continuer les opérations pétrolières au Tchad. Des informations importantes ont été mises à la disposition des compagnies qui le désiraient, afin de faciliter la compréhension du dossier et la prise de décision.

À la suite de plusieurs contacts menés à un haut niveau, les deux compagnies (Petronas et Chevron) avaient marqué un intérêt pour le projet. Après l'analyse technique des dossiers, les deux compagnies avaient opté pour leur engagement à investir dans le projet. Elles avaient commencé à négocier avec les représentants du Gouvernement sur les avantages que le Gouvernement pouvait leur concéder : notamment fiscaux, sécuritaires et autres. Parmi les sujets abordés lors des négociations, il y avait naturellement les exonérations. Les deux Compagnies savaient bien que le Gouvernement tchadien était dans une situation critique et qu'il œuvrait pour la réussite du projet. Tous ceux qui critiquaient le projet pour des raisons politiques avaient repris du service et montaient au créneau pour étaler sur la place publique toutes les insuffisances et les accusations de toutes sortes après le départ d'Elf et de Shell : le Gouvernement se trouvait dans une position très inconfortable.

Dans la lancée des discussions, les représentants du Gouvernement auraient accepté d'accorder peut-être un peu trop vite les facilités demandées. Il est vrai qu'à l'époque le prix du baril de pétrole tournait autour de 30 à 40 dollars US. C'était un handicap sérieux pour convaincre les futurs investisseurs. Il n'y avait pas de bousculade du côté des compagnies pétrolières pour venir remplacer les deux compagnies qui venaient de quitter le consortium. L'embellie des cours du baril de pétrole brut qui suivait était presque inimaginable. Parmi les facilités accordées au consortium, il y avait l'amortissement anticipé qui était un avantage considérable. Mais celui-ci ne pouvait être accordé selon l'accord entre le Gouvernement et le consortium que si le prix du baril tournait autour de 15 à 16 dollars US comme initialement prévu. Avec le cours du prix du baril de 2003 jusqu'à 2006 (période de réclamation des impôts par le Gouvernement), il était presque certain que les compagnies avaient déjà amorti les investissements et l'excédent des ressources accumulées était considéré comme un bénéfice exceptionnel.

Du point de vue du Gouvernement, on estimait que les deux compagnies continuaient toujours de retenir des sommes importantes pour l'amortissement des investissements. À défaut d'une réclamation, les deux compagnies continuaient toujours à encaisser cet excédent. En fait, c'est un bénéfice déguisé. Le montant exact des bénéfices ainsi engrangés par les deux compagnies pourrait faire l'objet d'un audit pour éviter toute contestation de part et d'autre. Aussi est-il bien établi dans la convention qu'après les amortissements, pendant une période de 7 ans sur la base du prix de baril situé entre 18 et 20 dollars US, les compagnies sont tenues de payer l'impôt sur le bénéfice à hauteur de 60 à 65 %. Ce n'est que légitime.

Mais de là à vouloir obstinément continuer à engranger des bénéfices sans se les partager avec le pays n'est que de l'exploitation digne de l'époque coloniale. Il faudrait rétablir l'équilibre entre les partenaires. Les compagnies pétrolières sont des monstres qui ne se soucient jamais des besoins de l'interlocuteur dans les négociations, aussi pauvre, soit — il. Si l'interlocuteur arrive par ses propres moyens à déceler les erreurs ou les insuffisances dans un contrat, elles acceptent sans rechigner les corrections. Un bon contrat est celui qui satisfait toutes les parties signataires. Dans le cas d'espèce, elles tentent de tricher au détriment du pays.

L'argument principal des deux compagnies pour contester les réclamations du Gouvernement constitué par les lettres de confort signées par le ministre en charge du dossier. Une lettre de confort n'est pas un document juridique. Elle doit être confirmée par un acte signé par la plus haute autorité, tel un décret, une ordonnance une loi ou alors l'autorité qui a signé la lettre de confort a un pouvoir écrit qui l'autorise à signer cette lettre. Les interlocuteurs tchadiens n'avaient pas ce pouvoir pendant les négociations.

De toutes les façons, les deux compagnies ne pouvaient pas présenter cette lettre de confort à une juridiction quelconque de peur d'être ridiculisées en l'absence d'une confirmation par un texte ayant un caractère juridique. Aussi les critères économiques de base qui avaient servi comme éléments de négociation ont-ils littéralement changé, notamment le prix du baril, la construction effective du pipeline et son exploitation ainsi que les perspectives encourageantes des réserves potentielles du Tchad. Les deux compagnies n'étaient pas exposées aux risques comme c'était le cas au début du projet. Pour toutes ces raisons évidentes, le Gouvernement ne peut pas laisser continuer éternellement le consortium à s'enrichir en puisant sur des réserves non renouvelables. Le fait de revendiquer ce droit, même si à l'époque les ministres avaient signé les documents avec le consentement du Gouvernement, n'interdisait pas de remettre en cause un accord ou un contrat dans lequel le Gouvernement estimait être lésé : « Il n'y a que les imbéciles qui ne changent pas » n'est-ce pas ? Les bluffs et les chantages font partie des artifices utilisés par les compagnies pétrolières pour obtenir gain de cause. Elles savent aussi que les pays faiblement outillés en ressources humaines spécialisées dans le domaine pétrolier comme le Tchad baissent facilement les bras devant ces multinationales soutenues par des avocats expérimentés.

Il faut se le rappeler, la décision politique du Gouvernement de faire entrer Elf dans le consortium après le départ de Chevron n'avait pas été bien accueillie par Esso en son temps. Celle-ci menaçait d'utiliser son droit de préemption ou alors de saisir la Cour d'arbitrage. Malgré les menaces, il a été clairement expliqué à l'époque à Esso que la décision du Gouvernement est irréversible et que celui-ci se tient prêt à en assumer toutes les conséquences. Après quelques mois de réflexion, Esso était revenue à de meilleurs sentiments. Les revendications du Gouvernement concernant l'impôt sur les sociétés paraissaient légitimes. Devant le refus des deux compagnies de régler ces réclamations, la réaction du Gouvernement était compréhensible et c'était un moyen coercitif qu'il pouvait utiliser.

La suspension des activités des deux compagnies était une mesure conservatoire dans la mesure où le Gouvernement se disait prêt à discuter.

Dans ce cas, est-ce que le Gouvernement était en mesure de contrôler le chargement des navires à Kribi après sa décision suspendant les activités des deux compagnies ? Dans le protocole d'accord interne entre les membres du consortium, il est entendu que chaque membre du consortium charge lui-même le brut et le vend également à sa convenance. Le Gouvernement a-t-il pris les dispositions pour une prise en charge effective des chargements des navires pour la part qui reviendrait aux deux compagnies ? Dans le cas où ces dispositions ne sont pas prises, à qui incombe la responsabilité du brut (quantité du brut sortie et vendue) pendant cette période conflictuelle ? La quantité du brut et le prix de vente après la suspension des deux compagnies sont susceptibles de donner lieu à des litiges.

Dans le cas de ce différend, Esso se trouva dans une position inconfortable. En effet, par le jeu des intérêts croisés, Esso est actionnaire dans le capital de Petronas à hauteur d'environ 60 %. La part du capital de Petronas dans le consortium est de 35 0/%. Les 60 % des 35 % appartiennent donc à Esso. En fait, Esso, en payant régulièrement ses impôts, conformément à la convention, serait gagnante dans l'affaire puisque 60 % des revenus engrangés par Petronas lui reviennent. La décision de Petronas de revenir dans le consortium était tout d'abord une décision d'Esso.

Il est évident qu'Esso étant opérateur, les informations confidentielles concernant le projet sont fournies avec plus de détail à Petronas pour influencer sa prise de décision. C'est un peu un délit d'initié. Quant à Chevron, elle connaît déjà le Tchad et le projet. Des progrès importants ont été accomplis sur le projet après son départ. Esso et Chevron sont des compagnies américaines, la décision de Chevron de regagner le consortium répond aussi à une exigence politique, celle de concentrer les investissements en vue de bénéficier d'une protection conséquente de la part des États-Unis d'Amérique en cas de problème. L'impact des investissements à caractère sociaux réalisés par le consortium dans le pays, en guise de contribution aux efforts de développement du Gouvernement, est jusqu'à ce jour insignifiant par rapport aux multiples avantages tirés du secteur pétrolier dans ce pays.

Il est donc moralement injuste et politiquement incorrect de continuer de leur accorder ces avantages et qu'en retour, le pays croupisse profondément dans la misère.

Une coopération doit être toujours mutuellement avantageuse. Dans cette optique, pour tester la bonne volonté du consortium à contribuer substantiellement au développement du pays, et à asseoir un pacte de partenariat juste et équitable, pourquoi le Gouvernement ne demanderait-il pas au consortium de tirer de Komé jusqu'à N'Djamena une ligne électrique de haute tension pour pallier la crise énergétique que connaît singulièrement la capitale depuis bientôt une décennie ? La centrale électrique de Komé a une capacité installée de 120 MW alors que seulement 40 à 50 MW sont consommés. Les modalités de contribution du Gouvernement pourraient être discutées ultérieurement s'il y a une volonté affichée de la part du consortium. Cet effort d'investissement n'est même pas comparable au montant des impôts que le Gouvernement réclame aux deux membres du consortium.

La décision du Gouvernement de renégocier les Conventions de 1988 et de 2004 s'inscrit dans la logique de revoir en hausse les revenus du pays tirés de l'or noir. C'est une revendication qui a tout son sens. La décision de renégocier la convention de 1988 renouvelée en 2004 donnerait l'occasion aussi à la partie camerounaise de revoir l'accord sur le tarif de passage conclu en 1995. En effet, lors des négociations sur cette question, il a été convenu que tous les points d'accord consignés dans l'accord-cadre signé le 31 janvier 1995 à Yaoundé sont basés sur les termes de la convention de 1988. S'il advenait que certaines dispositions de la convention venaient à être changées, il va sans dire que le Cameroun serait en droit de vouloir renégocier l'accord sur le tarif. Les autorités camerounaises auraient adressé une correspondance à ce sujet aux responsables tchadiens chargés du secteur. Dans le contexte de l'époque où les spécialistes prévoyaient le maintien du prix du baril à un niveau relativement élevé pour une longue période, les discussions à venir s'annonçaient ardues.

En guise de conclusion partielle, nous pouvons affirmer que la lutte contre la pauvreté, cheval de bataille de la Banque Mondiale, a montré ses limites à un moment donné, les ressources prévues à cet effet, partant de leur modicité, ont été revues à la hausse. Ajouter à cela le bras de fer entre le Gouvernement tchadien et la Banque Mondiale, les décisions conservatoires prises par chacune des parties qui ont mis à mal le tissu économique, et la précarité des couches défavorisées.

Heureusement, les deux parties sont revenues à de meilleurs sentiments, ceci grâce à l'arsenal juridique mis en place et à l'intervention du Gouvernement américain. Avouons-le, les ressources pétrolières, en affichant un solde excédentaire, ont suppléé à la dépendance du Tchad des crédits alloués par les bailleurs de fonds à des taux exorbitants et selon des conditionnalités draconiennes.

CONCLUSION

Il est unanimement reconnu que le développement de l'Afrique n'est guère possible en l'absence d'un parc infrastructurel à même de valoriser son énorme potentiel en ressources naturelles. Certes dès leur accession à l'indépendance, les pays africains dès la création de l'OUA (l'Organisation de l'Unité Africaine) ont inscrit cette priorité au cœur de leurs stratégies nationales de développement, dont le Plan d'Action de Lagos, ou l'agenda 2063 de l'Union Africaine sont parmi les plus emblématiques. Il faut cependant relever que chacun de ces pays africains, dans leurs stratégies nationales de développement, n'ont guère attendu une concertation à l'échelle continentale pour prendre conscience de cette nécessité et amorcer des investissements dans ce domaine.

Cet élan et la volonté politique des États se sont cependant heurtés à deux obstacles : la maîtrise de la technologie et la disponibilité des capitaux.

La dépendance technologique de l'Afrique continue de handicaper lourdement ses efforts pourtant louables pour résorber son déficit en infrastructures. Durant la décennie 70-80, à la faveur de l'envolée des cours des matières premières sur les marchés internationaux, les pays d'Afrique, notamment ceux au sud du Sahara ont massivement investi dans les infrastructures et dans des secteurs aussi variés que l'énergie, l'eau et l'assainissement, l'agriculture, les routes, etc. Certaines de ces infrastructures, à peine mises en activité, se sont avérées être des éléphants blancs. Des défauts de fonctionnement sont aussitôt apparus tant en ce qui concerne leurs capacités techniques que leur maintenance. Certains États ont ainsi été contraints de rembourser des emprunts colossaux pour des investissements infrastructurels consentis à perte.

L'accès aux capitaux a été et demeure l'une des difficultés majeures à surmonter pour pourvoir l'Afrique en infrastructures et amorcer de manière décisive sa marche vers l'industrialisation. Le présent ouvrage est revenu dans les détails sur le chemin de croix qu'aura parcouru l'État du Tchad pour mobiliser les financements nécessaires pour la construction du pipeline Tchad-Cameroun qui rappelons-le, est le plus important projet jamais financé par la Banque Mondiale en Afrique au sud du Sahara. Son bouclage financier aura été d'une rare complexité, fait de rebondissements, de volte-face, de contestations émanant d'horizons divers, l'État tchadien n'étant pas à mesure de financer sur fonds propres un projet d'infrastructures aussi gigantesque.

C'est ici qu'il faut rendre hommage au volontarisme politique et au leadership de feu le Président le Maréchal Idriss Deby Itno. La mobilisation des capitaux comme de la technologie appropriée n'est guère efficiente sans une vision et un leadership politique tout aussi efficace. De nombreux projets d'infrastructures en Afrique sont restés lettre morte ou n'ont guère tenu leurs promesses faute d'une implication forte du politique dans leur processus d'implémentation.

Toujours au sujet de la mobilisation des capitaux, les PPP (Partenariats Publics-Privés) sont devenus l'un des passages obligés. Le pipeline Tchad-Cameroun est à cet égard un exemple éloquent. Nous avons largement évoqué l'apport décisif du consortium dans le bouclage financier du ce projet gigantesque aux côtés des autres partenaires : « (...) étant donné les importants déficits de financement, en particulier dans le secteur de l'eau et de l'assainissement, il faudra augmenter les financements des secteurs public et privé pour permettre aux pays africains de continuer d'améliorer leurs résultats économiques et sociaux. Les limites des budgets gouvernementaux et de l'APD laissent un grand vide à combler par le secteur privé. À l'heure actuelle, hormis pour les TIC, la pleine implication du secteur privé, essentiellement par le biais de PPP (dans lesquels une partie privée fournit un financement important sous forme de fonds propres et de dette et est responsable des opérations), n'est pas fréquente en Afrique par rapport aux autres régions ».[9]

Si l'Afrique a un important besoin en infrastructures en quantité, elle en a aussi besoin en qualité. La notion « d'infrastructures durables » est devenue une exigence cardinale des bailleurs de fonds et de nombreux partenaires au développement. À cet égard, la construction du pipeline Tchad-Cameroun est riche d'enseignements pour les futurs projets du genre. Dans notre ouvrage, nous nous sommes longuement appesantis sur l'importance que les volets environnemental et social auront occupé dans ce projet. Les observations et les réserves émises ou les garanties exigées par les ONG les plus en vue dans le monde auront pesé sur le calendrier de mise en route du projet, voire sur son architecture.

Et pour cause, la Banque Mondiale en fut l'un des partenaires incontournables. Son cahier des charges s'agissant des questions d'impact environnemental et social est des plus exigeants pour avoir accès à ses financements. La minutie et la rigueur avec lesquelles les études d'impact environnemental et social ont été menées tant du côté de la partie tchadienne que de la partie camerounaise pourraient servir de cas d'écoles pour des projets d'infrastructures à venir en Afrique.

En effet, l'une des faiblesses de certains projets d'infrastructures en Afrique réside dans les défaillances relevées au moment de leur montage. Il arrive quelquefois de voir des projets interrompus en cours de réalisation parce que les études d'impact, notamment s'agissant du volet social, ont été insuffisamment menées. Des projets sont parfois engagés alors que les riverains n'ont guère été indemnisés ou les incidences du projet sur l'environnement ont été insuffisamment appréciées.

Or dès lors que le temps imparti à la réalisation d'un projet d'infrastructure s'allonge du fait des obstacles et autres aléas que

[9] ICA, Tendances du financement des infrastructures en Afrique, 2018, P.4

son montage n'a pas anticipés, son coût sera mécaniquement plus élevé et sa rentabilité amoindrie. C'est le même péril qui pèse sur les grands projets d'infrastructures lorsque la maintenance est défaillante. Dans certains cas de figure, son coût peut s'avérer supérieur aux investissements consentis pour sa réalisation : « (...) la maintenance des infrastructures peut avoir la même importance que les nouveaux investissements. L'absence d'entretien régulier dans le cas de l'eau peut entraîner une augmentation d'au moins 60 % des coûts de remplacement des actifs. L'absence d'entretien courant des routes entraînera des dépenses de réhabilitation considérablement plus importantes que celles qui auraient été consacrées à l'entretien courant. Ainsi, des régimes de maintenance de routine plus stricts peuvent libérer des ressources précieuses pour des investissements en capital »[10].

En définitive, le présent essai est un partage d'expériences sur un des enjeux vitaux du développement de l'Afrique, notamment en ce qui concerne les pays africains au sud du Sahara. L'industrialisation est une voie obligée pour le développement de ces pays. Il n'y a toutefois guère de développement possible sans de grandes infrastructures en quantité comme en qualité. L'exemple emblématique du pipeline Tchad-Cameroun nous semble fort édifiant à cet égard pour de nombreux projets.

[10] ICA, Tendances du financement des infrastructures en Afrique, 2018, P.4

LEXIQUE, SIGLES & ACRONYMES

AEF : Afrique Equatoriale Française

AFD : Agence Française de Développement

BAD : Banque Africaine de Développement

BEAC : Banque des États de l'Afrique Centrale

BECIP : Bureau d'Etudes de Conseil et d'Ingénierie de Picardie

BEI : Banque Européenne d'Investissement

BID : Banque Islamique de Développement

BIRD : Banque Internationale pour la Reconstruction et le Développement

BM : Banque Mondiale

BRENT : Pétrole brut de la Mer du Nord dont le baril sert de référence pour la fixation des cours sur les marchés mondiaux du pétrole

CCSRP : Collège de Contrôle et de Surveillance des Revenus Pétroliers

CEMAC : Communauté Economique et Monétaire de l'Afrique Centrale

CHEVRON : Standard Oil Company of California

CNPCIC : China National Petroleum Corporation International Chad

CNPS : Caisse Nationale de Prévoyance Sociale

CNRT : Caisse Nationale des Retraités du Tchad

CNS : Conférence Nationale SOUVERAINE

CPC : Chad Petroleum Company

CONOCO : Continental Oil Company

COTCO : Cameroon Oil Transportation Company

COBAC : Commission Bancaire de l'Afrique Centrale

CRP : Compte de la Région Productrice

CTNC : Comité Technique National de Suivi et de Contrôle

DSRPC : Document de Stratégie Nationale pour le Réduction de la Pauvreté et de la Croissance

DTS : Droits de Tirages Spéciaux

EEPCI : Esso Exploration and Production Company Inc

ELF : Essences et Lubrifiants de France

ENCANA : Energie Canada A

ESSO : Eastern States Standard Oil

FACIL : Fonds d'Actions Concertées d'Initiatives Locales

FGF : Fonds des Générations Futures

FMI : Fonds Monétaire International

GIC : Groupe International Consultatif

IDA : Association Internationale pour le Développement

IDH : Indice de Développement Humain

IFP : Institut Français du Pétrole

JOA : Joint Operating Agreement

MPS : Mouvement Patriotique du Salut

OHADA : Organisation pour l'Harmonisation du Droit des Affaires en Afrique

OPEP : Organisation des PAYS Exportateurs de Pétrole

ORSTOM : Office de Recherche Scientifique et Technique d'Outre-Mer

PETRONAS : Petrolium Nasional Berhad

PFD : Process Flow Diagram

PID : Process Instrumental Diagram

PIB : Produit Intérieur Brut

PNUD : Programme des Nations Unies pour le Développement

PNSA : Programme National de Sécurité Alimentaire

PPTE : Pays Pauvres Très Endettés

QHSE : Qualité Hygiène Sécurité Environnement

RFI : Radio France Internationale

SEERAT : Société d'Etudes et d'Exploitation de la Raffinerie du Tchad

SFI : Société Financière Internationale

SHT : Société des Hydrocarbures du Tchad

SNH : Société Nationale des Hydrocarbures (Cameroun)

SRN : Société de Raffinage de N'Djamena

SONATRACH : Société Nationale de Transformation et de Commercialisation des Hydrocarbures d'Algérie

STEE : Société Tchadienne d'Eau et d'Electricité

TOTCO : Tchad Oil Transportation Company

BIBLIOGRAPHIE

I/ Accords, traités et conventions

-Accord bilatéral entre la République du Tchad et la République du Cameroun relatif à la construction et à l'exploitation d'un système de transport des hydrocarbures par pipeline

-Accord de coopération bilatérale Tchad-Cameroun

-Accord de coopération TOTCO-COTCO

-Accord de financement de COTCO

-Accord général sur les tarifs douaniers et le commerce du 30 octobre 1947

-Accord de prêt subsidiaire, protocole d'accord de 1996

-Accord n° 12/74-UDEAC-180 du 7 décembre 1974 portant révision du traité instituant une union douanière et économique de l'Afrique et ses textes subséquents

-Avenant à la convention d'établissement

-Cadrage macroéconomique 2004-2007 : Institut National de la Statistique, des Etudes Economiques et Démographiques (Ministère du Plan, du Développement et de la Coopération)

-Code pétrolier régi par l'ordonnance n° 7 PC/TP/M du 3 février 1962

-Comptes et agrégats de la Nation 1995-2003 (Institut National de la Statistique, des Etudes Economiques et Démographiques)

-Contrat de Transport de TOTCO

-Convention de 1988 et ses trois avenants

-Convention de 1988 et renouvelée en 2004

-Convention d'établissement de TOTCO

-Convention des Nations Unies sur le droit de la mer 10 décembre 1982

-Convention de New York du 8 juillet 1965 relative au commerce en transit des États sans littoral

-Convention SEERAT de 1988, accord entre les actionnaires, lettres d'accord

-Document de Stratégie Nationale de Réduction de la Pauvreté (Comité de pilotage de la SNRP)

-Etude sur la réinsertion des Travailleurs tchadiens de la zone pétrolière de Doba après la phase de construction : décembre 2002-mars 2003. BAD-S.A (recherche et actions pour le développement-S.A)

-FOCARFE (2001) Rapport de suivi indépendant du projet pipeline Tchad-Cameroun

-GCA (2003) Declaration of NGO'S, members of GCA on the specific oil spill response plan of the Chad-Cameroon oil and pipeline project, Yaoundé, UCAC

-Groupe International Consultatif : projet d'exploitation pétrolière et d'oléoduc

-Loi n° 96/14 du 5 août 1996 portant régime du transport par pipeline des hydrocarbures en provenance des pays tiers (République du Cameroun)

-Mission parlementaire française (1999). Pétrole et éthique : une conciliation possible

-Programme National de Développement (2014/2025)

-Statuts de SEERAT (Société d'Etudes et d'Exploitation de la Raffinerie du Tchad)

-Statuts de TOTCO

-Responsabilisation et transparence à la Banque Mondiale : le panel d'inspection, 10 ans sur la brèche

-Rapport sur le développement dans le monde : des services pour les pauvres, édition ESKA

-Rapport mondial sur le développement humain 2004 : la liberté culturelle dans un monde diversifié, PNUD, édition Economica

-Rapport d'activités du consortium (2003-2004)

-Tchad-Cameroun, rapports de mission (1 à 8)

-Traités régissant l'Union Douanière et Economique des États de l'Afrique Centrale

II/ Articles, études, ouvrages

-Awe. C (2005), Etude d'impact environnemental du projet pipeline Tchad-Cameroun, Mémoire de fin d'études d'ingénieur des eaux et forêts, Université de Dschang

-Baker Judy L. (2000), Évaluation de l'impact des projets de développement sur la pauvreté, Banque Mondiale, Washington, D.S

-Carton (2000), Le pétrole en Afrique : la violence faite aux peuples, Groupe de recherche et de stratégie économique alternative, Bruxelles, GRESEA

-Dokalyo Alphonse (1995), Projet d'exportation du pétrole tchadien. Etude d'impact sur l'environnement partie tchadienne, Dames & Moore, San Francisco

-Esso (1997, novembre), Projet d'exportation du pétrole tchadien, Dames & Moore, San Francisco

-Fischer W. (2001). Les revenus pétroliers, Francfort

-Gary I. et Karl L. (2000). Le fond du baril. Boom pétrolier et pauvreté en Afrique, Catholic Relief Services, Baltimore

-Gary I. et Reisch Nikki (2004), Le pétrole tchadien : miracle ou mirage ? Suivre l'argent du dernier-né des pétro-États d'Afrique (Catholic Relief Services) & (Bank Information Center), Baltimore, Washington

-Ngueda.D (2007), Évaluation des impacts socio-économiques et environnementaux du pipeline Tchad-Cameroun : cas de la zone littoral atlantique, région de Ngoumou-Kribi, Mémoire de DEA, Université de Yaoundé II

-Petry et Naygotimti (2005), Le pétrole du Tchad : rêve ou cauchemar pour les populations ? Paris, Karthala

-Winner (1999), The Chad-Cameroon developpement project. Views and voices, Los Angeles

-World Bank (1998), The Chad-Cameroon petroleum development and pipeline project (report)

Structures éditoriales du groupe L'Harmattan

L'Harmattan Italie
Via degli Artisti, 15
10124 Torino
harmattan.italia@gmail.com

L'Harmattan Hongrie
Kossuth l. u. 14-16.
1053 Budapest
harmattan@harmattan.hu

L'Harmattan Sénégal
10 VDN en face Mermoz
BP 45034 Dakar-Fann
senharmattan@gmail.com

L'Harmattan Cameroun
TSINGA/FECAFOOT
BP 11486 Yaoundé
inkoukam@gmail.com

L'Harmattan Burkina Faso
Achille Somé – tengnule@hotmail.fr

L'Harmattan Guinée
Almamya, rue KA 028 OKB Agency
BP 3470 Conakry
harmattanguinee@yahoo.fr

L'Harmattan RDC
185, avenue Nyangwe
Commune de Lingwala – Kinshasa
matangilamusadila@yahoo.fr

L'Harmattan Congo
67, boulevard Denis-Sassou-N'Guesso
BP 2874 Brazzaville
harmattan.congo@yahoo.fr

L'Harmattan Mali
ACI 2000 - Immeuble Mgr Jean Marie Cisse
Bureau 10
BP 145 Bamako-Mali
mali@harmattan.fr

L'Harmattan Togo
Djidjole – Lomé
Maison Amela
face EPP BATOME
ddamela@aol.com

L'Harmattan Côte d'Ivoire
Résidence Karl – Cité des Arts
Abidjan-Cocody
03 BP 1588 Abidjan
espace_harmattan.ci@hotmail.fr

Nos librairies en France

Librairie internationale
16, rue des Écoles
75005 Paris
librairie.internationale@harmattan.fr
01 40 46 79 11
www.librairieharmattan.com

Librairie des savoirs
21, rue des Écoles
75005 Paris
librairie.sh@harmattan.fr
01 46 34 13 71
www.librairieharmattansh.com

Librairie Le Lucernaire
53, rue Notre-Dame-des-Champs
75006 Paris
librairie@lucernaire.fr
01 42 22 67 13

www.ingramcontent.com/pod-product-compliance
Lightning Source LLC
LaVergne TN
LVHW082026051026
849532LV00011B/3278